网店经营做赢家

店铺装修、营销推广、辅助技术、包装与发货

张佐政 / 编著

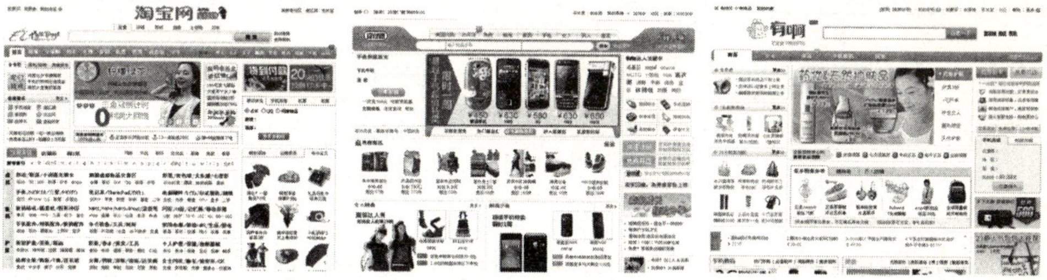

企业管理出版社

图书在版编目（CIP）数据

网店经营做赢家/张佐政编著. —北京：企业管理出版社，2009.8

ISBN 978-7-80255-239-5

Ⅰ. 网…　Ⅱ. 张…　Ⅲ. 电子商务—商业经营　Ⅳ. F713.36

中国版本图书馆 CIP 数据核字（2009）第 134265 号

书　　名：网店经营做赢家：店铺装修、营销推广、辅助技术、包装与发货
作　　者：张佐政
责任编辑：尤　优
书　　号：ISBN 978-7-80255-239-5
出版发行：企业管理出版社
地　　址：北京市海淀区紫竹院南路 17 号　　邮编：100048
网　　址：http：//www.emph.cn
电　　话：出版部 68414643　　发行部 68414644　　编辑部 68428387
电子信箱：80147@sina.com　　zbs@emph.cn
印　　刷：北京智力达印刷有限公司
经　　销：新华书店
规　　格：170 毫米×230 毫米　　16 开本　　14.5 印张　　260 千字
版　　次：2009 年 9 月第 1 版　2009 年 9 月第 1 次印刷
定　　价：29.60 元

前　言

不想承受那令人窒息的工作压力吗？不想因为求职而遭到四处碰壁的打击吗？不想看上司的脸色行事吗？那就自己当老板，在网上开店吧！

网上开店是近几年互联网飞速发展的产物，它是一种新兴的商业模式。网络交易凭借低成本、灵活的经营方式、自由支配的经营时间、不受地域限制、便捷、快速等优势迅速发展起来。如“易趣”、“淘宝”、“拍拍”等国内知名的网络交易平台，在电子商务浪潮涌来之际纷纷脱颖而出。它们积极借鉴国外同类大型网站的成熟经验和先进运营方式，为喜爱网络购物的消费者提供了全新的体验，让网络交易的观念深入人心。

简单地说，网店就是经营者在网络交易平台上注册一个虚拟店铺，可以将想要销售的商品信息通过互联网发布到网店中，选择网购的买家则可以通过网络浏览商品，当遇到心仪的商品时，可以通过网上或网下的多种支付方式进行付款，而卖家在收到货款后则可以通过快递或邮寄等方式将商品送到顾客手中。总而言之，网店是一个能让卖家足不出户赚钱，也能让买家足不出户购物的平台。

网店的发展基础是日益壮大的网络买家数量。据统计，每天都有数百万人在各种网络购物平台上选购商品，进行交易。因此，网上开店创业是一个不错的选择。与实体店相比，网店不需要昂贵的店面租金，新手卖家也不需要有储存货物的仓库，在进货问题上甚至可以根据顾客的订单购进相应的商品。从以上几点来看，网上开店几乎不需要投资，所需要的仅仅是一个可靠的货源和一台能上网的电脑而已。

虽然网上开店很容易，但是如果想把它经营好却不简单，其中的知识和技巧妙不可言。本书从店铺装修、营销推广、辅助技术、包装与发货、实战案例这几方面入手，图文并茂地向你介绍了网店经营的相关流程，包括给店铺取名、设计店标、制作公告栏、给商品拍照、美化照片、给商品包装、选择配送方式等环节。本书没有太多繁杂的理论知识，取而代之的是详细的图解、资深卖家的经营心得和成功卖家的创业故事，使得全书一看就懂、一点就通、前瞻性强、易于实践，大大降低了新手卖家的入行门槛。

无论你从事什么职业，无论你有无工作经验，只要掌握了本书所介绍的知识，你就基本具备了经营网店的前提条件。如果你有创业的决心，相信你的未来将掌握在自己手中，本书会陪你一起扬帆启程，在创业的路上一路前行。

鉴于编者水平有限，书中难免有疏漏之处，还望读者朋友予以谅解并多多指教。

编者

目　录

Part 1 店铺装修：用独特个性吸引买家眼球

Chapter 4　别拿细节不当“干粮”

Part 2 营销推广：抓住每一个宣传的机会

Chapter 5　如何让你的网店人气飙升

Part 3 辅助技术：让你的商品赢在起跑线上

Chapter 6　商品的进货、取名、定价全攻略

Part 5 实战案例:坚定你的信心

Chapter 11　网店经营实战案例

Part 1

店铺装修：用独特个性吸引买家眼球

本篇重点

- 网店装修从店名做起
- 打造人见人爱的店铺LOGO
- 打造过目不忘的店铺公告和商品分类
- 别拿细节不当“干粮”

Chapter 1 网店装修从店名做起

网店装修前的准备工作

已经决定开网店了吗？在网店装修之前，作为卖家的你，一定要将自己的心理状态好好“装修”。有付出才会有收获，你需要花时间和心思去打理网店，而且还需要不断地学习。

1. 用心去经营

如果你选择网上开店，想要成功的话就要对网店投入感情，你对网店好，它自然会给你回报。

（1）端正心态。

有一些急功近利的人，妄想一夜暴富。但天有不测风云，人有旦夕祸福。在犹如战场的商场上，你永远无法预料下一秒钟会发生什么事情。那些经营网店的人，有的春风得意，也有的是“乘兴而来，败兴而返”。经营一个好的品牌和觅到一个理想的进货渠道只能降低店铺亏本的风险，但并不代表风险不存在，它只是尽可能地将损失降到最低。当风险产生时，你不但不能财源滚滚，还有可能会一败涂地、血本无归，所有的时间、金钱和精力将付诸东流，请问这样的结果你能承受吗？

事实上，对于尝试在网上开店的掌柜来说，不应该把成败得失看得太重，如果你已经努力去经营了，那么成功也好，失败也罢，最终你一定会赚到某种东西，那就是经验，经验比任何东西都宝贵。所以，如果你想在网上开家小店的话，第一步就是端正自己的心态。

（2）要对网店有感情。

仅仅有兴趣是不够的，要像培养孩子一样管理你的网店。兴趣只是一种好奇，也许好奇心过了你就没有兴趣了，态度也会越来越被动，开着网店在那等买家自己上门是不行的，更别提赚钱了，只有你投入了大量的感情才会有收获。开店的出发点不只是赚钱，更重要的是学习如何进行网络交易，学会一种在网络生存的手段，当然，利润就是对你的奖励。

（3）认真规划在线时间。

这一点非常重要，网店中的大多数客户都是通过网络交流来完成的，对于专职的卖家来说，保持长时间在线可能没有问题；对于兼职人员，要对自己在线时间有个规划，不能像放羊一样任由它自生自灭。如果是这样，那么建议你还是不要在这方面投入时间了，好好做自己的工作吧。

2. 坚持就是胜利

既然你选择了在这个虚幻的网络上开店，那么你就要忍受等待顾客的痛苦煎熬，要经常逛社区论坛，学习资深专家的经验和教训。

（1）耐得住寂寞。

做一个网店卖家就是要耐得住寂寞，耐心等待顾客的挑选，但是我们不能被动地等待，要多做宣传，学会如何宣传很重要，在等待的同时要多学习一些销售等方面的经验，提高自己的销售技巧，时刻记住你是一个真正的商人。

拿破仑曾对他的战士说："不想当将军的士兵就不是好士兵。"同理，不想发财的商人不是真正的商人，但有得必有失，你是否做好了为实现梦想而牺牲某些东西的心理准备呢？

经营网上店铺，并不像想象中那么轻松，虽然它投资小，但却需要投入大量的时间和精力。别人在开开心心玩游戏的时候，你可能要默默地整理货物、计算库存；别人在和周公下棋的时候，你可能还守在电脑旁回答顾客的提问；别人在游山玩水的时候，你可能在打包商品，搬运、收发货物……这样的劳累可不是一天两天就能结束，而是一年三百六十五天的坚持，同样的"故事情节"每天都枯燥地上演着，周末和节假日不再属于忙碌的你，你甚至可能不再拥有陪亲人、爱人、友人的时间，这样的生活你能接受吗？你确定自己可以坚持下去吗？

（2）多一份耐心。

多向买家介绍你的产品，对他们提出的问题不要厌烦。不要嫌钱赚得少，关键在于他是你的一个买家，也许下一次他就是你的一个大客户，还可能会给你介绍其他生意。只有多一份耐心你才会赢得买家信任。

俗语说：一样的米养活百样人。在网店中，你可能会遇到各式各样的买家，有善良的、有挑剔的、有蛮不讲理的……如果遇到这样的客户，你都能用热情的笑脸、真诚的语气对待他们吗？即使他们无意购物，却有心找茬，你也能始终保持一贯优雅的态度，热情地回答他们的问题吗？

要学会用你的耐心和热诚留住你的客户，在现实生活中我们都知道，买东西的时候，我们除了看重店里的商品质量外，对服务员的态度同样重视，如果他们态度不好，再好的东西也不想买。网店的服务态度好不好，主要就是看你有没有耐心，有的买家问得很详细，有的还喜欢逐个发问，不管买不买都要了解一番，碰见这样的买家，一定要耐心回答，不能对他们爱理不理的，这是很重要的潜在客户。如果他对你的态度满意，在他需要这类产品的时候，一般会先到你的店里来看看，这样就可以增加你的网店人气。

卖家心得

目前，中国的网上购物与网上销售市场还处于起步阶段，如果经营的产品跟不上时代的变化，价位不合理，没有良好的销售信用，解决不了支付与送货的环节问题，网上开店就很可能出现打不开销售局面的状况，使得卖家们赔上大量的时间与精力，最终却无法从网上开店中获取利润。

大家一拥而上开网店，但并不是每一个开网店的人都可以财运亨通，所以你在开店前一定要对经营的风险有足够的认识。

一个好店名是成功的一半

有人要生孩子了，家人最着急的事情是什么？不用问就知道，当然是取一个好听的名字。对于卖家来说，网店就像是自己的孩子，所以在取名的问题上也要像对待孩子那样用心。店名是买家对网店的第一印象，好的店名可以反映出店主的素质和经营头脑，可以刺激买家的视觉神经，使之产生购物的欲望，并留下深刻的印象。店名又是商标的主体，好的店名有利于宣传网店的经营特色、扩大网店知名度、促进业务开展，从而提高经济效益。

拿现实生活中的店铺来说，消费者在描述购买地点时会用“我在某某商场买的”或是“我在某个地方的商店买的”。网店也是如此，一个好的店名可以让买家口口相传，那么如何起一个令人过目不忘、一见就想进的店名呢？

1. 大吉大利

含义不吉利是商业命名的大忌，对于商家来说，一个不吉利的店铺名则意味着他们将失去大量的生意。据说在香港曾爆发过一场“白兰地”和“威士忌”的销售大战。结果“白兰地”售出四百余万瓶，而“威士忌”却只售出十万瓶，仅是“白兰地”的一个零头。论质量和知名度，“威士忌”都不比“白兰地”逊色，那为何“威士忌”会一败涂地呢？经过有关专家的调查和分析，问题出在“威士忌”这个中文译名上。“威士忌”连威士都忌怕，普通的百姓还愿意买吗？再看“白兰地”，这是一个多么诗情画意的名字啊！看了就容易让人喜欢。

从这个例子我们可以看出人们在购买物品时，其实不只是单纯地在购物，还在购买一个看不见的东西，这就是吉利。同理，在给网店命名的时候也应该遵照中国人的审美习惯，用一些让人看起来有美感的或是吉祥的词语，切忌使用一些阴晦低俗、惹人反感的名字。

2. 简洁明了、通俗易懂

网店的名字是让买家知道并记忆的，所以在选择方面一定要大众化，既要看得懂又要读起来顺口。如果招牌用字太过于生僻，读起来拗口或是根本就不知道该怎么念，就不容易被大部分的买家熟记。如某民族手工工艺品的网店起名为“罡凤”，其中的“罡”字读 gāng，别说是普通的买家，可能连个别教授都不认识。

网店取名也不该使用多音字，道理与冷僻字一样，它也会成为买家在读店名时的障碍。如果用多音字起店名，当其中有两个或更多的发音时就容易让人感到无所适从。例如：乐海烟酒，其中的“乐”字有两种读音，一种读 lè，另外一种读 yuè，让人不知道该读什么音更好。跟“乐”字一样，以下这些字都有两种发音：行、省、重、朝等。当然，并不是说起名绝对不能用多音字，但是你取的店名至少要保证别人能够确定其读音，不至于读错。

3. 别具一格、独具特色

随着网络购物的盛行，网店的数量也在与日俱增。店名看得多了，买家们自然就会产生审美疲劳，那么卖家该如何用店名来吸引买家的注意呢？

（1）借名型。

如果你经营一家时尚商品的网店，则可以充分利用当下的流行元素，给店铺取名，如“海角七号”、“珠光宝气”、“浪漫满屋”、“天下无双”等。有一家经营玉石饰品的网店，另辟蹊径，借来《红楼梦》的最初名《石头记》作为店名，既充分表达了商品的性质，又体现出古朴别致的风格。异曲同工的还有一家经营竹炭制品的网店，用白居易的诗名命名，取名“卖炭翁”，让人印象深刻，除此之外，店铺的店标还配上一个卖炭翁头像，更为小店带来不少人气。

（2）“借光”型。

这类店名巧妙地利用同音字让人会心一笑，如“棕楠海”、“发新社”、“食尚味道”、“玩酷子弟”等，还有一些店铺借用著名品牌读音的，如奶渴（一家牛奶网上批发店店名）、飙马（一家销售速滑鞋的网店）等，无不让你想起耐克、彪马这些国际品牌的店名，或许，这正是店主的梦想——自己的商品能够像这些品牌一样让每个人都知道。

（3）趣味想象型。

一般来说，这类店名是迎合时下一些追求刺激的年轻人的心理而取的，目的就是要标新立异、追奇猎怪，这类卖家们信奉“店名不怪，顾客不爱”的准则，往往剑走偏锋以求给顾客留下深刻的印象。如一家卖印有特色图案的 T 恤和牛仔裤的店，起名叫“猎人触觉”；一家装修以黑色为基调的饰品店更绝，起名“黑店”；一家经营中性服装的小店起名“不伦不类”；一家经营手工皂的小店起名叫“新鲜制皂”等。

（4）调侃型。

有些网店的名字虽看似简单，但细细品味却能发现其中有些调侃的味道，这样的店名往往会让人耳目一新。如一家取名“不客气”的服饰店，让人印象深刻。店主说：取这个店名没有什么特别的意思，只是为了好玩。不过，把人们常说的这句话当招牌，不经意间反而透出新奇，让人一下就记住了店名。

一些搞笑的店名如“上一当饰品店”、“摸错门家具店”则让人举棋不定，要不要去“上一当”或是“摸错门”呢？还有一家卖鞋的店取名叫“贵了你打我”，这样的名字一看就知道店主不会开价太高，不然早就被“打”了。取名最直接的还要算拍拍网的一家休闲服饰店，名字就叫“来吧”，这简单的两个字可以随时向路过的买家发出“邀请函”。

（5）创意型。

淘宝店的“有间书店”模仿了周星驰《鹿鼎记》中“有间客栈”的店名，乍一听让人不禁莞尔；易趣网有一家颇具名气的韩版女装店，取名为“每天必逛”。以下引用两名买家的对话：

买家 A：“我买的这件衣服好看吗？”

买家 B：“你穿着真漂亮，在哪里买的？”

买家 A：“每天必逛啊！”

由此可见，好的店名本身就是成功的广告，可以成为招揽顾客的独特魅力。

（6）姓名型。

这类店名多以店主或店主家人的姓氏或名字命名，这跟现实生活中那些随处可见的小店名称一样，比如“娃爸娃妈店”、“小何副食”、“桃子杂货”等，虽然第一眼看上去太过于普通，缺乏吸引眼球的效力，但平凡中却也自有其朴实亲切的味道。

除此之外，也有些善用姓名且独具匠心的店主，如“高老庄钟表店”，店主高某巧妙地借用了《西游记》里这一耳熟能详的地名作为店名，既能体现姓氏，又方便记忆。

4. 与自己的经营商品相关

店名用字要符合自己所经营的商品，要选择一个让人从名字就看出你经营范围的店名，如果店名与商品无关，很可能导致浏览者的反感，自然也就谈不上成交了。如“烟酒专卖”、“童装专营店”、“时尚女装店”等。虽然看上去太过于大众化，缺乏特点，但是简单直接，经营范围一目了然，从而减少了相应的浏览时间，这样买家也会对你的小店增添一份好感。如果想让自己的网店名称具有古典韵味的话，则可以与民间传说或历史名人相关的命名方法，如“东坡酒铺”、“嫦娥衣饰”、“乾隆御膳”等。

人类的思维是建立在文字概念基础上的，特定的文字代表着特定的概念。一个好的店名不仅能吸引买家集聚到店中，勾起人们的购买欲及对店内商品的占有欲，还会给买家留下深刻的印象，所以千万不要忽略了给自己的店铺装上个“金字招牌”！

卖家心得

如果你卖的东西比较多而且比较杂，则可以取名为“某某小屋”等名称，给人以温馨的感觉。但是，如果你不满足于仅仅开网店，想在时机成熟以后办个购物网站的话，那么现在所取的店名要为以后的网站铺路。如果你觉得自己以后的经营方向会有很大的改变，这个时候你就需要取一个中性、具有地域特色且能够引起他人注意的名称。虽然现在有些网站的店名是可以更改的，但是如果经常更改的话，买家们或许会不认识你的店！

用心取个掌柜名

正如上一节内容所说的那样，店名是网店的招牌，因此许多人只是想方设法去取个好店名。其实，卖家名或是掌柜名也有着同样重要的作用。

想要在购物网站上开店的卖家，在注册账号，也就是用户名的时候只知道这是开店前的准备工作，往往随便用一串字母或数字注册敷衍了事。从某种角度来说，这不能算是一种完整的开店准备。这些卖家或许没有想过，此时注册的帐号是一直跟随自己活动的，是与别人交流时的昵称，而且一般来说是无法修改的。这跟姓名的道理一样，可以作为一个人的标志性名称，名字有好听的和不好听的，而卖家的昵称也是一样。

很多人开店是在注册之后才有的想法，可以说是“半路出家”的卖家，所以当时起的名字并没有办法与店铺关联起来，这个问题自然另当别论。但如果现在你已经确定要开店，或是已经确定要卖的商品性质，相信聪明的你应该不会轻易放弃这个事半功倍的步骤。那么，卖家该如何取一个与店铺相关而又好记的掌柜名呢？

（1）取名切勿随意。

不知你有没有发现，有些网店卖家的掌柜名是一串莫名其妙的字符串，那些字符串大多是由英文或者数字组成，看起来杂乱无章，毫无意义。买家们看到这样难以理解的掌柜名会觉得非常别扭，这样也就大大影响了去这家网店购物的兴趣。

（2）尽量使用汉字。

毕竟在国内购物网买东西的绝大部分买家都是说汉语的，当买家眼前出现许多不同的掌柜名时，他们往往会挑带有汉字的名字看，因为对大部分人来说汉字要比数字和字母容易记得多。但是如果你不想取带有汉字的名字，那么建议你选择一个简短而好听的英文名字，这样也容易博得买家的好感。

（3）取名不要有歧义。

不要使用容易让人误解的词语，比如“杜子腾”容易让人误解为“肚子疼”，“朱一群”容易让人误解为“猪一群”等，光是读起来就有不雅的感觉，更别提四处宣传你的掌柜名了。

（4）取名不要有贬义。

取名的时候不要为了盲目地追求个性而取一些带有贬义的名字，比如“坏蛋”

或是“色轨”等，这些比较容易引起买家的反感，打消在你网店中购物的念头。

（5）掌柜名可与店铺所售商品相联系。

如店铺叫“某某玩具专卖”，那么你的掌柜名也可以叫“某某玩具专卖”，这样既不用费尽心思想名字，又容易让买家记得。

卖家心得

在我的淘宝群里面，大部分名字都是一串字母的组合，谁又会记得住在虚拟空间的那一位是谁呢？我的第一个ID非常长，取这个名字是因为想起以前的点滴往事，一时兴起，将自己的感性加与其中，在别人看来，与店铺和经营的宝贝毫无关联，这样的名字就取得非常失败。从字数来看，8个字，太多冗长（一般4个字较好，最多不超过6个字），放在旺旺或淘宝的某些位置，就影响了其空间的发挥。例如，明明可以在名字后面带上店铺名或宝贝，可现在光一个名字就将空间都占满了。因为工作的原因，我关闭了第一个网店，在两年后我换了个ID重新开了一家。在取名问题上我吸取了上一次的教训，取了一个只有三个字的ID。现在，买家都说我的名字好听又好记，为此我暗自得意了好久。透露一个小小的细节，不知道大家有没有发现，在群里面所有人的名字都是按汉字的拼音或英文名的第一个字母来排序的，因为我的掌柜名字第一个字母为A，所以通常都是排在第一个，这样想要群里的人不记得都难啦！

写好店铺介绍——装修网店的第二张脸

1. 什么是店铺介绍

店铺介绍，顾名思义就是对店铺的介绍，如果作为新手卖家的你还没想好该写什么的话，则可以参考一下实体店的店铺介绍或是其他网店的店铺介绍，看看别人都是怎么写的。还不知道该怎么观看别人的店铺介绍吗？请接着往下看。

如图1－1所示，在登陆后进入别人的店铺，点击左上角的“店铺介绍”，就可以看到了。关于店铺介绍的风格，一般来说分为三种类型，各有特色，你可以根据商品的种类和店铺的风格进行选择。

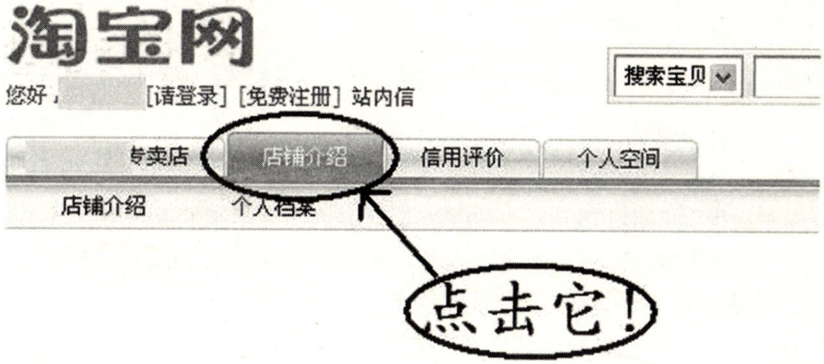

图 1－1

（1）简洁型。

如图 1－2 所示直接使用网站默认的店铺介绍，不作任何修饰，让卖家了解你的基本情况。这种方法虽然看上去会让人觉得你有些“懒”，但是会吸引那些看腻了花花绿绿界面的买家眼球。

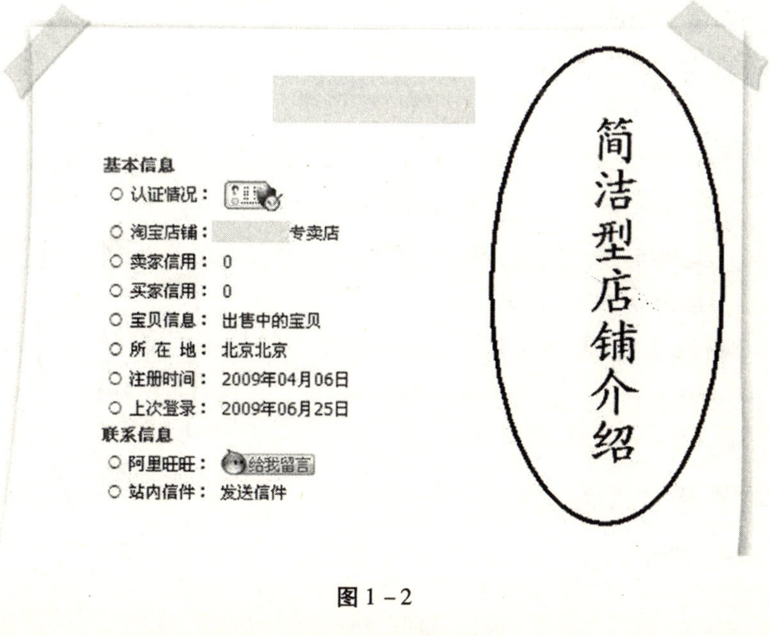

图 1－2

（2）消息型。

如图 1－3 所示消息型店铺介绍，就是将店铺的优惠或是商品的最新消息发布在介绍里，不但能吸引喜欢优惠活动的新买家，还能牢牢把握老买家的心。

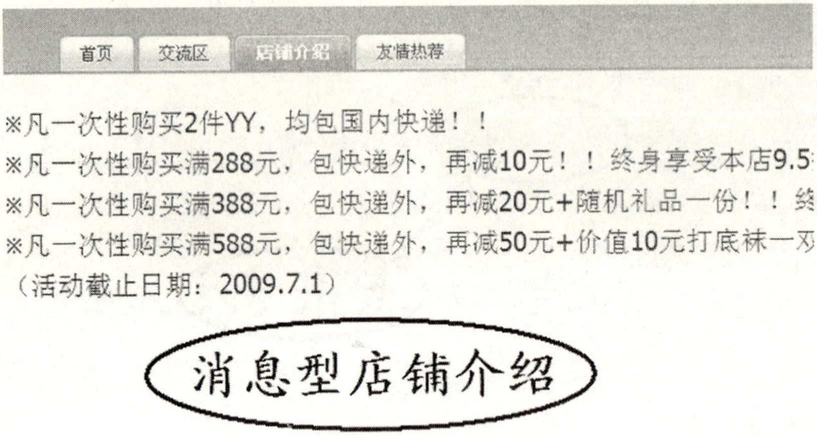

图 1－3

（3）详细型。

作为新手卖家的你想让买家对你的网店多些了解吗？那就写得详细点吧，如图 1－4 所示包括购物的流程、联系方式、物流方法等信息统统都写上吧，让买家看了你的店铺介绍就什么都明白了。

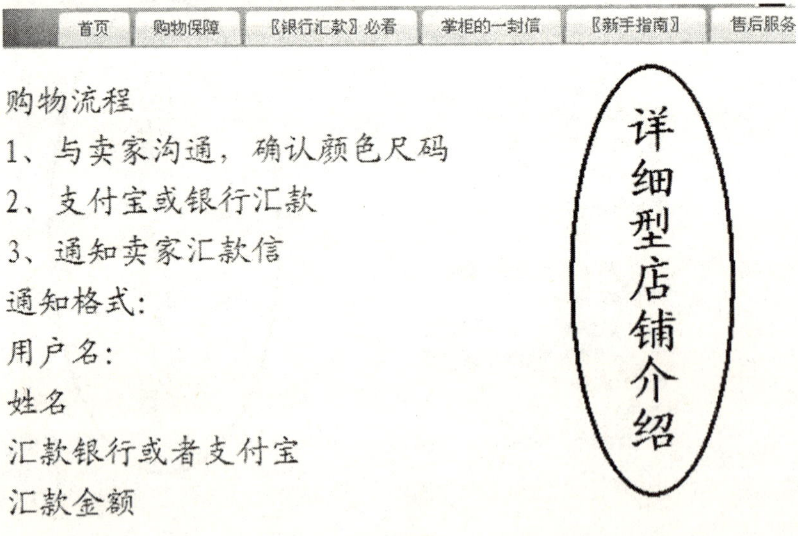

图 1－4

2. 如何设置店铺介绍

（1）淘宝篇。

①登陆进入店铺首页后，点击“管理我的店铺”，如图1－5所示。

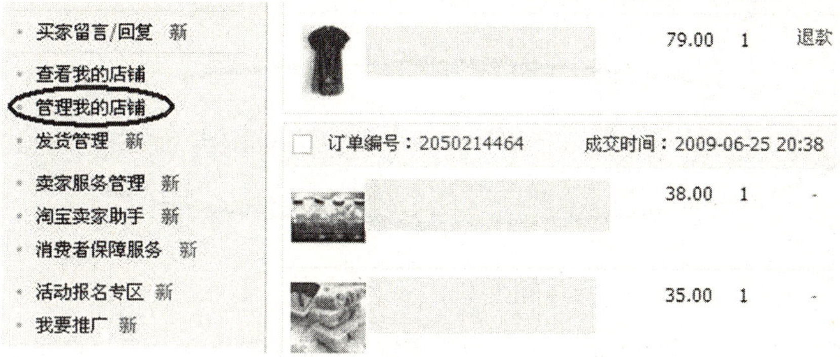

图1－5

②点击左边“店铺管理”下的“基本设置”，找到“店铺介绍”编辑框，如图1－6所示。

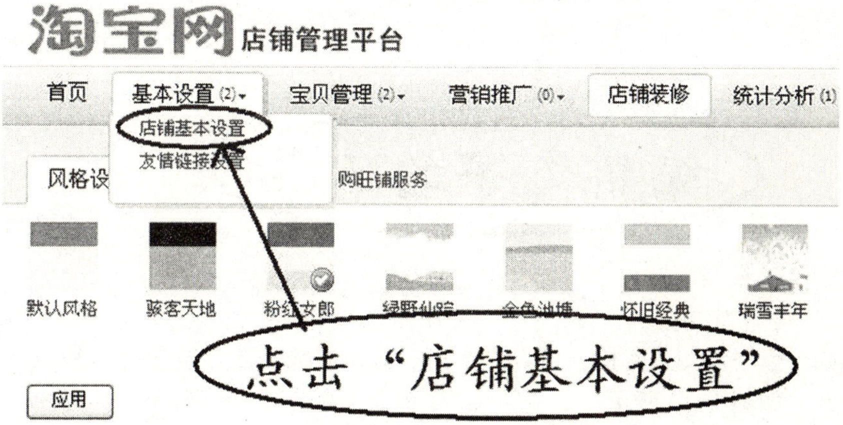

图1－6

③如果有模板代码的话，点击“店铺介绍”编辑框上面的“编辑源文件”按钮，复制模板代码，粘贴到编辑框内，如图1－7所示。

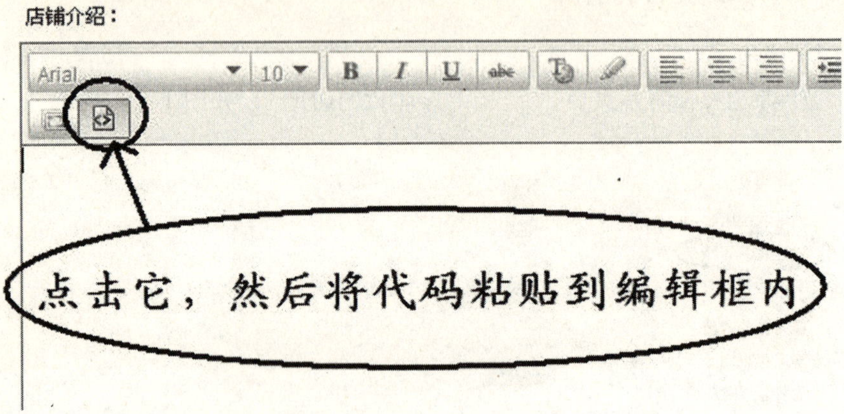

图1-7

④如果没有模板代码也没关系，可以编辑店铺的介绍文字，内容可以直接编辑，如图1-8所示。

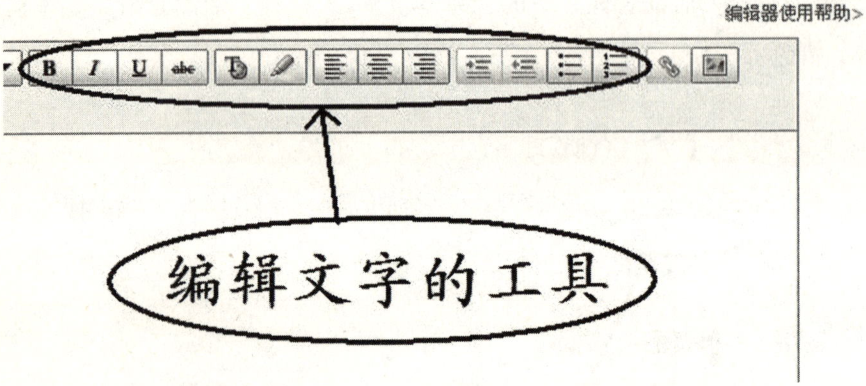

图1-8

⑤如果想添加图片的话，可以点击第一排最右侧的图片按钮，填写尺寸以及图片地址，如图1-9所示。

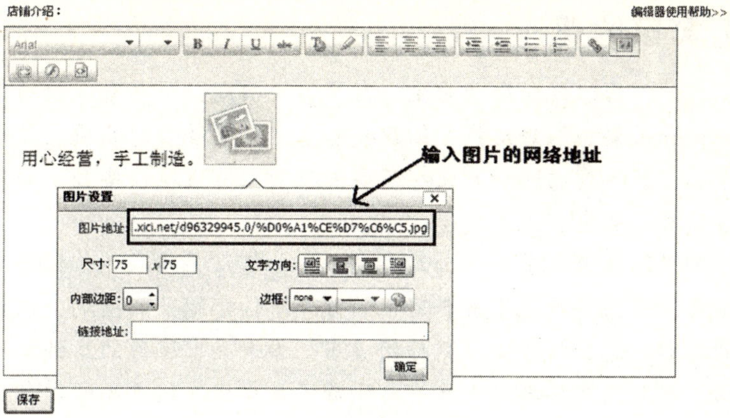

图 1－9

⑥如图 1－10 所示，当成功添加完图片后，点击页面下方的“保存”按钮，你的店铺介绍模板就加好了。

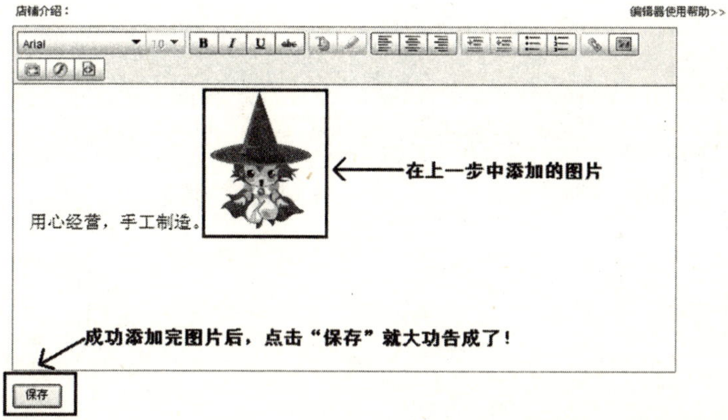

图 1－10

快去看看，点击图 1－5 左上角的“查看我的店铺”，你的店铺介绍已经“旧貌换新颜”了。

卖家心得

我的网店以经营鞋子为主，在开店的初期，一些有经验的卖家告诉我，如果要想写好店铺介绍就要着重宣传下鞋子的品质，最好配以截图。但是注意描述性的文字不要太花哨，适当地放些鞋子的实物图片，让买家从感官上去感受。

如果还是不知道该怎么写店铺介绍，可以去些人气、信誉高的网店参考一下，多看几家就会写了。另外店铺介绍虽然重要，但更为重要的是别人怎么样才能找到你的小店。如果买家连你的店铺都找不到的话，那介绍写得再好也只有自己看了。建议应该再去学学怎么发布商品，怎么宣传推广你的店铺，使你的店铺有更高的点击率。

Chapter 2 打造人见人爱的店铺 LOGO

教你制作简单店标

店标作为一家店铺的标志，要能体现店主的个性、店铺经营的内容以及能够给人以深刻的印象。网上店标和其他标志不同，店标一般显示在店铺的左上角，它可以用卖家的真实照片，给人一种真实感、亲切感和可信赖感；也可以将店标做成动画效果，一方面引人瞩目，另一方面又可以增大单位面积上的信息承载量。

1. 常用的图像处理软件

（1）Photoshop。

Photoshop 就是 PS，多数人对于 Photoshop 的了解仅限于“一个很好的图像编辑软件”，却并不知道它应用领域的广泛性，实际上，Photoshop 在图像、图形、文字、视频、出版各方面都有涉及。请看下面的介绍：

①平面设计。平面设计是 Photoshop 应用最为广泛的领域，无论是我们正在阅读的图书封面，还是大街上看到的招帖、海报，这些具有丰富图像的平面印刷品，基本上都需要 Photoshop 软件对图像进行处理。

②修复照片。Photoshop 具有强大的图像修饰功能。利用这些功能，可以快速修复一张破损的老照片，也可以修复人脸上的斑点等缺陷。

③广告摄影。广告摄影作为一种对视觉要求非常严格的工作，其最终成品往往要经过 Photoshop 的修改才能得到满意的效果。

④影像创意。影像创意是 Photoshop 的特长，通过 Photoshop 的处理可以将原本风马牛不相及的物体组合在一起，也可以使用“狸猫换太子”的手段使图像变得面目全非。

⑤艺术文字。利用 Photoshop 可以使文字发生各种各样的变化，并利用这些艺术化处理后的文字为图像增加效果。

⑥网页制作。网络的普及是促使更多人需要掌握 Photoshop 的一个重要原因。因为在制作网页时，Photoshop 是必不可少的网页图像处理软件。

⑦建筑效果图后期修饰。在制作建筑效果图包括许多三维场景时，人物与配景包括场景的颜色常常需要在 Photoshop 中增加并调整。

⑧绘画。由于 Photoshop 具有良好的绘画与调色功能，许多插画设计制作者往往使用铅笔绘制草稿，然后用 Photoshop 填色的方法来绘制插画。

实际上，除了上面列出的应用领域外，Photoshop 还涉及绘制或处理三维帖图、婚纱照片设计、视觉创意、制作图标等领域。

（2）Ulead GIF Animator。

GIF 的全称是 Graphics Interchange Format（可交换的文件格式），是 CompuServe 公司提出的一种图形文件格式。GIF 文件格式主要应用于互联网，GIF 格式提供了一种压缩比较高的高质量位图，但 GIF 文件的一帧中只能有 256 种颜色。GIF 格式的图片文件的扩展名就是“. GIF”。

与其他图形文件格式不同的是，一个 GIF 文件中可以储存多幅图片，这时，GIF 将其中存储的图片像播放幻灯片一样轮流显示，这样就形成了一段动画。

GIF 文件还有一个特性：它的背景可以是透明的，也就是说，GIF 格式的图片的轮廓不再是矩形的，它可以是任意的形状，就好像用剪刀裁剪过一样。GIF 格式还支持图像交织，当您在网页上浏览 GIF 文件时，图片先是很模糊地出现，然后才逐渐变得很清晰，这就是图像交织效果。

很多软件都可以制作 GIF 格式的文件，如 Macromedia Flash，Microsoft PowerPoint 等，相比之下，Ulead GIF Animator 的使用更方便，功能也更全面一些。Ulead GIF Animator 不但可以制作静态的 GIF 文件，还可以制作 GIF 动画，这个软件内部还提供了二十多种动态效果。

（3）光影魔术手。

光影魔术手是一个对数码照片画质进行改善及效果处理的软件。操作起来比较简单、易用，不需要任何专业的图像技术，就可以制作出专业胶片摄影的色彩效果。光影魔术手具备以下的基本功能和独特之处：

①反转片效果模拟。反转片的效果，令照片反差更鲜明，色彩更亮丽。

②反转片负冲。模拟反转负冲的效果，色彩诡异而新奇。

③数码补光。对曝光不足的部位进行后期补光，易用、智能，过渡自然。

④数码减光。对曝光过度的部位进行后期的细节追补，用于对付闪光过度、天空过曝等比较有效。

⑤组合图制作。可以把多张照片组合排列在一张照片中，适合网络卖家陈列商品。

⑥高 ISO 去噪。可以去除数码相机高 ISO 设置时照片中的红绿噪点，并且不

影响照片锐度。

⑦柔光镜。模拟柔光镜片，给人像带来朦胧美。

⑧去红眼、去斑。去除闪光灯引起的红眼；去除面部的斑点等。

⑨人像美容。人像磨皮的功能，使皮肤看起来细腻白晰，不影响头发、眼睛的锐度。

⑩影楼风格人像。模仿现在很流行的影楼照片的风格，冷调、高光溢出、柔化。

⑪一指键白平衡。修正数码照片的色彩偏差，还原自然色彩，可以手工微调。

⑫自动白平衡。智能校正白平衡不准确的照片的色调。

2. 用 PS 制作虚线框店标

本书以 Photoshop CS8.0 版为例。

（1）打开一张你想要添加虚线框的图片文件。

（2）双击图层面板上背景图层右侧的空白区域。

（3）在弹出的对话框中单击“好”，将背景图层转换为图层 0。

（4）如图 2 －1 所示，点击图中标注的按钮，新建一个图层 1。

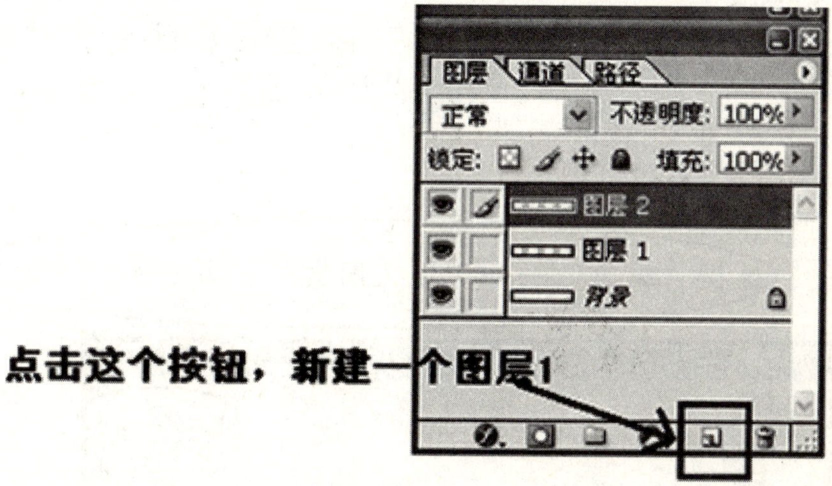

图 2 －1

（5）用“矩形选框工具”（“椭圆选框工具”也行）选取你要打虚线框的区域。

（6）如图 2 －2 所示，选择菜单“文件”——“新建”，新建一个背景为白色的文件。

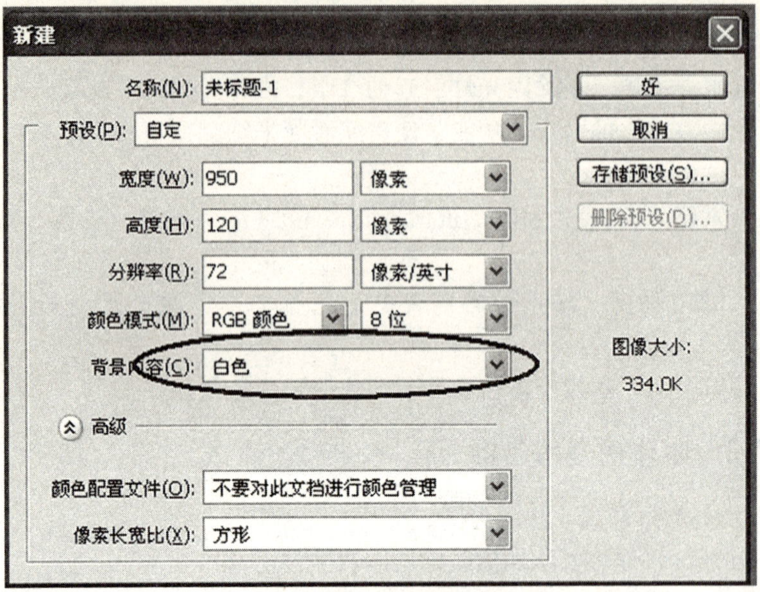

图 2－2

(7) 为了方便操作，要将这个新建的正方形文件放大到一定的比例。然后用“矩形选框工具”在这个文件的左上角选取一个 4×4 像素的正方形选区，接着按下 Shift 键，在右下角选取一个同样的 4×4 像素的正方形选区，然后填充黑色（颜色可随个人喜好选择），按 Ctrl + D 取消选择。

(8) 选择菜单“编辑”——“定义图案”，然后单击“确定”，保存图案 1，如图 2－3 所示。

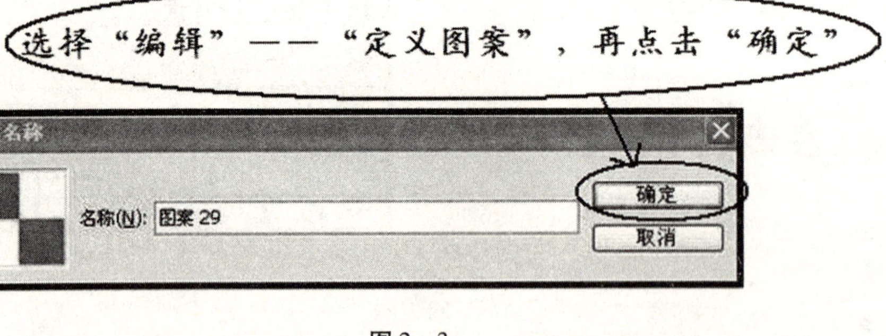

图 2－3

(9) 如图 2－4 所示，点击第一步中打开的要添加虚线框的图片文件，选择图层 1，然后选择菜单“编辑”——“填充”，在弹出的对话框中，选择使用

“图案”填充，自定图案就选择我们刚才做好的图案 1，其他选项默认即可，然后单击“确定”，这时你会发现图层 1 上布满了有规律的方格，如图 2－5 所示。

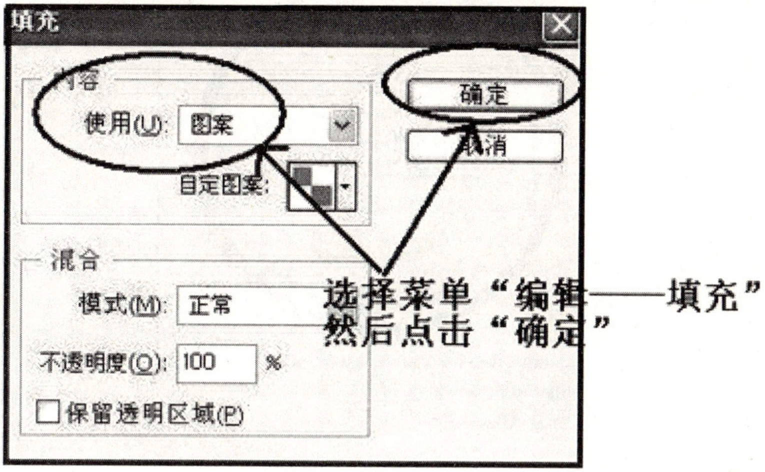

图 2－4

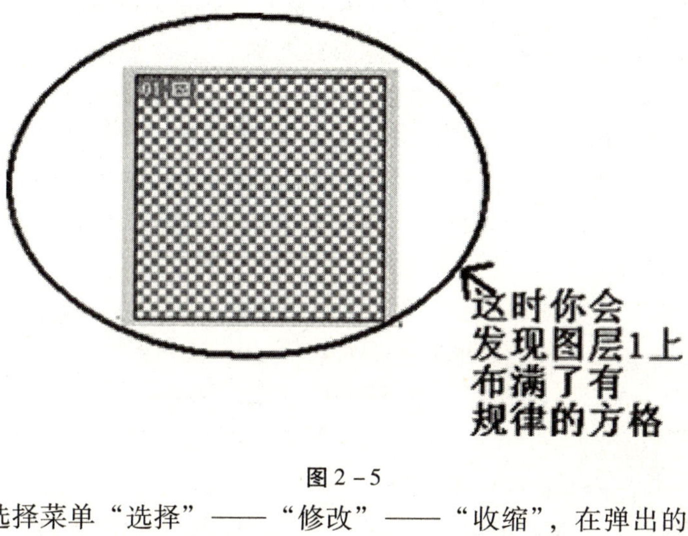

图 2－5

（10）选择菜单“选择”——“修改”——“收缩”，在弹出的对话框中输入 1，单击“好”，选区就会向内收缩 1 个像素。

（11）按 Delete 键将收缩后选框内的选区删除，按 Ctrl + D 键取消选择。如图 2－6 所示，这样，虚线框就做好了。

图2－6

卖家心得

市面上有许多处理照片的软件，那么我们该如何去选择呢？在调节照片的色调、色阶、饱和度和曲线等时，光影魔术手操作起来比Photoshop简单，很快就能学会。但是有一些问题是它不能处理的，比如局部过曝等，这时Photoshop会显得更加专业，所以相对比较专业人士处理照片，会选择它。另外Photoshop有许多的插件，比如笔刷等，功能相对来说比较多，而这些都是光影魔术手等软件无法做到的。

一般来说，建议新手卖家或是刚开始学习制图的卖家先从光影魔术手学起，等到技术熟练了再学习Photoshop软件。

从图片中“抠”出你的个性店标

所谓“抠图”就是从一幅图片中将某一部分截取出来，和另外的背景进行合成。不要小看这一工作，我们生活中的很多图像制品都曾经经过这种加工，例如广告等，需要设计人员将模特照片中的人像部分抠取出来，然后再和其他图片进行合成。

想从一整张图中抠出一个有个性的图案做店标吗？那就拿起鼠标，跟着做吧！

1. 光影魔术手抠图教程

（1）如果你是没有安装光影魔术棒的新手，那么请按照以下步骤来。先下载最新的光影魔术手软件，安装后打开根目录，找出图 2－7 中的文件，然后双击它。

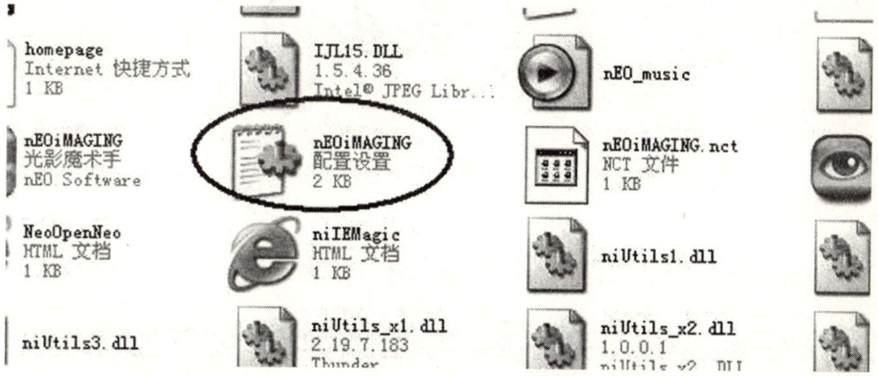

图 2－7

如图 2－8 所示，找到［CropForm］，在它下面一行添加“SelMagic = 1”，然后保存文件。这样就成功添加了光影魔术棒了。

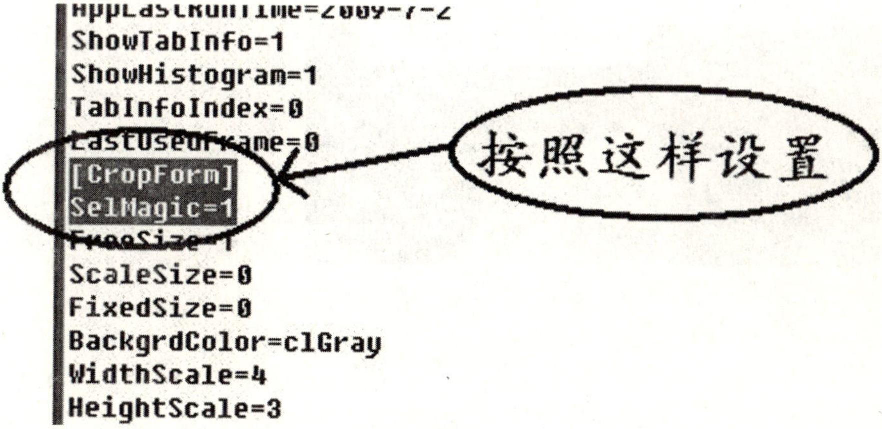

图 2－8

（2）下面打开一张图片，点击菜单中的“裁剪”按钮，如图2－9所示。

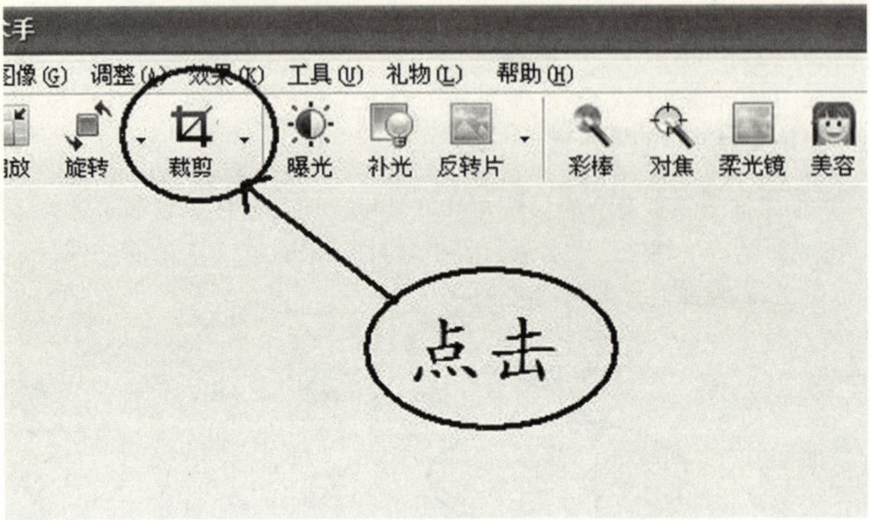

图2－9

（3）点击“选择”——“反选”，如图2－10所示。

图2－10

（4）现在图像变成了这样，如图 2－11 所示。

图 2－11

（5）点击“去背景”，然后选择颜色填充，如图 2－12 所示。

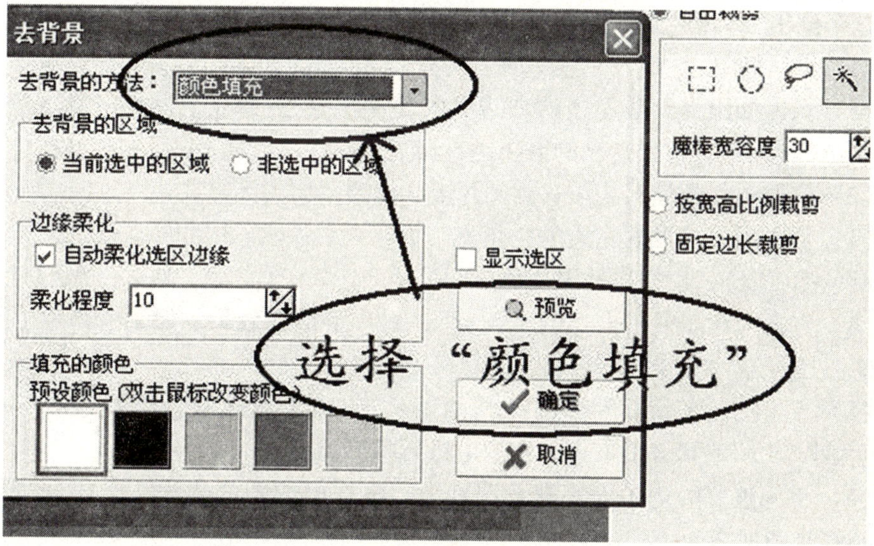

图 2－12

（6）如图2－13所示，最终图片变成了现在这样，如果你想让边缘更加清晰，可以对照片进一步修饰。

图2－13

2. Photoshop抠图教程

第一步：打开文件

（1）打开Photoshop软件。

（2）点击软件上面的“文件”，然后点“打开”导入一张照片，将照片全部展开。

（3）点击软件上面的“滤镜”，再点“抽出”，这就打开了一个抽出工具框，可在这个抽出工具框上进行抠图。

第二步：抠图

（1）点击抽出工具框左边的“边缘高光器工具”，点击右边的“工具选项”中的“画笔大小”，按照自己的需要进行调节。

（2）将调整好的笔头大小移到照片上，将要抠出的图框住。

（3）点击抽出工具框左边的“填充工具”，然后将抠出的图填充颜色（不管什么颜色都可以），使抠出的图变色。

（4）点击抽出工具框右边的“预览”，看一下抠图效果。如果觉得抠图效果不理想，还可进一步修饰。

（5）点击抽出工具框左边的“清除工具”，点击右边的“工具选项”中的“画笔大小”，调整到合适大小，在框上进行抠图。

（6）将调整好的笔头大小移到照片上，将抠出的图的边缘不理想处进行修饰，一直修到理想为止。

（7）点击抽出工具框右边的最下面“预览”中的“显示”，点击“黑三角调色杂边”，进一步进行第（5）、（6）步的方法进行深入修饰，直到理想为止。

（8）经过上面三步的反复修饰，就有一个理想的抠图了。

(9) 点击抽出工具框左边的（缩放工具）进行放大检查。如果你觉得图片不理想还可以再用（5）、(6)、(7) 步进一步修饰。

(10) 经过反复捡查、修饰，如果认为没有问题了，就点击右上方的“确定”。

第三步：保存

点击软件上面的“文件”，然后点“另存为”，给图片取个合适的名字，将后缀设置为“. JPG”，这样保存就完成了。

卖家心得

刚开始学习“抠图”时，建议你使用构图简单，颜色不太复杂的图片进行练习，只有多练习，才会熟练。如果有太多毛发、太细致的东西，则不太好处理。以光影魔术手为例，在第一次完成前景和背景的定义后，点击“预览”，检查一下。发现有抠不全或抠出多余部分时，不需要重置，只需要点击选择抠图工具，也就是对话框的右上方的曲线、矩形和椭圆的其中一个（因为预览后，电脑一般不再默认原来的工具，需要重新指令）。只要按住 Ctrl 键，在抠不全的地方重新打前景线，在抠出多余之处打背景线，再点击“预览”，检查一下。一般来说，如此操作一次，基本就能弄好了。经过练习，积累了一些操作经验后，你会发现，干脆在第一次定义前景和背景时，在走线时多画一些，确保一次成功。尤其是在某些部分的颜色明显有别于主调时，例如，图片里无论人物或动物的眼睛、嘴巴、人物的手指等部位，颜色有别于面部或衣服的颜色，经常发现有人抠出来的动物的眼睛是两个透明的窟窿。因此，在走线时，在眼睛等纹路较为复杂的细节处多画几下就好了。

用组图拼接专业店标

在搜集店标素材的过程中，你可能会找到许多适合制作店标而且好看的图片，如果你还在为选择哪一个而烦恼的话，不妨试着将几张图片拼接成一张图片吧！用组图拼接成的店标比单张图片看起来要专业得多。

1. Photoshop 拼图教程

第一步：打开图片

（1）打开 Photoshop 软件，选择“文件”——“新建”，如图 2－14 所示。

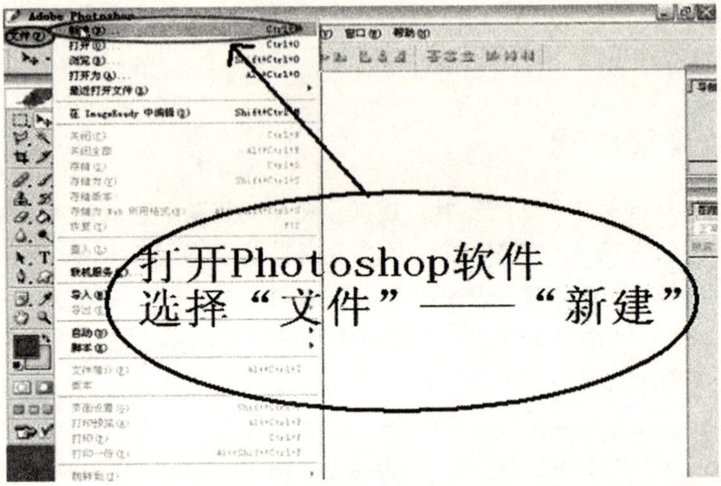

图 2－14

（2）弹出菜单中宽、高按照需要合并的图片数来计算，比如说要合并两张图片，填进的数就是 600×900 像素，如果要合并四张图片，可以填进数值 600×450 像素，但是每张图片看到的效果，要比现在的小一倍。设置“高度”和“宽度”，然后点击“好”，如图 2－15 所示。

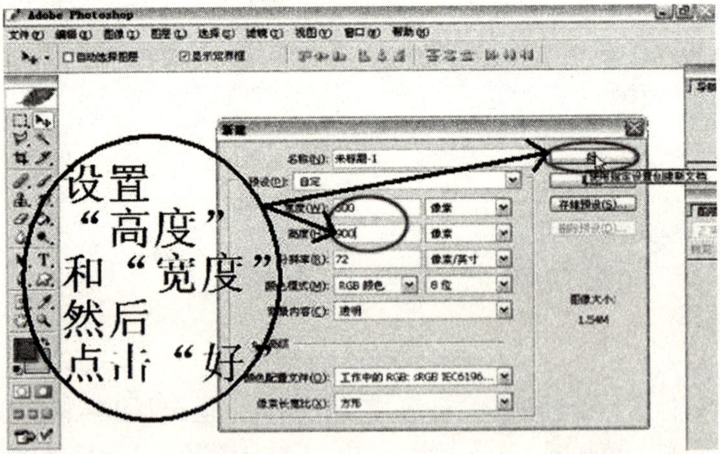

图 2－15

（3）选择“文件”——“打开”，如图 2－16 所示。

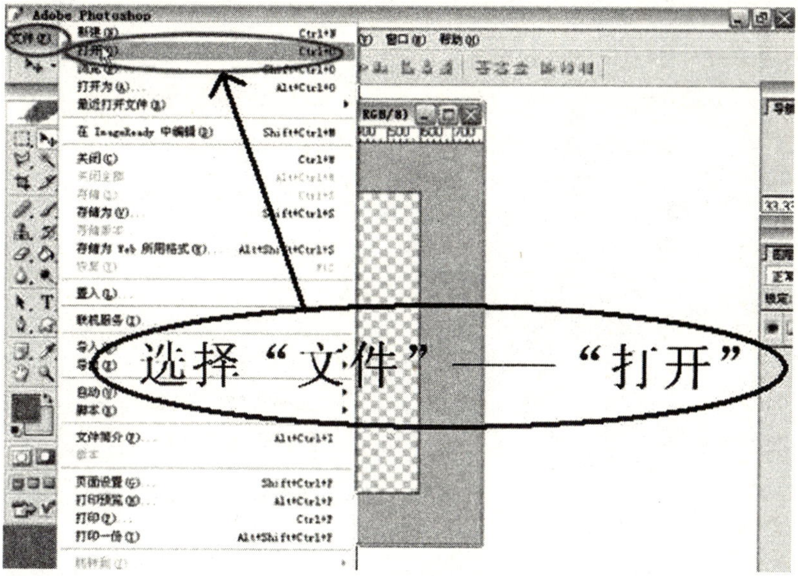

图 2－16

（4）按 Shift 键，选定两张图片后，点击“打开”，如图 2－17 所示。

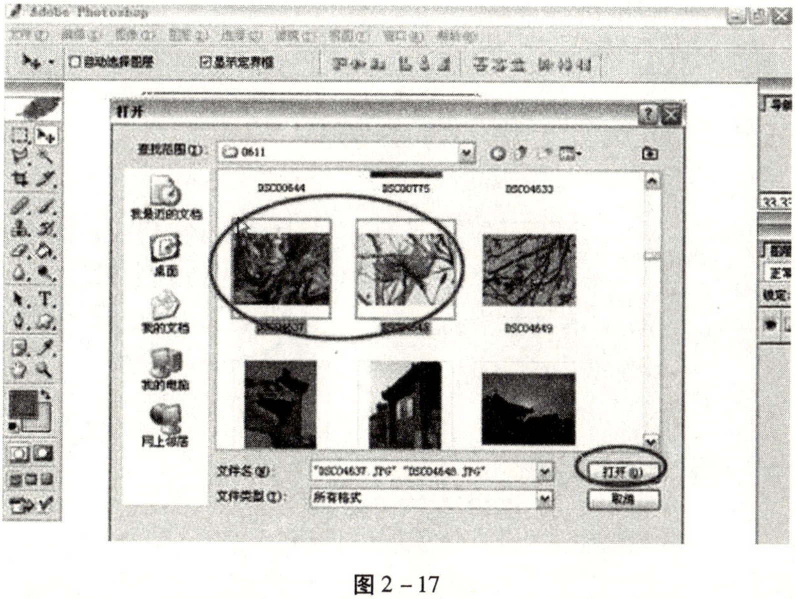

图 2－17

第二步：合成图片

（1）选择工具栏中第一排第二个“移动”工具，如图2－18所示。

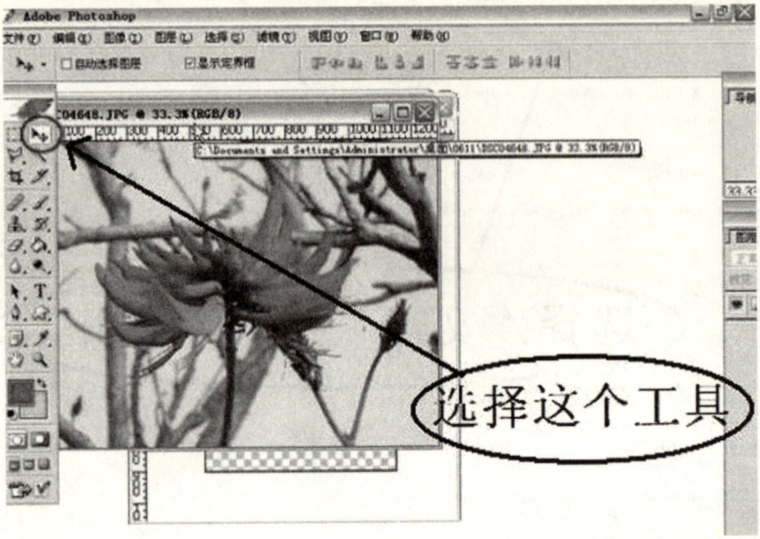

图2－18

（2）鼠标放在需要编辑的图片上，按住鼠标左键，拖拽到开始时新建的空白文件中，如图2－19所示。

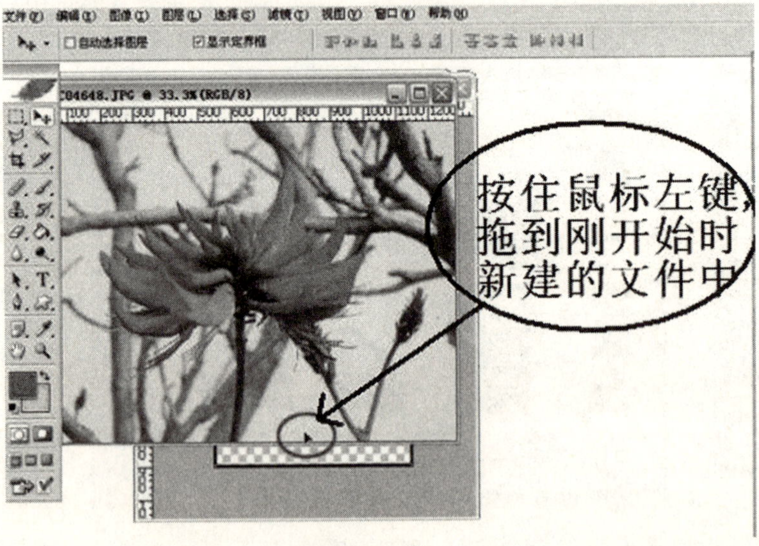

图2－19

（3）鼠标放到图片的一角，变成上下箭头时单击一下，程序上面多了一排参数可以改写，如图 2－20 所示。

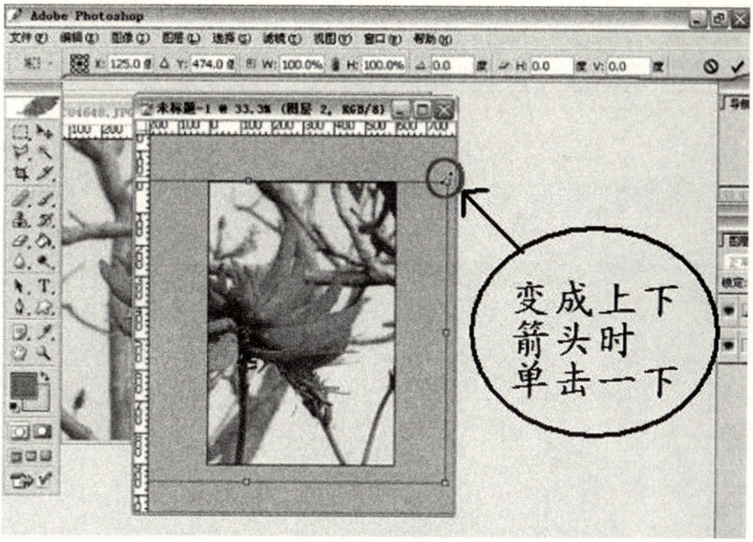

图 2－20

（4）按照图片的实际尺寸，改变宽、高，在 W 后面输入“50”，再点一下后面的锁链图标，H 后面的参数也会跟着改变，如果尺寸合适，单击最后的“√”号，如图 2－21 所示。

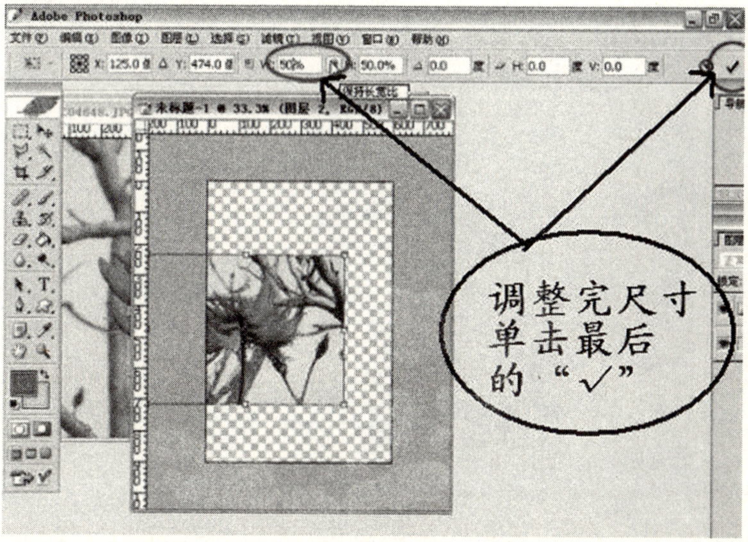

图 2－21

（5）鼠标放在图片上，又变成了和工具栏中“移动”工具一样的图标，按住鼠标左键，拖拽这个图层到合适的位置，然后放开。还可以按上下左右键微调，如图2－22所示。

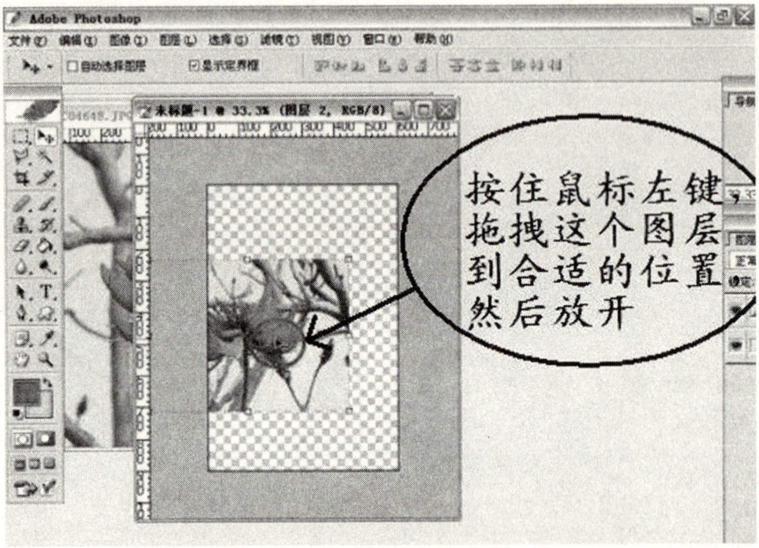

图2－22

（6）如图2－23所示，用同样方法处理接下来的图片，拖拽到合适的位置。

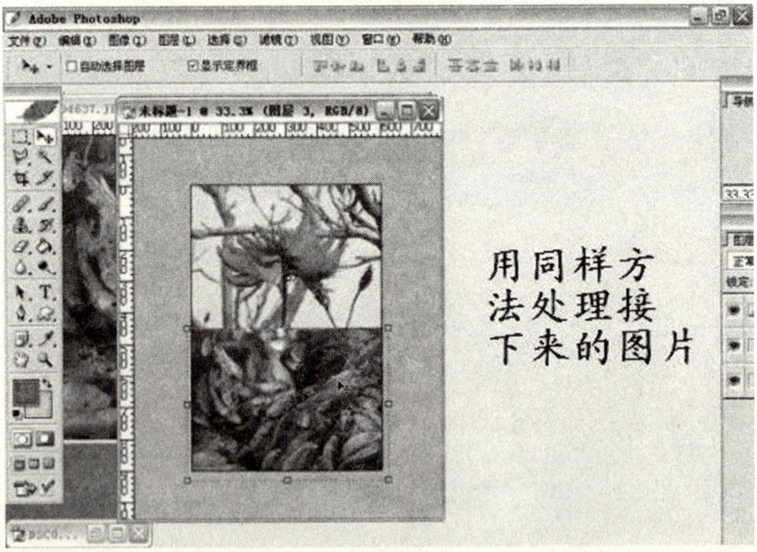

图2－23

第三步：加边框

（1）将鼠标移到“图层”选项卡最下面，单击一下倒数第二个“新建”图标，如图 2－24。

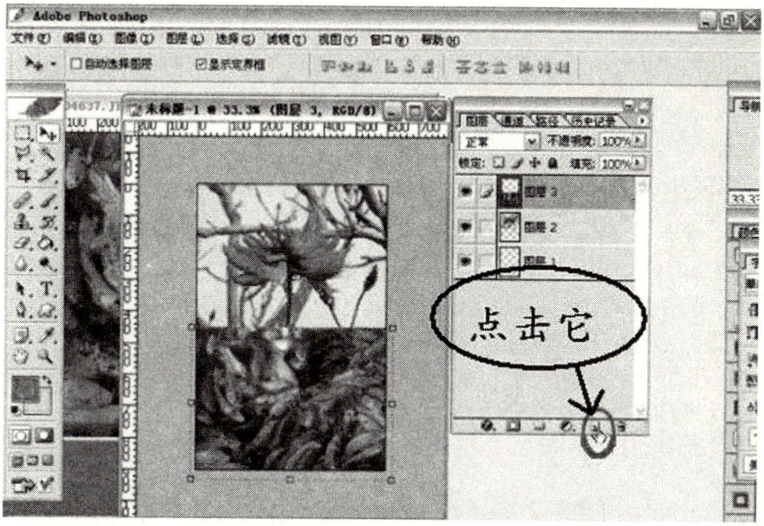

图 2－24

（2）此时“图层”选项卡多了一个图层，鼠标在左手边的工具栏中单击“前景色”，如图 2－25 所示。

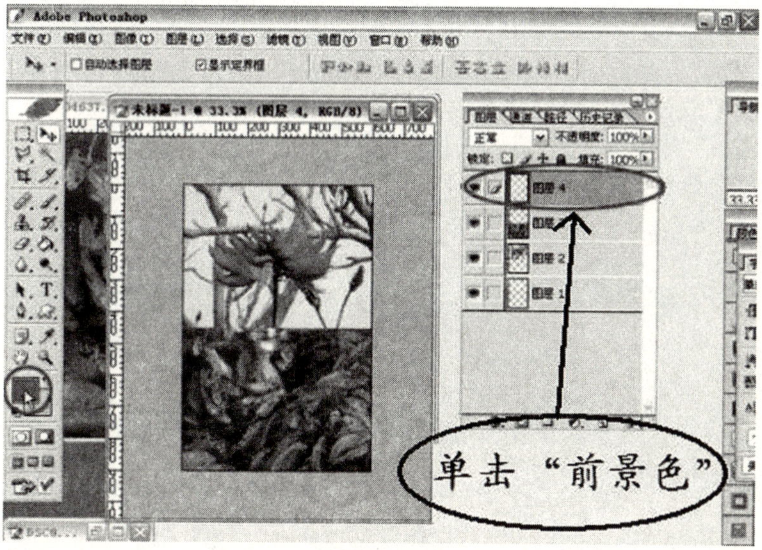

图 2－25

（3）改变前景色，比如选择了白色，可以在拾色器中用鼠标单击选择，也可以改变最下面的数值，“ffffff”是白色，单击“好”，如图 2－26 所示。

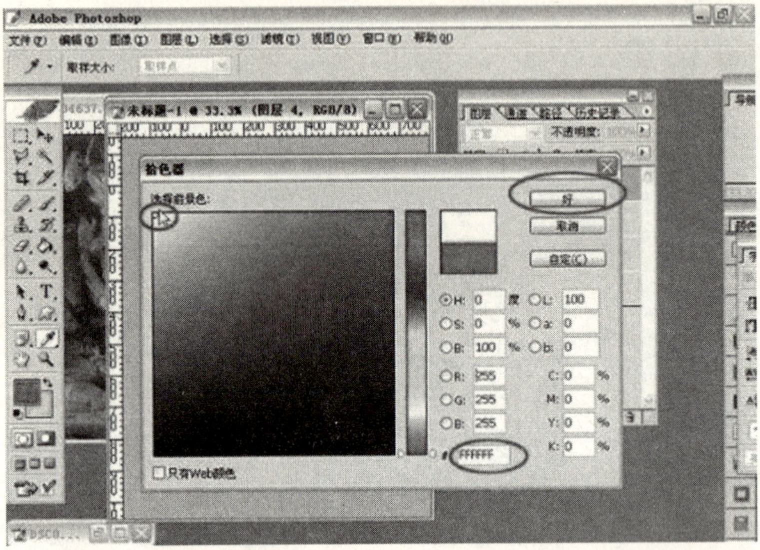

图 2－26

（4）如图 2－27 所示，选择工具栏中“油漆桶”工具。

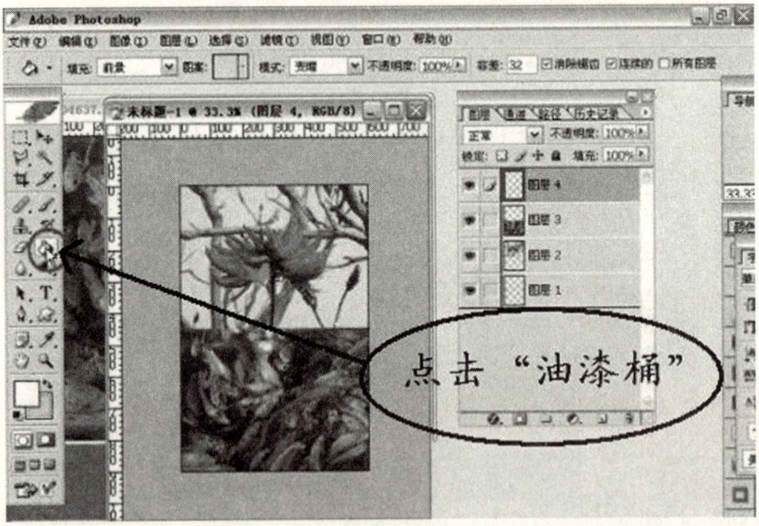

图 2－27

（5）鼠标回到图片上，在空白位置单击一下，图片覆盖前景色，如图 2－28 所示。

图 2－28

（6）选择“矩形选框”工具（根据各人需要还可以选椭圆工具），在上面的“羽化”栏中填入数字（示例中填的是 15），如图 2－29 所示。

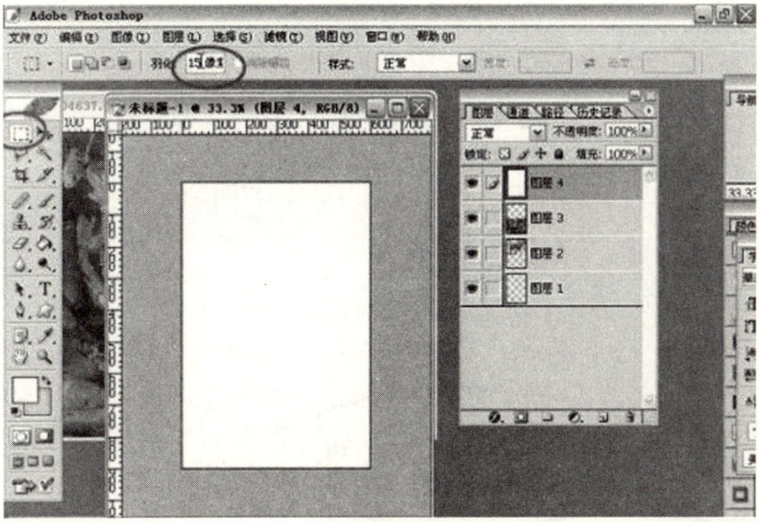

图 2－29

（7）在图层4的上半部分（下半部是第一张图片），从左上角开始拖拽鼠标，到右下角放开，此时会出现一个虚线框，如图2－30所示。

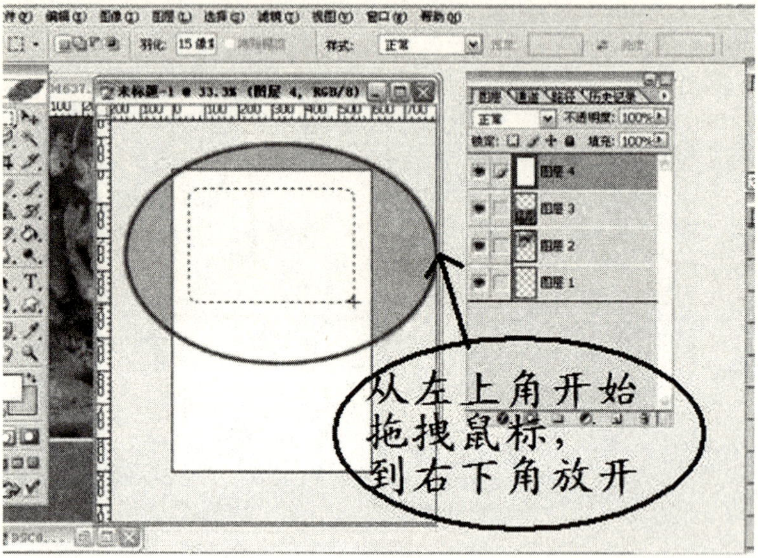

图2－30

（8）键盘上按一下“Delete”键，删掉选中的部分，露出图片，如图2－31所示。

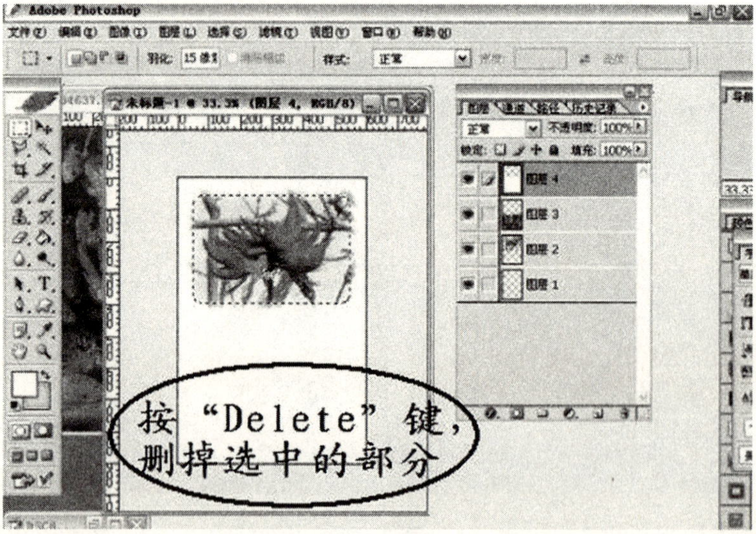

图2－31

（9）将鼠标在虚线框中按住，将其拖拽到下半部，可以用上下左右键微调，如图 2－32 所示。

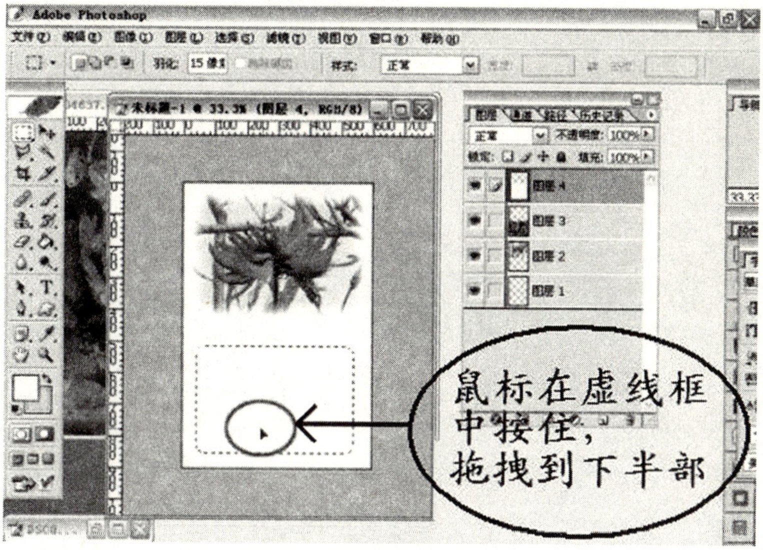

图 2－32

（10）按“Delete”键，露出第二张图片，如图 2－33 所示。

图 2－33

第四步：保存

（1）单击“文件”——“另存为”，如图 2－34 所示。

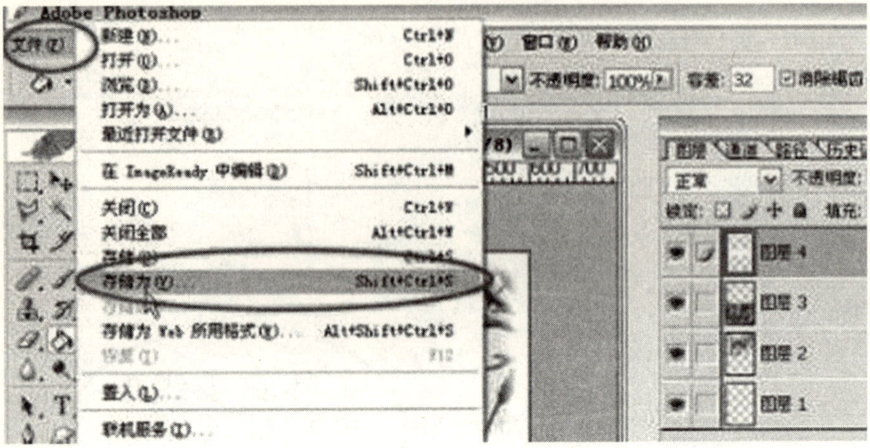

图 2－34

（2）格式中选择“＊．JPG”，起个合适的名字，单击“保存”；如图 3－35 所示。

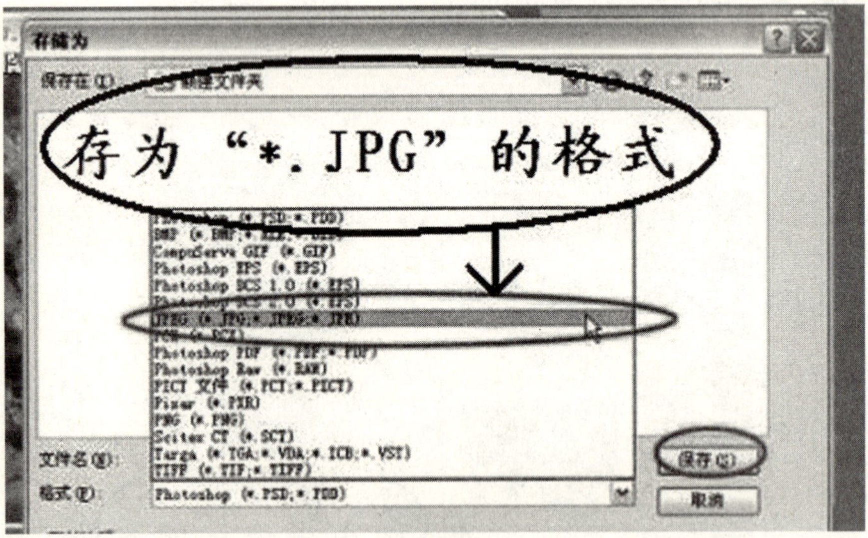

图 2－35

（3）接下来弹出的菜单，单击“好”，如图 2－36 所示。

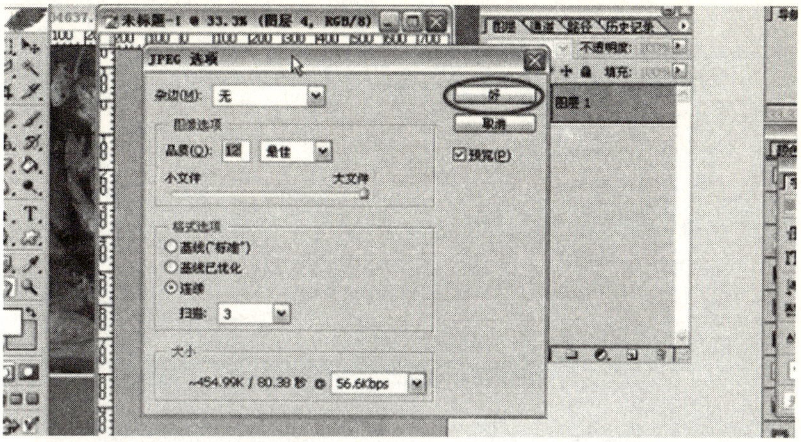

图 2－36

（4）完成。

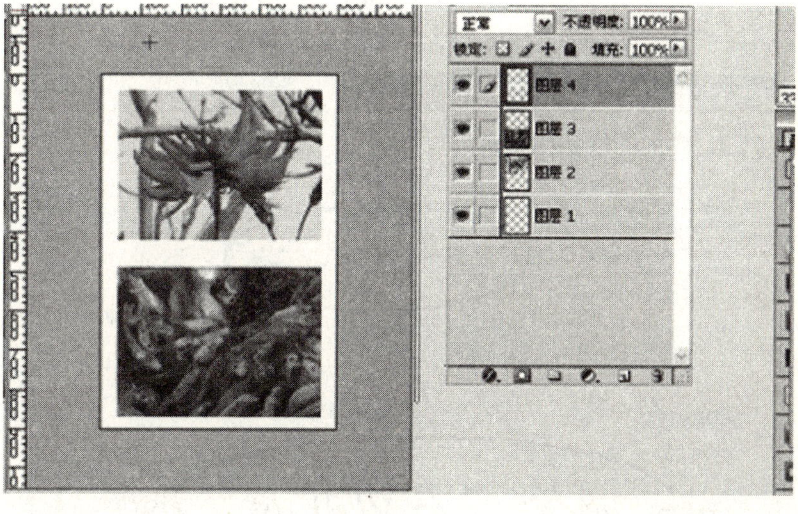

图 2－37

2. 光影魔术手拼图教程

第一步：打开图片

以拼接两张图片为例，先找出想拼接的图片，打开其中的一张，取名图一，另外一张则取名图二。

第二步：拼接图片

（1）点击“图像”菜单，然后选择“扩边”，如图 2－38 所示。

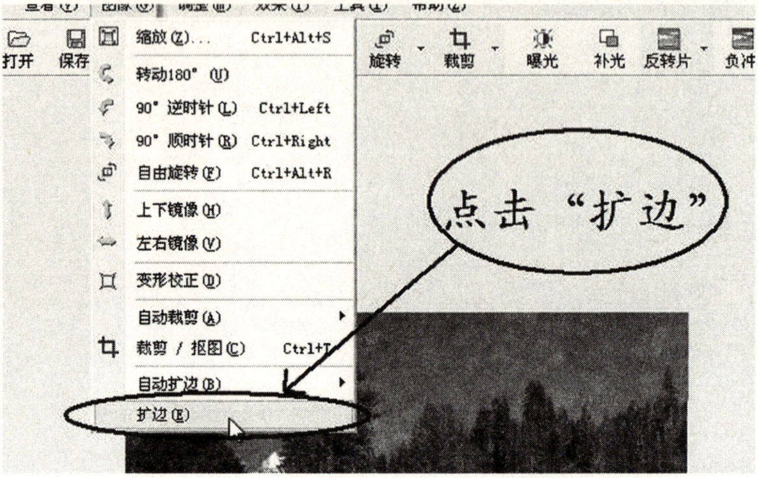

图 2－38

（2）调整“右边扩展”的百分比（示例中为 100%），如图 2－39 所示。

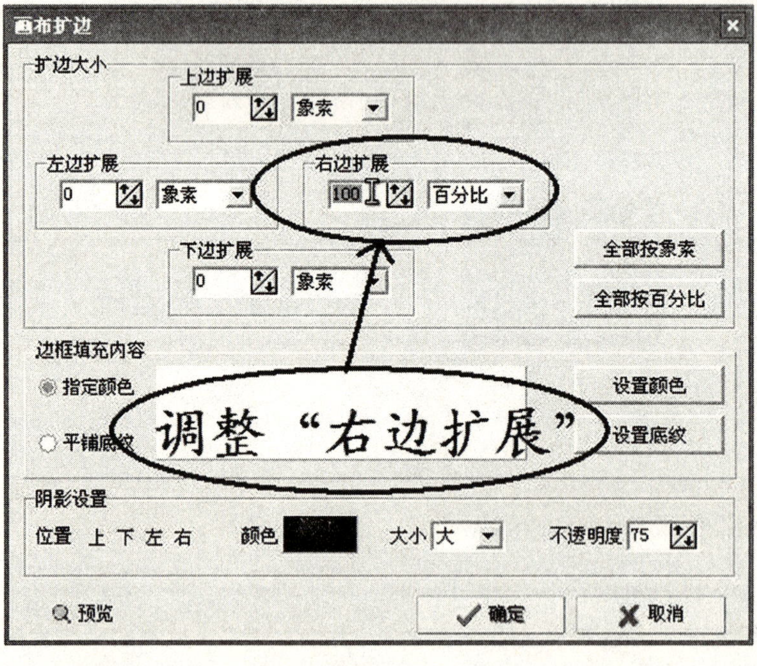

图 2－39

（3）如图 2－40 所示，现在图应该是这个样子。

图 2－40

（4）点击“工具”菜单后，选择“自由文字与图层”，如图 2－41 所示。

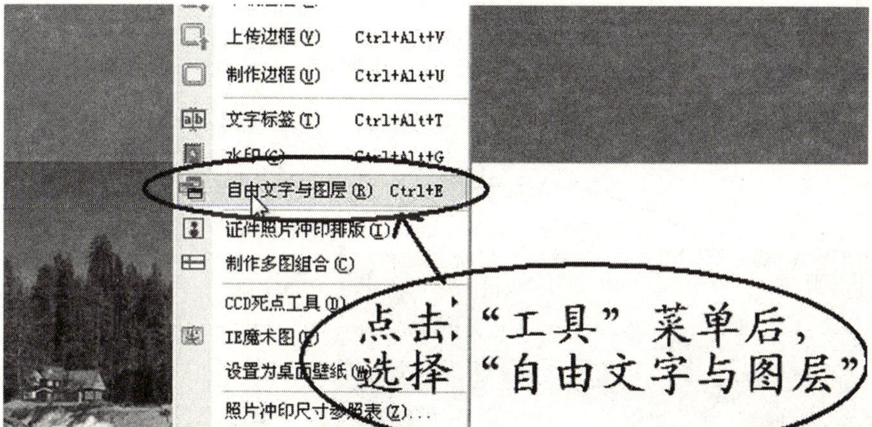

图 2－41

（5）点击“水印”，如图2-42所示。

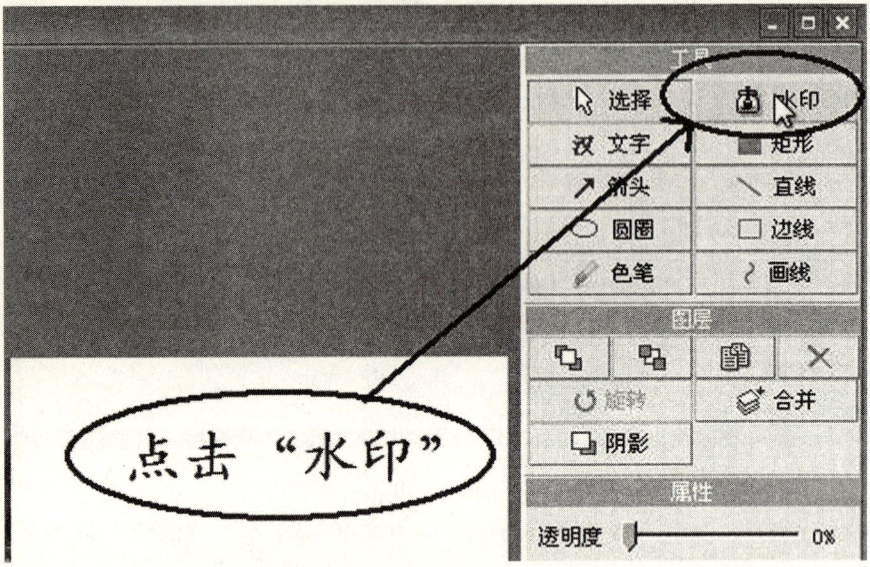

图2-42

（6）在“水印”中添加图二，如图2-43所示。

图2-43

如图 2－44 所示，移动到合适位置后点击“确定”。如图。

图 2－44

（7）用“裁剪”，去掉白边和多余部分，如图 2－45 所示。

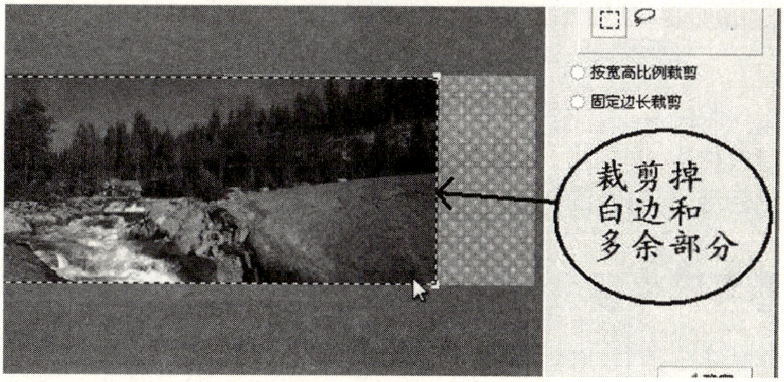

图 2－45

（8）如图 2－46 所示打开“效果”——“更多人像处理”——“去红眼/祛斑”。

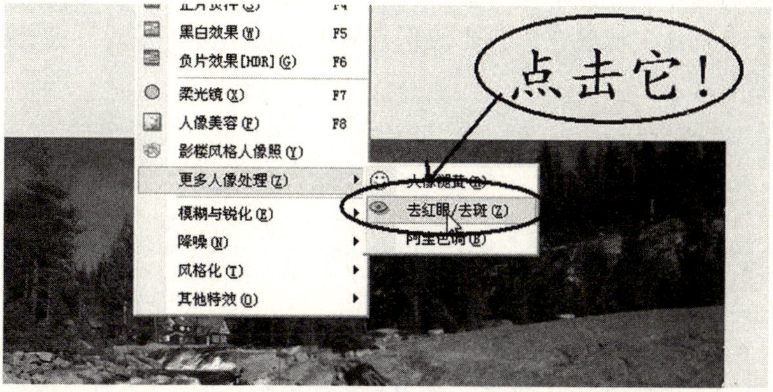

图 2－46

(9) 设置好笔形大小，涂抹掉拼接痕迹，如图 2 - 47 所示。

图 2 - 47

第三步：保存

单击“文件”——“另存为”，然后给图片起个合适的名字，选择需要存储的格式（如后缀为 . JPG 的文件），最后点“保存”，就完成了。

卖家心得

现在很流行四格漫画，就是将四张漫画合成一张组图，看着非常有意思。网店卖家也可以借鉴此类方法，将喜欢的多张图片合成一个店铺 LOGO，这样就不会为挑选哪一张图片而头疼了。不过在图片的选择上应当有所注意，因为店铺 LOGO 的尺寸不大，所以应当尽量挑选一些线条鲜明的图片，不然在几张图片合成一张后会显得非常乱。

动画店标让你的网店“动”起来

动态图像一般都为 . GIF 格式，适用于多种操作系统，“体型”很小，支持透明背景图像，网上很多小动画都是 . GIF 格式。其实 . GIF 是将多幅图像保存为一个图像文件，从而形成动画，所以归根到底.GIF 仍然是图片文件格式。一个动态图像可以包含很多信息，活泼可爱，吸引人的注意，可以起到很好的宣传店铺的效果。

1. Ulead GIF Animator 实战法

第一步：制作第一张图片

（1）在制图软件下载完后，先将其解压到任意一个文件夹，双击可执行文件打开程序，如图 2－48 所示。

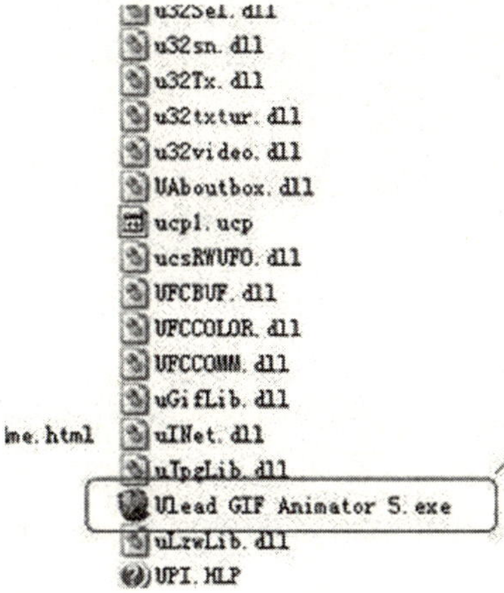

图 2－48

（2）因为店标图片的尺寸不宜太大，我们把图片大小设置为 90×90 高宽像素。点击左上角“文件”，鼠标点“新建”，设置高度和宽度都是 90 像素，选中“完全透明”，点击“确定”，如图 2－49 所示。

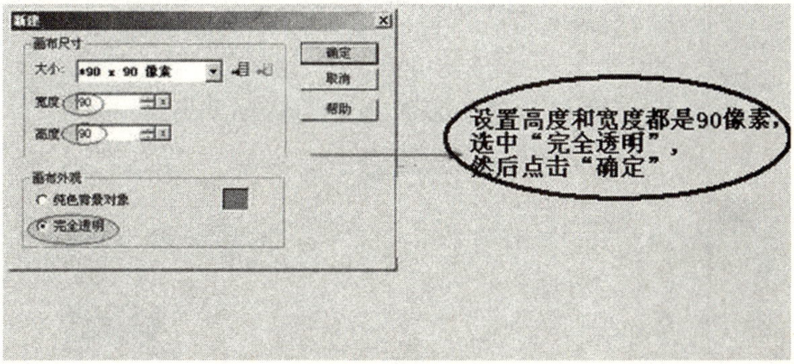

图 2－49

（3）点击“文件”——“添加图像”，弹出来后选择图片文件的窗口，然后选择你要在 GIF 闪图中显示的第一张图片，点击“打开”，如图 2－50 所示。

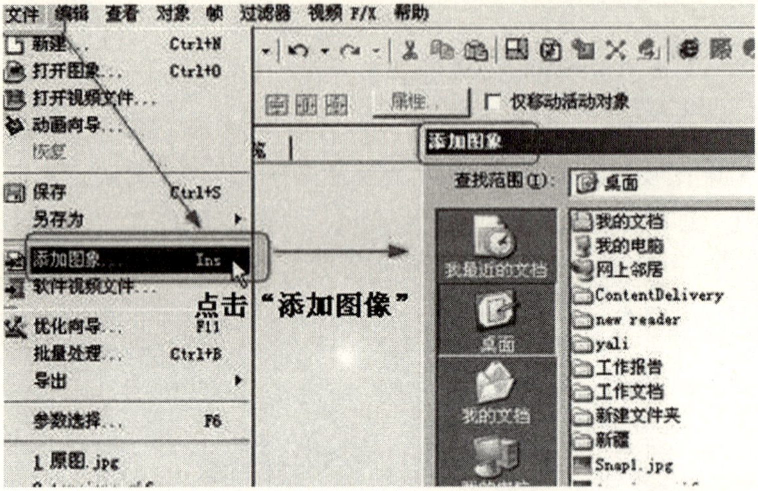

图 2－50

（4）填加图片后，你会发现编辑界面中的图片只显示整张图片的左上角（90×90 像素大小），鼠标左键点住图片不放，拖动可以看到完整图片。因此，我们需要对图片大小进行缩放的操作，把图片缩小到 90×90 像素大小（与背景一致），如图 2－51 所示。

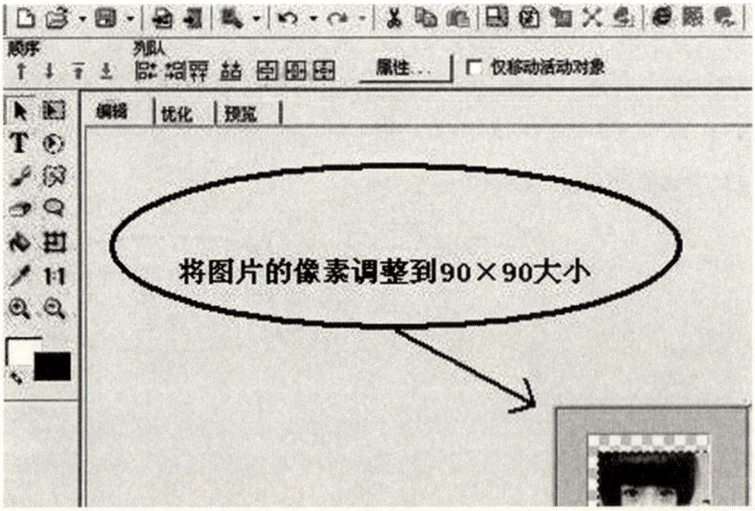

图 2－51

（5）鼠标右键点击图像，然后用鼠标左键点击弹出来的菜单中的“对象属性”，如图 2－52 所示。

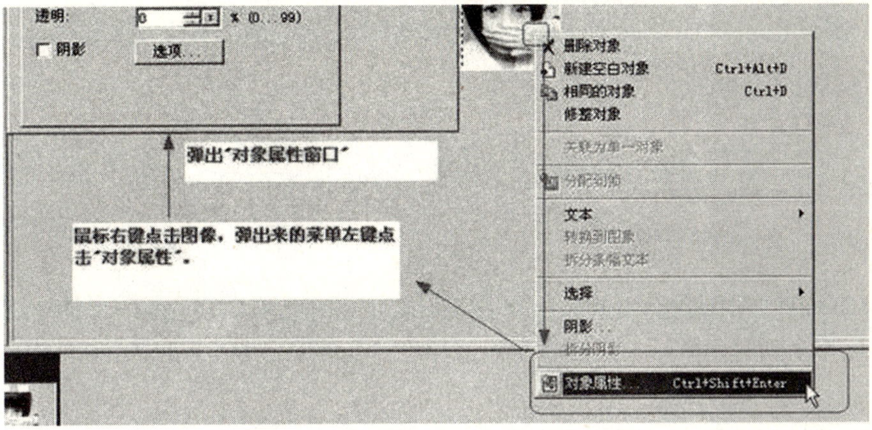

图 2－52

（6）设置“对象属性”的窗口：左、顶部设置为 0；高宽设置为 90；保持外表比率不打勾；然后点击“确定”。这样整张图片就被缩放到 90×90 像素大小了，第一张图片制作完毕。如图 2－53 所示。

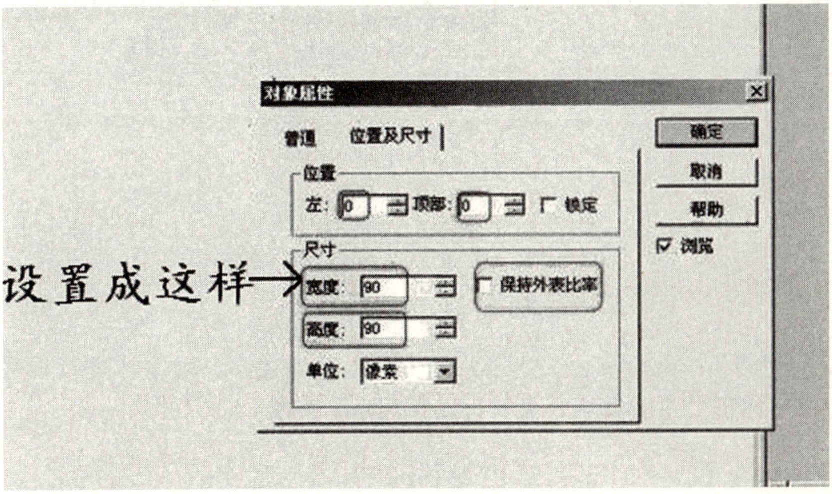

图 2－53

第二步：制作第二张图片

（1）接着做第二张图（也就是第二帧），鼠标左键点击下边的“添加帧”这个按钮，即可新建一个空白的图片，如图 2－54 所示。

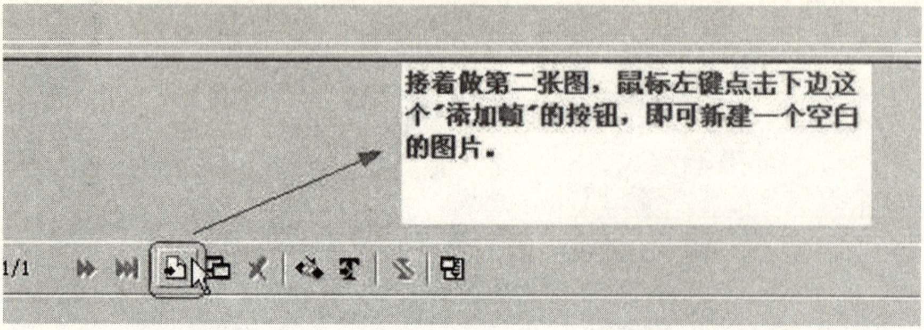

图 2－54

（2）第二张图我们要添加店铺名字，鼠标左键点击“T”文本工具按钮，鼠标光标移动到空白图片上，点击左键，弹出“文本条目框”，如图 2－55 所示。

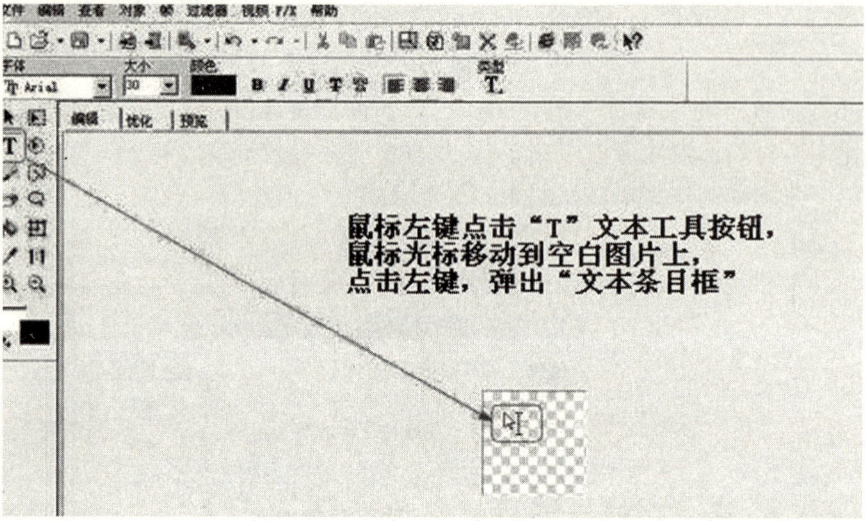

图 2－55

（3）如图 2－56 所示，文本条目框中输入店铺名字，对字体进行相关设置。其中有些字体需要下载安装，大家可以在网站上搜索。

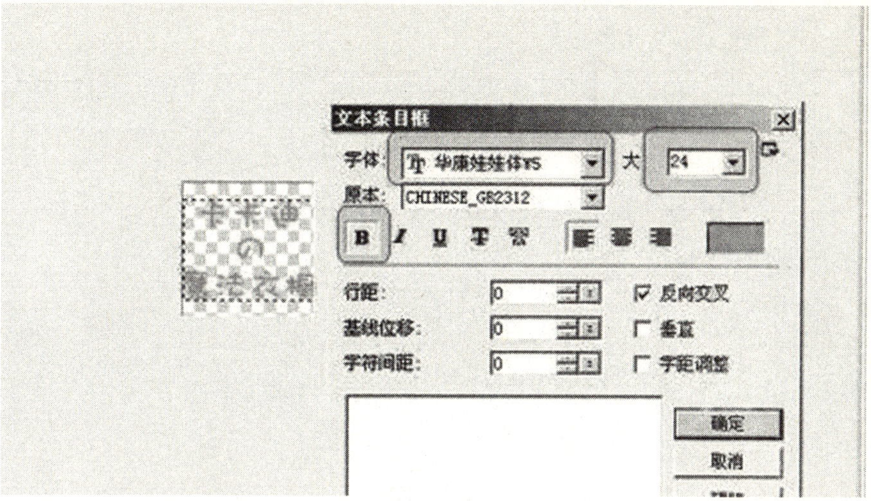

图 2－56

（4）注意，要拖动字体的位置，需要鼠标左键点击“选取工具”箭头后，才能用鼠标左键点击文本移动位置，如图 2－57 所示。

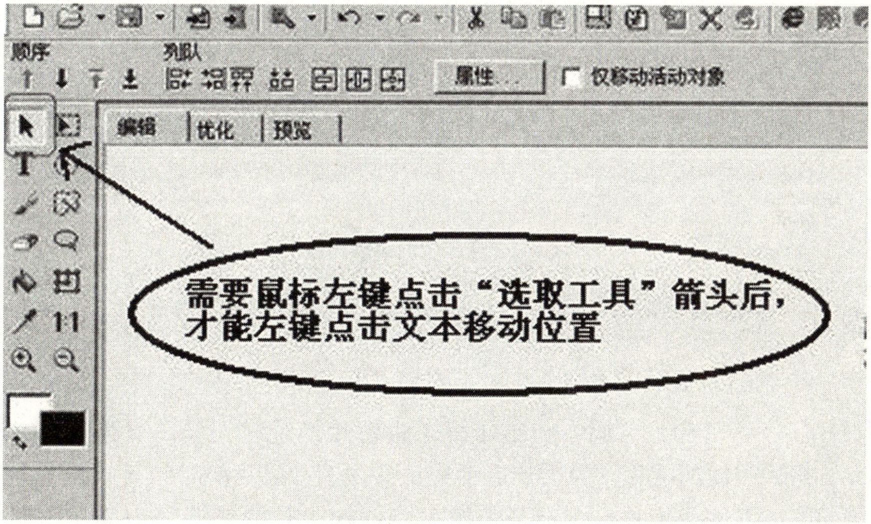

图 2－57

（5）如图 2－58 所示，做好两张图片后，点击“预览”可以看一下 GIF 动图效果。如果你看到图片切换的速度太快，不停地闪动，这就需要调整图片切换的速度。

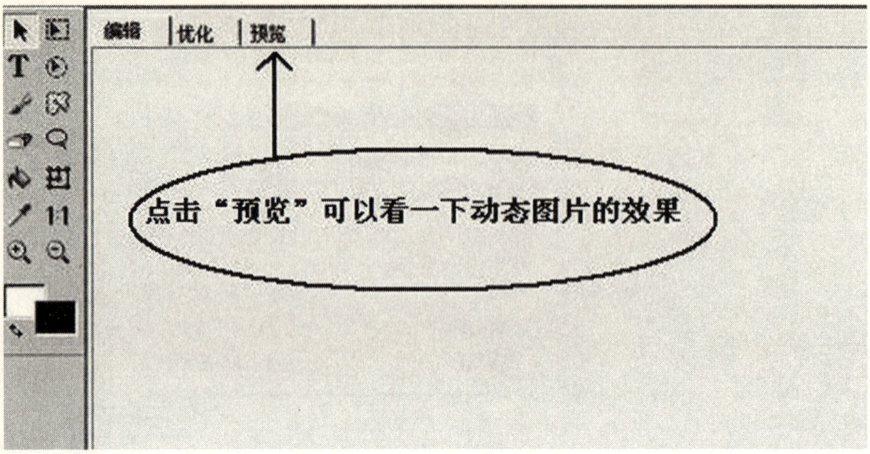

图 2－58

（6）用鼠标右键点击图片，弹出来的菜单中点击“画面帧属性”，进入“画面帧属性”设置页面，设置图片切换速度。设置延迟为 100（将每章图片的延迟都设置为 100），如图 2－59 所示。

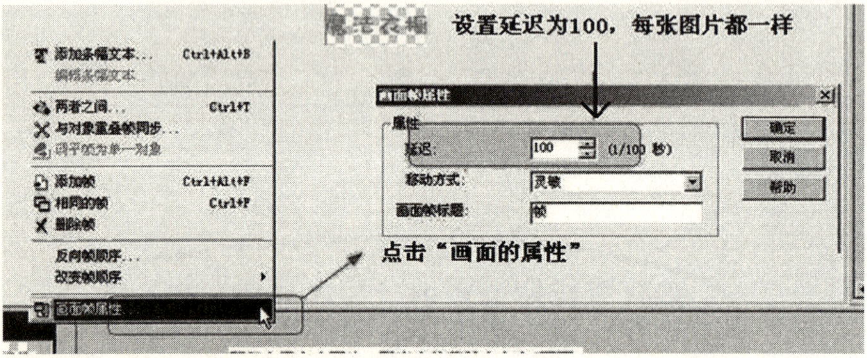

图 2－59

（7）每一张图片是一帧，和制作第二张图片的过程一样，继续加入其它要放入 GIF 格式闪图的图片。为了让店铺地址这张图片显示的时间长一点，建立了两个相同的店铺地址图片，点击下边的“相同帧”按钮就可以生成一个同样的图片，如图 2－60 所示。

《企业管理》杂志主要栏目及内容介绍

一、特别关注

1．本刊特稿：高层领导、著名专家、学者或机构对我国企业改革与发展重大问题的权威性论述。

2．热点追踪：对企业及企业家关注的典型人物、事件或热点、难点、重点问题的深度报道；对流行的企业管理实战性题材的透彻分析、报道。

3．政策解读：对政府出台的关系企业发展的有关政策的针对性解读。

二、论坛

1．百家争鸣：就相关管理事件、问题的多方观点、意见与建议。

2．经典回顾：对经典管理理论与观点的探讨与反思。

3．独特视线：对新兴管理理论与观点的探索；对管理理论与事件的独特感悟。

三、实务·案例

1．管理创新：企业创造的、典型的、行之有效的管理模式、相关举措、创新成果介绍。

2．成败通鉴：典型企业发展过程中的成功之道及可资借鉴的教训。

3．案例分析：选择典型企业案例，请专家进行分析和点评。

4．咨询·诊断：对企业发展中的典型问题的分析诊断，及针对相关问题的解决方案。

四、方法

探讨各类管理方法的基本原则、具体内容、实施步骤及适应对象、适用范围：

1．生产运营：介绍现场管理、工业工程、精益生产、TOC制约法等现代企业生产运营管理方法。

2．市场营销：介绍企业市场传播、品牌工程及销售等方面的有效方法。

3．人力资源：介绍企业人员招聘、培训、员工职业生涯规划、人事管理、绩效考核、薪酬体系等方面的具体方法。

4．技术创新：介绍企业新技术应用、新产品开发方面的具体方法。

5．战略规划：探讨企业发展战略的规划与制定方法。

……

五、管理批判

1．经典反思：对传统的、经典的管理理论、方法、知识进行客观的剖析，详细分析其适应性、局限性和缺点。

2．潮头争锋：对流行的管理理念、方法进行客观的独特剖析与探讨；对热点问题与典型事件的独到分析与独特观点。

3．名企镜鉴：探讨知名企业发展过程中存在的典型问题和危机，供其他企业借鉴。

六、管理者

1．现身说法：管理者现身说法，论述企业管理的策略、方法和经验、得失感悟、酸甜苦辣，也可采用日记、随笔等形式。

2．人物风采：通过对成功企业家或经理人的访谈，刻画出新形势下管理者的风采。

七、理论·前沿

介绍国内外企业管理的最新理念、理论、知识和方法。

八、企业信息化

1．理论探讨：探讨由于电子商务、管理软件及信息系统的应用，企业在经营管理理念、模式与业务流程方面的变革。

2．方法探寻：探讨企业信息化的具体方法与途径。

2．案例分析：结合典型案例，分析企业信息化方面的成功经验与失败教训。

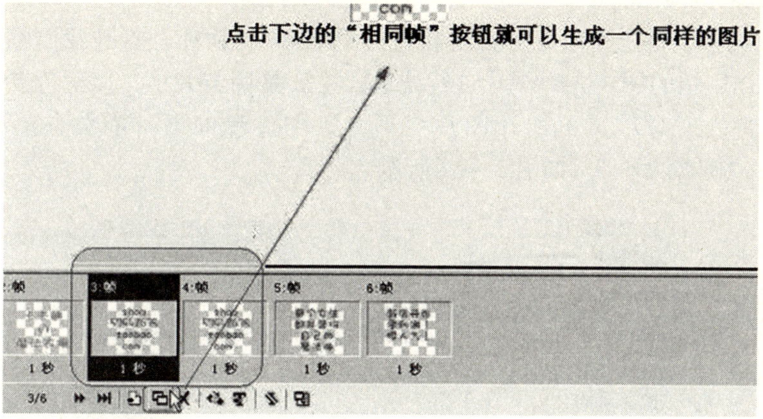

图 2-60

第三步：保存

如图 2-61 所示，全部图片编辑好后，点击"保存"按钮，点击"保存为 GIF 文件"，给做好的动态图取个名字保存到自己的电脑里，即大功告成啦。

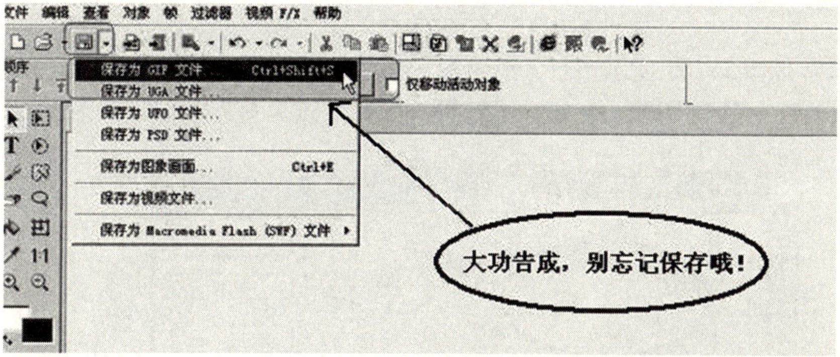

图 2-61

2. Photoshop 实战法

第一步：选图

要尽量选像素大点的图，在网站上搜索图片时，应该点选大图，这样的图片非常清晰，因为等会要把图缩小，如果像素太低则图片看不清楚。此外，要尽量选背景简单，最好为纯色的图，对于新手来说，白色背景的图最合适不过了，这样我们就不用去消除背景，节约了时间。实例中的三张图为纯白色背景，尺寸为 500×500 像素的。

第二步：打开文件

（1）这些准备工作做好后，现在打开 Photoshop 软件，打开我们刚才选好的三张用来作店招的图。先对图片进行处理，主要是调节大小，以适应新建文件的需要。图片处理时尽量不要让图片变形，操作过程如下：依次点菜单栏“图像”——“图像大小”，如图 2－62 所示。

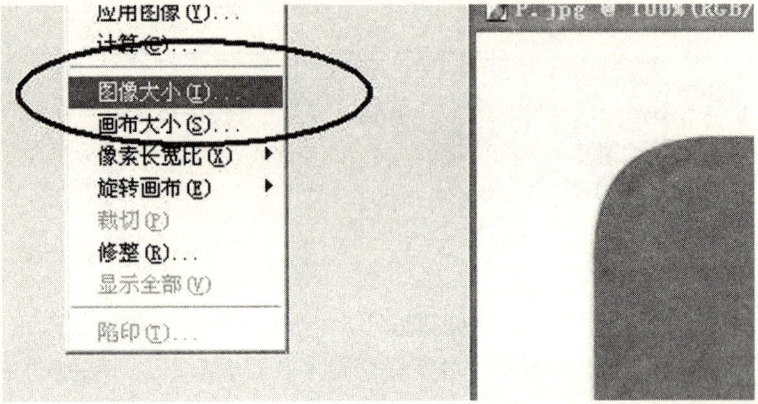

图 2－62

（2）如图 2－63 所示，打开后将图像高度大小设为 120 或更小，记得要勾选“约束比例”，否则图片会变形，不好看，做好后点“好”。

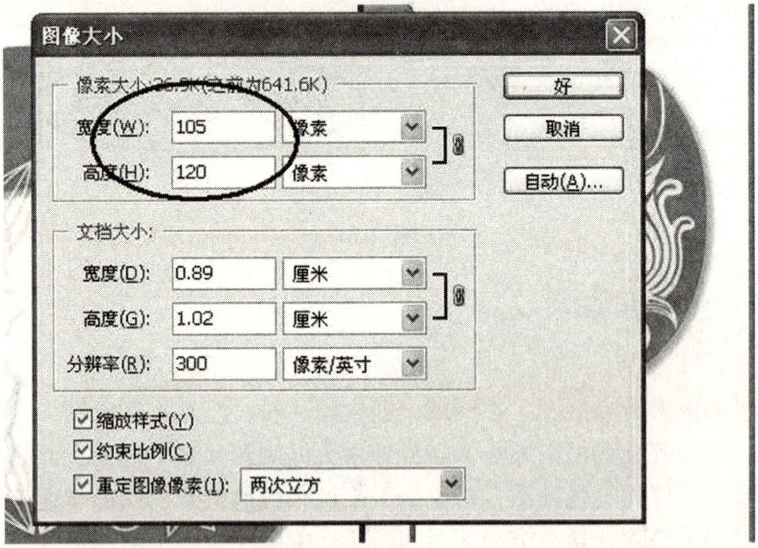

图 2－63

（3）这样刚才那张大图就变成了能放在店招中的小图了。按照这个方法将其它的图调整好像素。注意保存起来哦。如图 2－64 所示，新建一个 950×120 像素的文件，背景内容选白色。

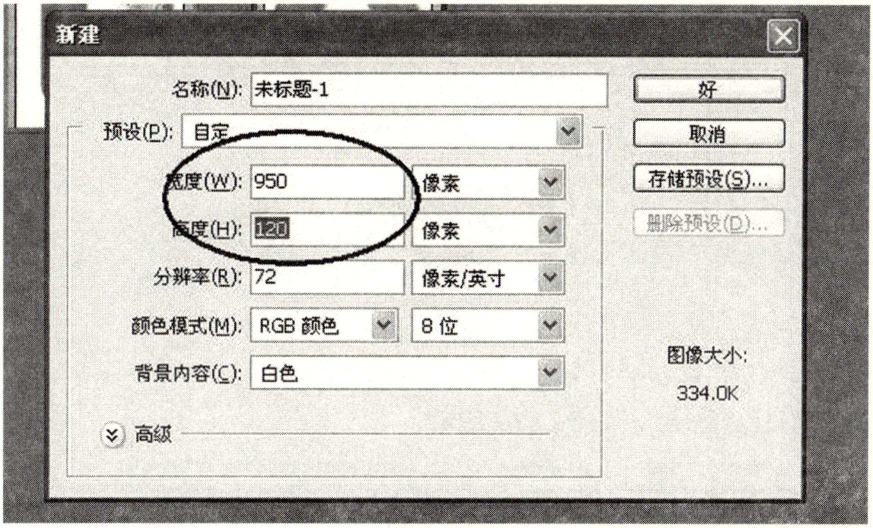

图 2－64

（4）建好后成这个样子，如图 2－65 所示。

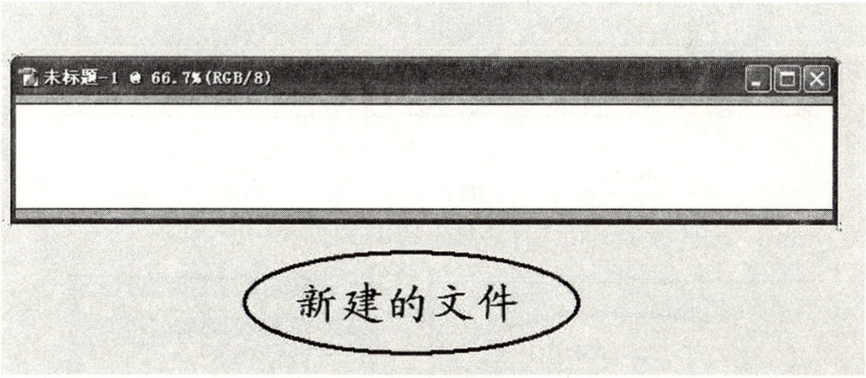

图 2－65

第三步：制作图层

（1）接下来开始我们重要的工作，从窗口点选我们刚才准备好的图片，点工具栏中的移动工具，按住鼠标左键不放，把这张移动到新建的图层中，如图 2－66 所示。

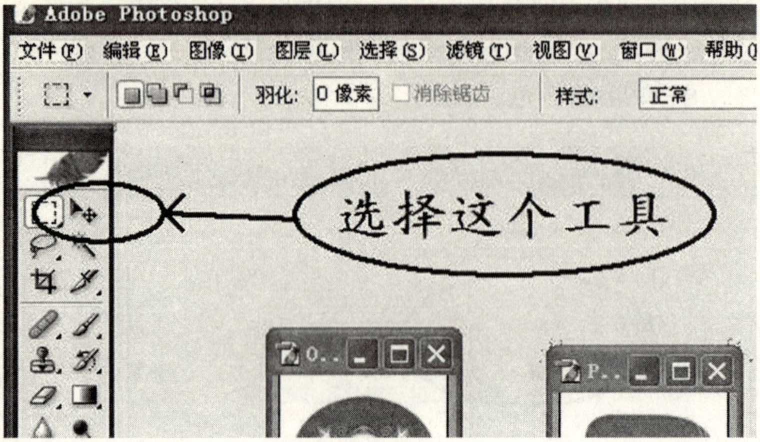

图 2－66

（2）位置可以随便放，因为等会要全面调整位置。在移动这张图片前，图层为新建的白色背景层，如图 2－67 所示。

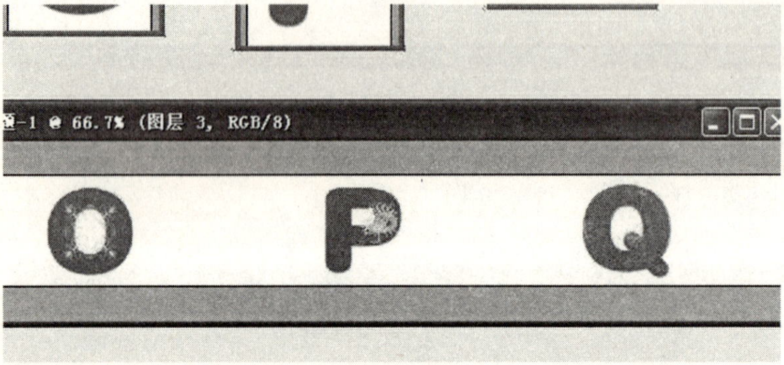

图 2－67

（3）如图 2－68 所示，在图片移过去后则多了一个图层 1。

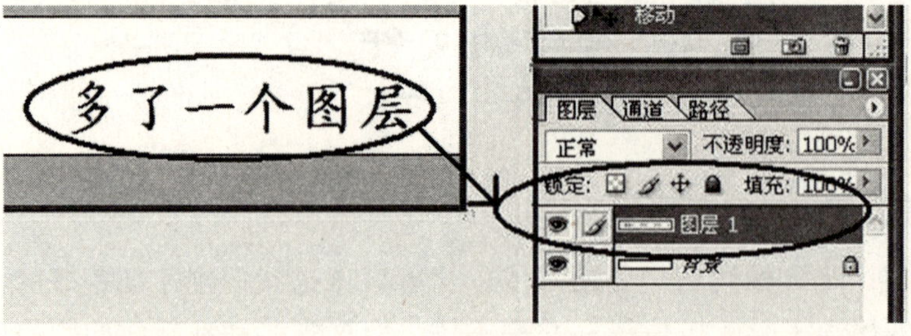

图 2－68

（4）注意这个变化，等下我们要用到这个图层。用同样的方法将其它你需要的图片全部移过去。

（5）每移过去一张图，就会多出一个图层，如图 2－69 所示。

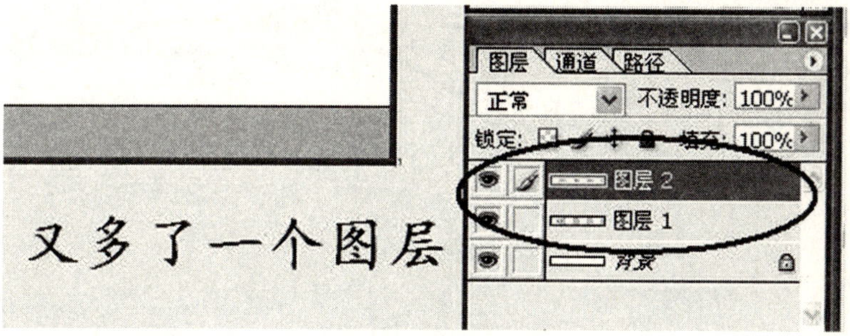

图 2－69

（6）如图 2－70 所示，注意看图层前面那只眼睛哦。你点一下那只眼睛，对应的图片就会被隐藏起来。所有的图片都移过去后，我们开始调整图片的位置，你想把图片放在哪里就可以将它移动到哪里。

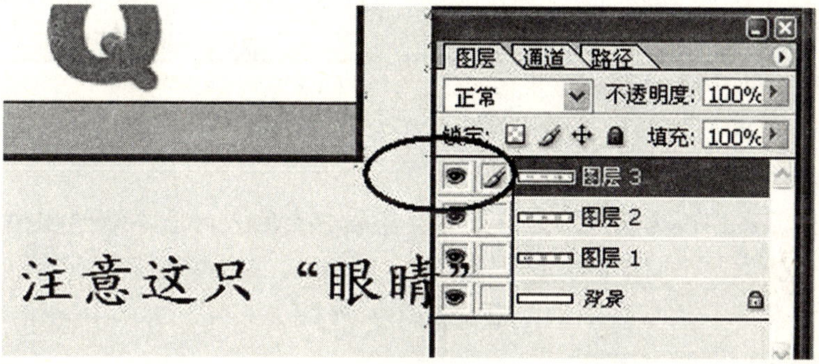

图 2－70

（7）如图 2－71 所示，点图层 1，图层 1 变亮，而且左边出现一支毛笔，这表明我们现在开始对图层 1 进行编辑，按住鼠标左键不放，将图片移动到你认为理想的区域，松开鼠标。同样，现在点击图层 2，这时你会发现，再移动鼠标时，在动的图不是刚才那张，而是另一张。用同样的方法将所有图片位置全部调整好，如图 2－72 所示。

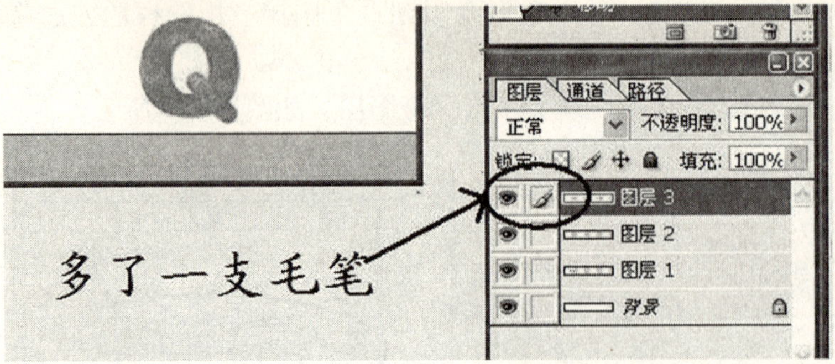

图 2－71

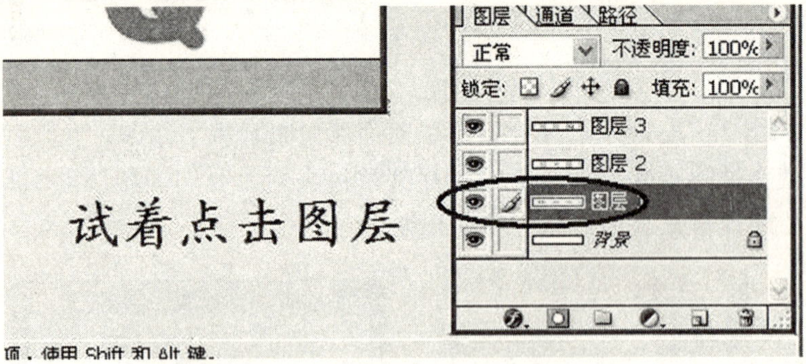

图 2－72

第四步：书写文字

空白区域我们得为店招写点文字。注意啦，有的人可能不清楚哪张图属于哪个图层，告诉你一个简单的方法，如图 2－73 所示，你点图层前面的眼睛，将它关闭，注意看是不是有张图被隐藏起来了？如图 2－74 所示，再点击眼睛的位置，对应的图片也就出来了。

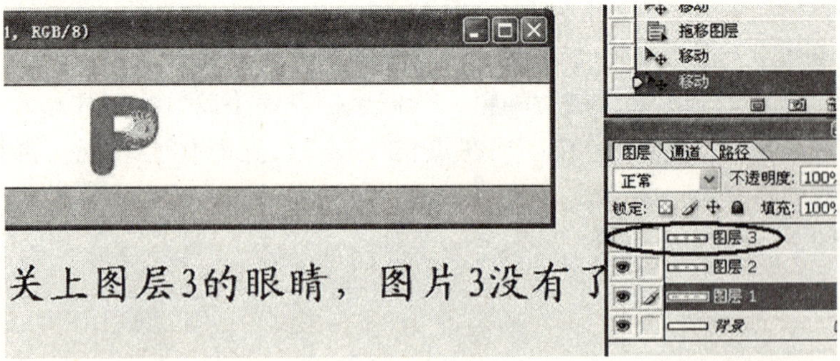

图 2－73

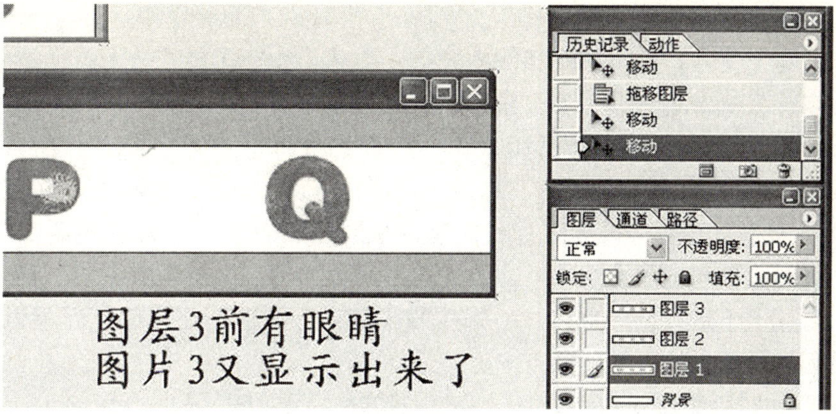

图 2－74

第五步：配色。

（1）经过以上的步骤，我们的工作就差不多完成了。那么纯白的背景看起来会不会太单调呢？接下来教你给这张店招图配上背景色。

（2）点吸管工具。

（3）吸取色板中你喜欢的颜色。

（4）点击一个图层。

（5）选油漆桶工具，在店招图文件中喷上你选好的颜色。

（6）如图 2－75 所示，现在我们就可以在这张图上配上一些文字了，点工具栏中的“T”（文字工具）按钮，在空白区域写上你的店铺名称或广告语，也可以写其它你想说的话。

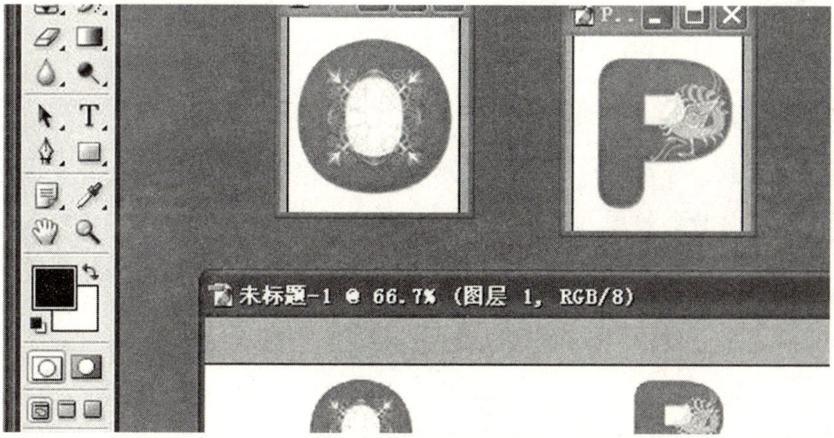

图 2－75

(7) 选个好看点的字体及颜色，写好后按 Ctrl + Enter 键确定。如果还想在其它区域写上文字，则可以用相同的方法。在文字编辑状态下，无论你想修改哪里的文字，只要对着它点一下，就可以修改了。如果你是淘宝卖家而又加入了消费者保障计划，最好能把消保标志及“淘宝先行赔付”的字样显示在店标处，这样买家一进店就能看到。

(8) 文字写好后再看看图片或文字的位置是否合适，不合适的话则可以再调整。调整方法与前面介绍的一样。先点击某个图层，再在当前图层下移动它的位置，可用上下键微调。这样，一张按照我们自己要求的旺铺店招图就做好了，是不是很简单呢?

(9) 做好后注意要保存起来。点击菜单栏“文件”——“存储为”，如图 2 –76所示，先将文件格式选“. PSD”，这样方便以后修改，然后再另存为“. JPG”文件。

图 2 –76

卖家心得

店招以宣传店铺为主，所以推荐各位网店卖家，选用几张能体现本店宝贝特色的图片及文字来装点店标。图片可用店铺本身的宝贝图，也可在网上搜索一些合适的图片。比如：卖衣服的可以选几件漂亮衣服图片，卖饰品的可以挑几个精美饰品图片，这样做的目的主要是让买家一进你的店，看到店标就知道你是卖什么的，一目了然。

将店标顺利归位

经过以上几节的步骤介绍，你是否已经成功地制作出了属于自己的个性店标了呢？本节将以淘宝网为例，一步一步教你如何将制作好的店标顺利归位。

（1）登陆后，点击“管理我的店铺”，如图 2－77 所示。

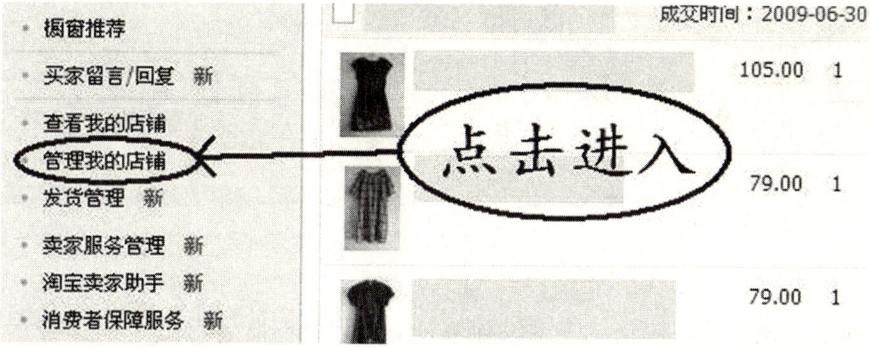

图 2－77

（2）如图 2－78 所示，将鼠标移至上面菜单中的“基本设置”一栏，然后选择“店铺基本设置”。

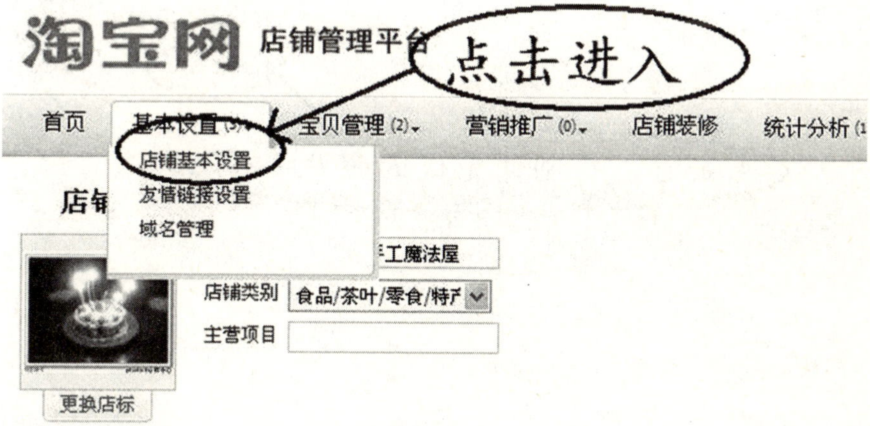

图 2－78

(3) 点击“更换店标”，如图 2－79 所示。

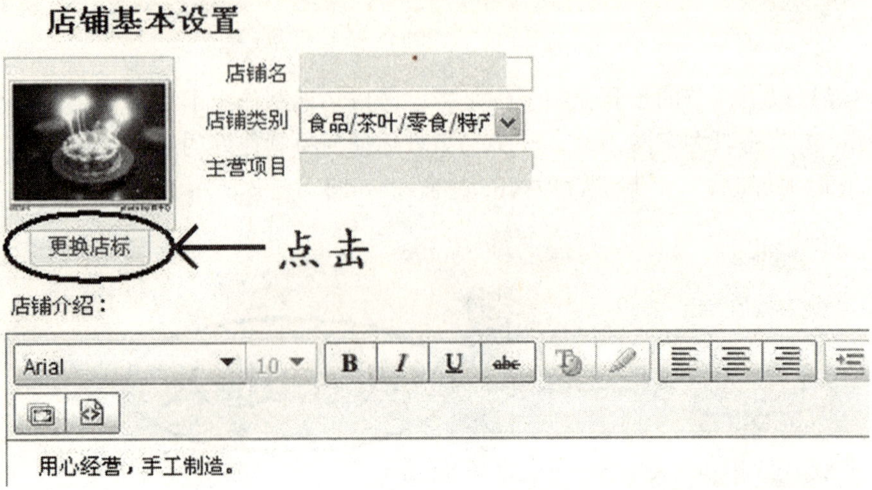

图 2－79

(4) 如图 2－80 所示，点击“浏览”，将之前存储在电脑中的店标图像上传。这样就让店标顺利归位了！

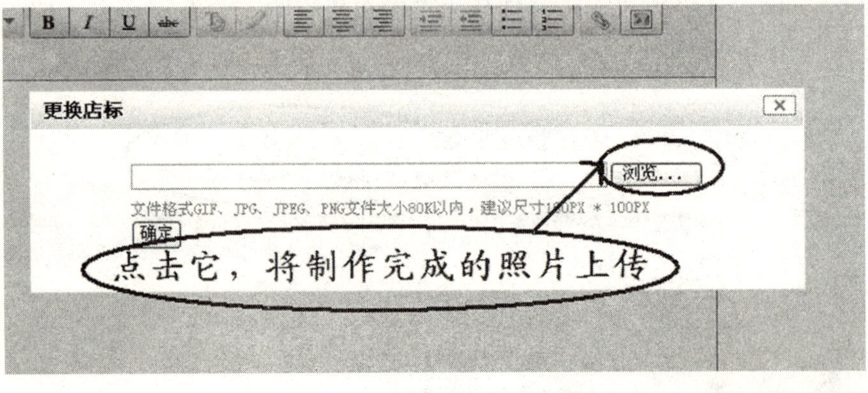

图 2－80

卖家心得

对于大多数卖家来说，店铺 LOGO 的制作和更换都不是一件麻烦的事情。但是，作为新手卖家的你一定要明白这个道理，LOGO 跟名字都是网店的招牌，是网店的标志，一旦决定了 LOGO 最好就一直使用下去。如果经常改变 LOGO 的图标，反而会给买家一种善变和不值得信任的感觉。

Chapter 3 打造过目不忘的店铺公告和商品分类

买家爱看的店铺公告

一般情况下，当买家进入你的店铺时，给他们留下第一印象的往往是你的店铺公告。从店铺公告上可以看出店主的用心和店铺经营的亮点，这就是为什么众多卖家都不遗余力地去制作一款富有个性的店铺公告的原因。这些公告大都图文并茂，有些还采用动画效果，并辅以具有吸引力的文字，甚至还有音乐背景，目的就是想给浏览公告的买家留下深刻印象，尽可能地起到宣传作用。那么怎样才能设计出一个扣人心弦的店铺公告呢？以下是淘宝的钻级卖家总结的一些成功经验。

1. 把店铺公告设计成广告

把店铺公告设计成店铺广告可以建立自己商品在买家心中的品牌形象。制作这样的广告公告，应该注意以下几点：

（1）在公告上做广告不能太复杂，要让买家一看就懂，把产品或服务的概念清晰地传递给顾客。

（2）公告内容应为你的目标消费群度身定做，让他们容易接受，为此你要研究目标消费者的偏好，按他们的“口味”设计广告。

（3）要能给买家留下深刻的印象，能和其他卖家的广告区分开来。

（4）不是为了娱乐自己，而是要让买家产生心动的感觉、购买的欲望。

（5）要符合店铺的形象，紧密联系品牌，强化你的品牌在买家心中的地位。

（6）设计要新奇有趣，因为目前喜欢网上消费的都市年轻人，他们更愿意接受耐人寻味、极富趣味的信息。

2. 把店铺公告设计成信息发布栏

（1）促销活动。

这些活动包括一元起拍、购物优惠、店铺开张纪念日优惠等。把这些信息放入公告栏后，光临店铺的买家一眼就可以看到你精心策划的促销活动。

（2）店铺的一些新变化。

比如你的店铺中的新品到货、产品结构调整和分店开张等信息。

（3）其它一些信息。

在没有活动信息或者最新消息时，可以发布一些热情的欢迎语、符合产品属性的宣传语、开店宗旨等，或者干脆是你个人的故事，如创业经历。

卖家心得

店铺公告一定要简洁明了，其内容一般包括店铺的简介、最新的优惠信息、促销广告、联系方式、一些忠告和注意事项等，这里的内容会被大部分人第一时间注意到，因为它放在店铺的右上角，类似报纸的报眼位置，而且是滚动显示的。

手把手教你设置店铺公告

1. 制作店铺公告图片

第一步：打开图片

使用 Photoshop 软件，打开一张你喜欢的图片，然后点击左边的切片工具，如图 3－1 所示。

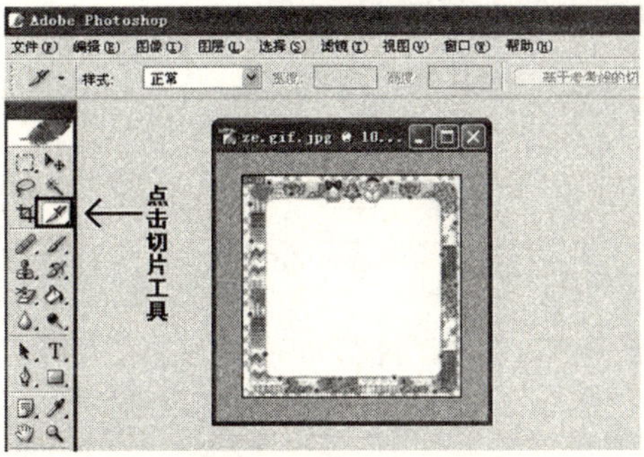

图 3－1

第二步：剪切图片

(1) 把图片切成三块，如图 3－2、3－3 所示，然后“存储为 Web 所用格式”（注意一定要存储为 web 所用格式），那么 Photoshop 的使用就暂时到此为止。

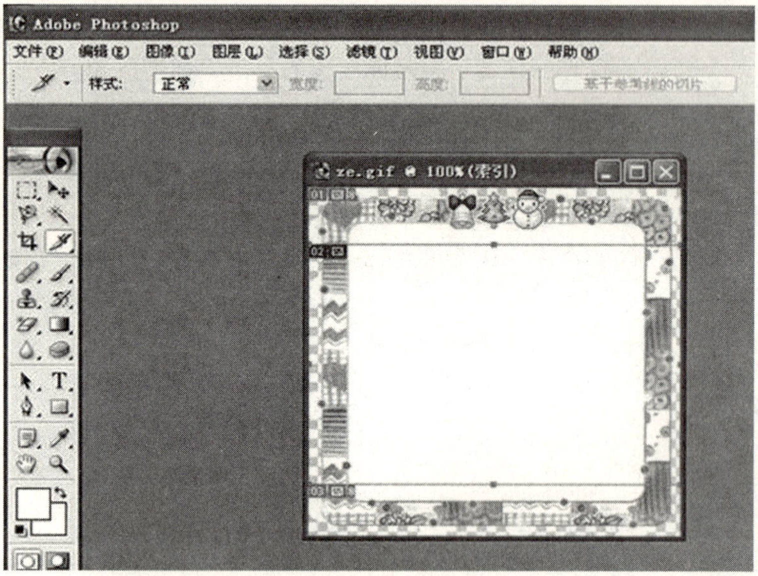

图 3－2

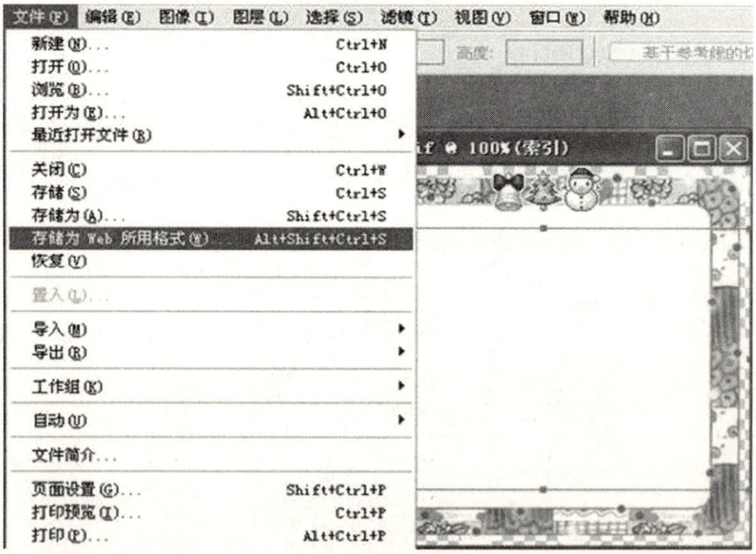

图 3－3

（2）用 Microsoft FrontPage 打开刚存的文件，然后在图片任意处点击鼠标右键，接着选择项目中的“表格属性”，如图 3－4 所示。

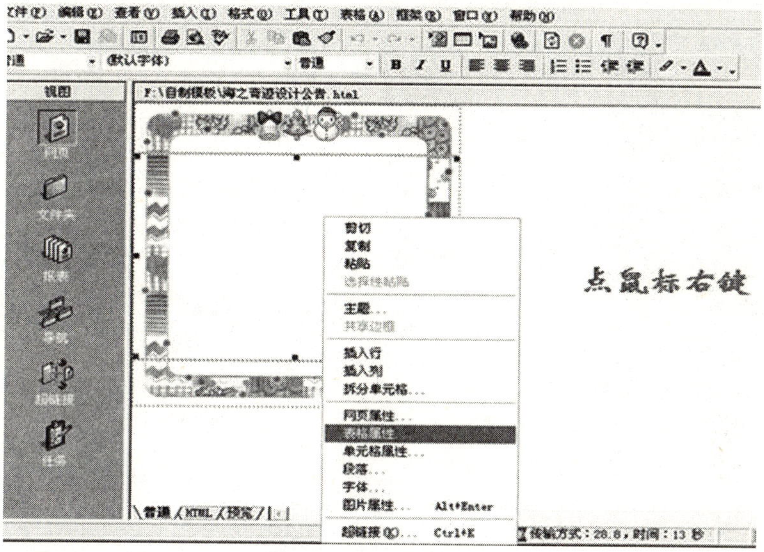

图 3－4

（3）如图 3－5 所示，将弹出的“表格属性”对话框中的“对齐方式”设为“水平居中”，然后点击“确定”。

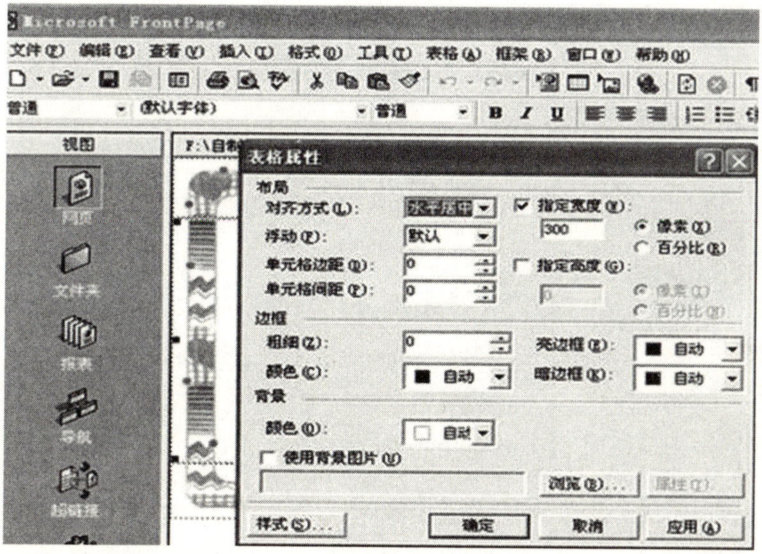

图 3－5

（4）如图3-6所示，在图片中间一格点右键（刚才图片已被Photoshop软件中的“切片工具”切成三片），选择“图片属性”。

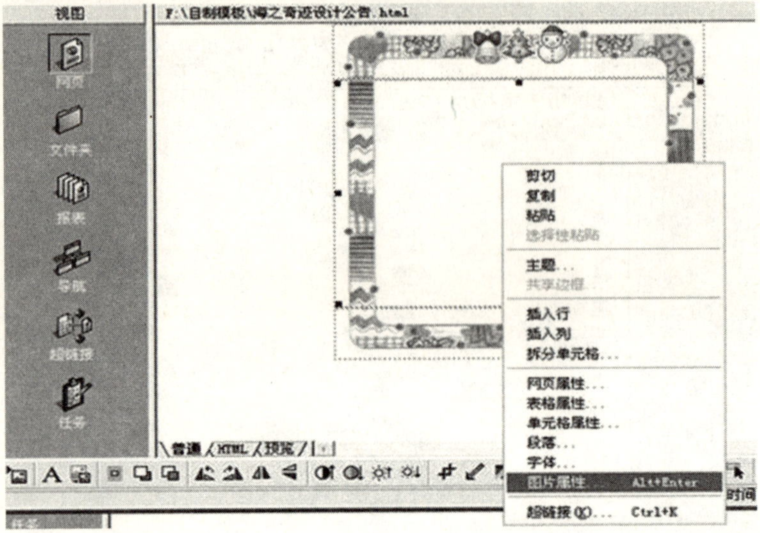

图3-6

（5）在“图片属性”的窗口中，找到“图片源”选项中的图片信息，点击鼠标右键将它复制下来。如图3-7所示。

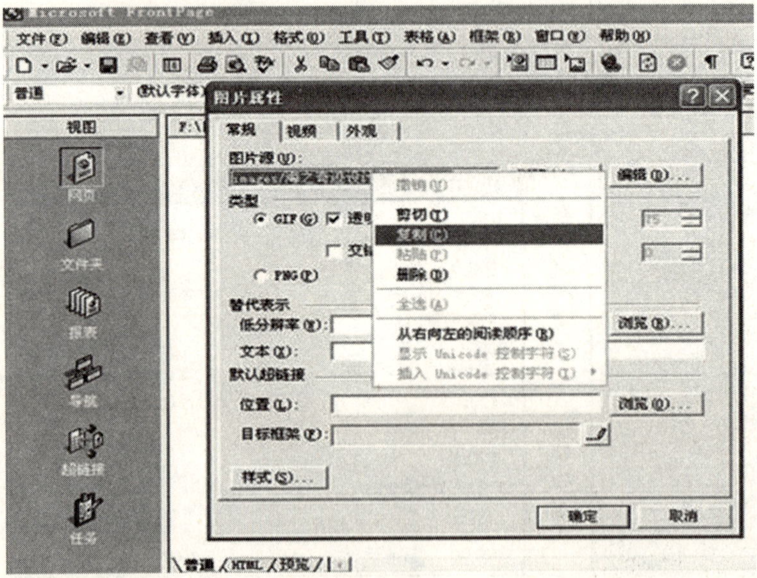

图3-7

（6）然后点击中间的图片，按键盘上的Delete键，删除所选切片图片，接着点击鼠标右键——“单元格属性”，如图3－8所示。

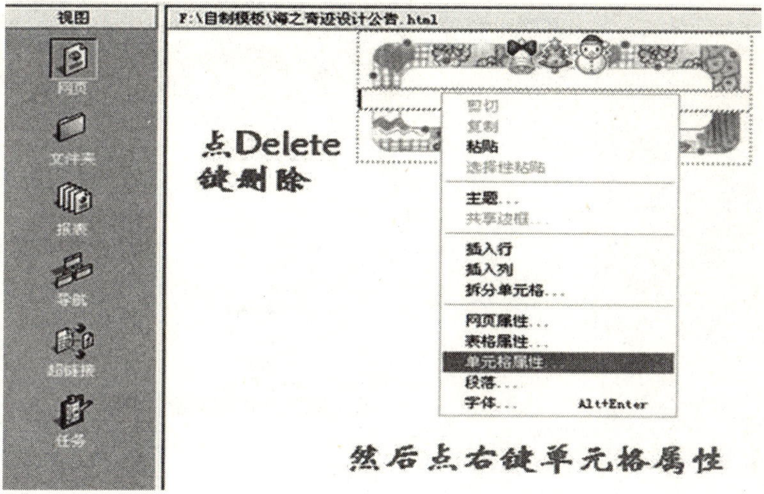

图3－8

（7）如图3－9所示，把“单元格属性”对话框中的“水平对齐方式”设为“左对齐”，“垂直对齐方式”设为“顶边对齐”，然后在“使用背景图片”前“打勾”，并将图3－7中复制的图片信息粘贴上去，最后点击“确定”。

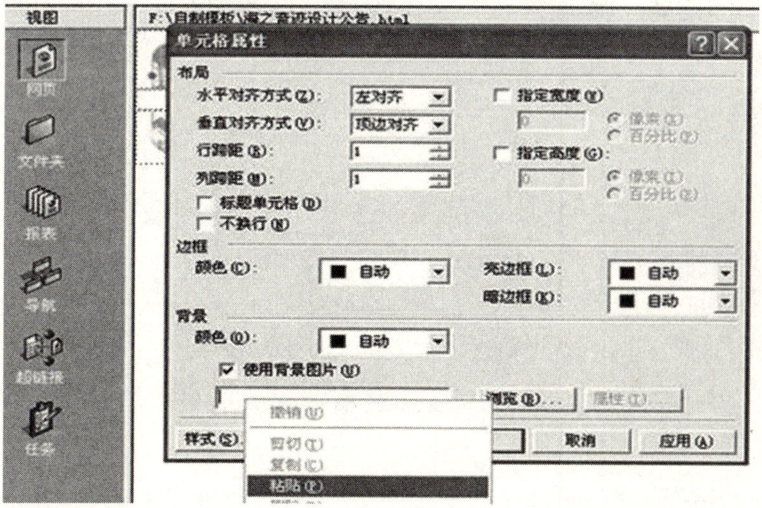

图3－9

（8）把鼠标放在图片中间位置，然后点击“段落”，如图3－10所示。

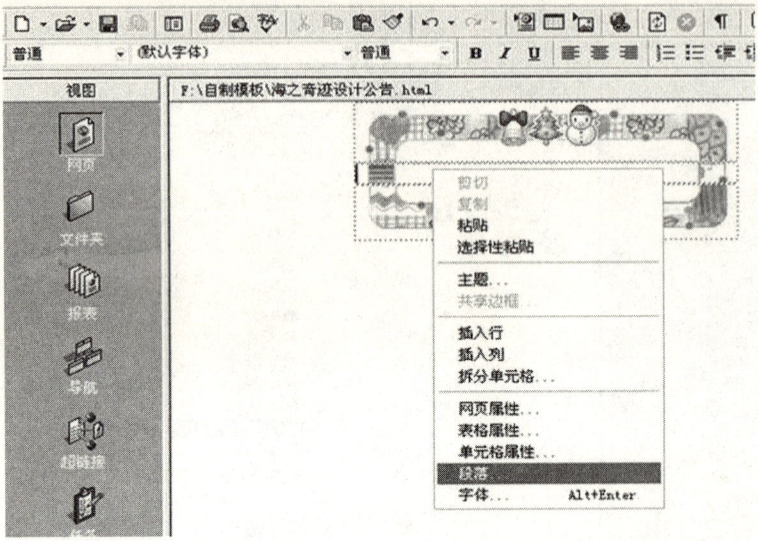

图3－10

（9）如图3－11所示，把“段落”对话框中的“文本之前”设置为“40”，“文本之后”设置为“40”，“段前”、“段后”均设为“5”，（具体设置也可以根据自己情况填写）。

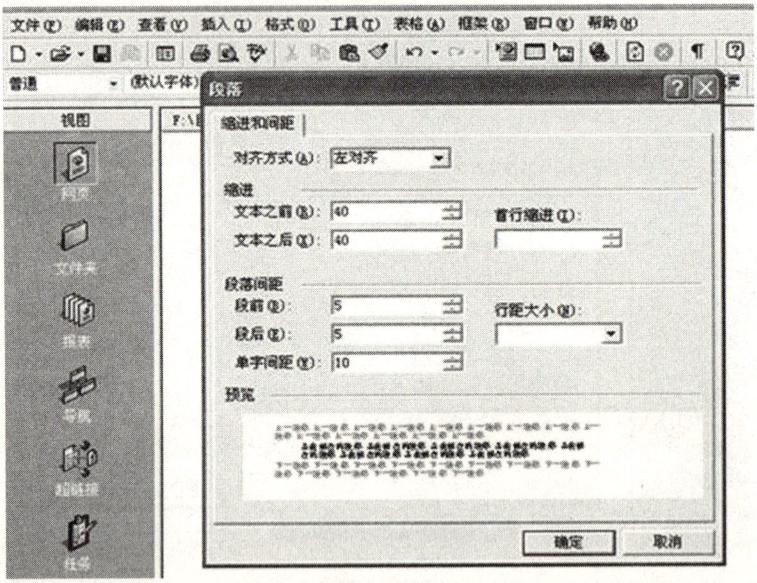

图3－11

第三步：编写文字

（1）经过图 3－9 的“单元格属性”设置和图 3－11 的文本设置后，现在我们可以编写文字了。如图 3－12 所示，将鼠标的光标移动到中间的模块上，用右键点击一下，输入想写的文字。

图 3－12

（2）如图 3－13 所示，点击 Microsoft FrontPage 左下角的“HTML”，全选里面的代码并复制下来，粘贴在记事本里。

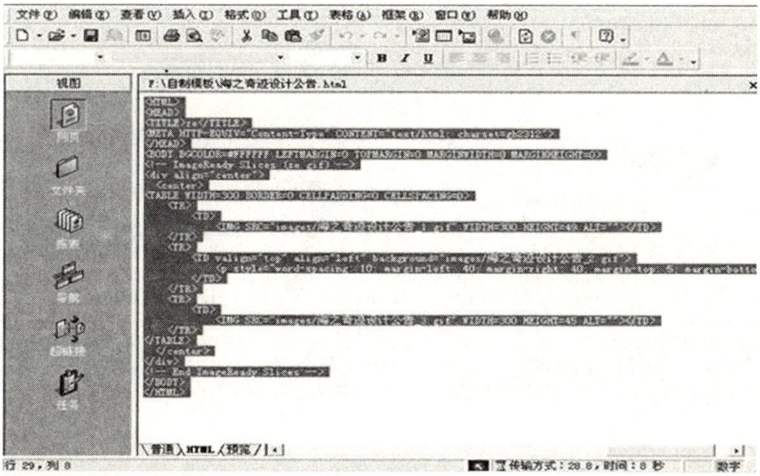

图 3－13

（3）复制完代码后，点击“文件”——“保存”，将被切成三片的图片分别保存。为了区分，可以将图片按顺序更改名称，如图片 1、图片 2、图片 3 等。

（4）如图 3－14 所示，打开上一步储存的图片，把图片上传到网络空间里。

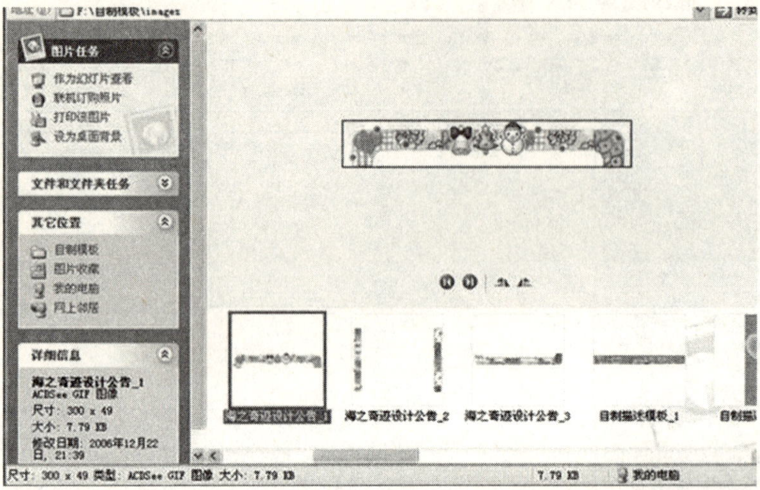

图 3－14

（5）将图片上传后，把图片的地址复制下来，粘贴在对应的位置，如图 3－15、3－16、3－17 所示。

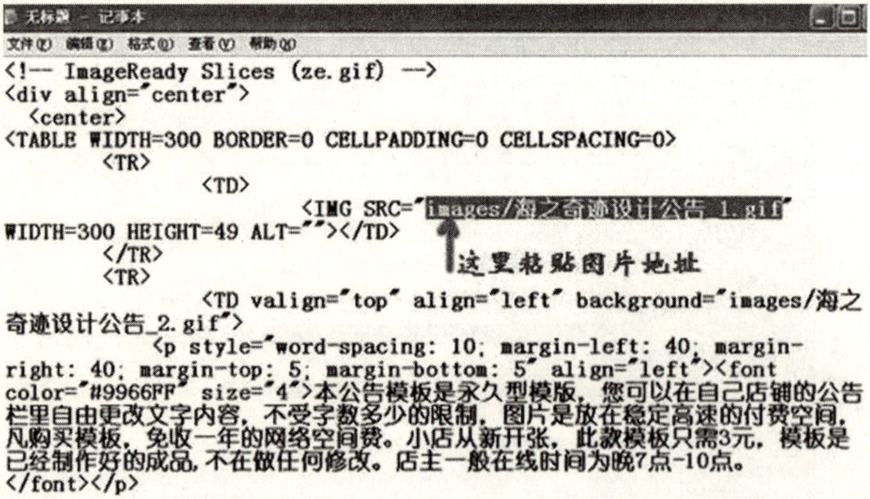


```
<!-- ImageReady Slices (ze.gif) -->
<div align="center">
  <center>
<TABLE WIDTH=300 BORDER=0 CELLPADDING=0 CELLSPACING=0>
        <TR>
                <TD>
                        <IMG SRC="images/海之奇迹设计公告_1.gif"
WIDTH=300 HEIGHT=49 ALT=""></TD>
        </TR>
        <TR>
                <TD valign="top" align="left" background="images/海之
奇迹设计公告_2.gif">
          <p style="word-spacing: 10; margin-left: 40; margin-
right: 40; margin-top: 5; margin-bottom: 5" align="left"><font
color="#9966FF" size="4">本公告模板是永久型模版，您可以在自己店铺的公告
栏里自由更改文字内容，不受字数多少的限制，图片是放在稳定高速的付费空间，
凡购买模板，免收一年的网络空间费。小店从新开张，此款模板只需3元，模板是
已经制作好的成品，不在做任何修改。店主一般在线时间为晚7点-10点。
</font></p>
```

图 3－15

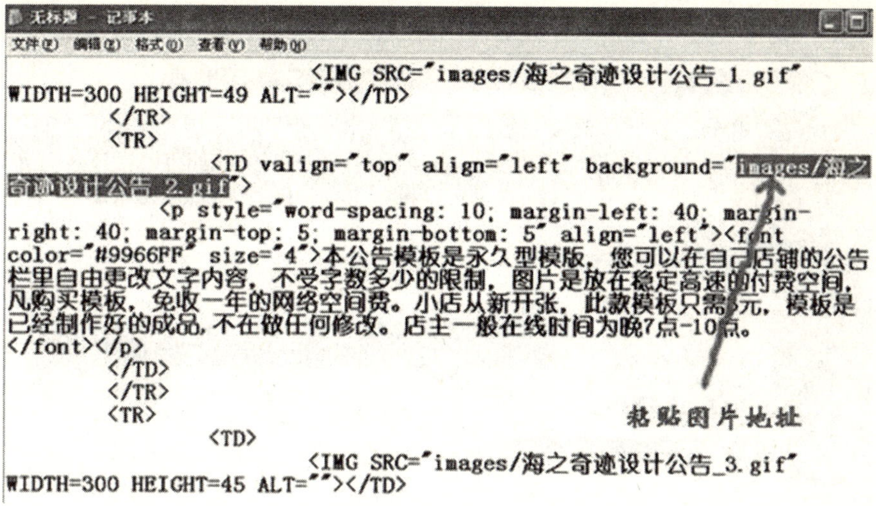

```
无标题 - 记事本
文件(F) 编辑(E) 格式(O) 查看(V) 帮助(H)
                        <IMG SRC="images/海之奇迹设计公告_1.gif"
WIDTH=300 HEIGHT=49 ALT=""></TD>
        </TR>
        <TR>
                <TD valign="top" align="left" background="images/海之
奇迹设计公告_2.gif">
            <p style="word-spacing: 10; margin-left: 40; margin-
right: 40; margin-top: 5; margin-bottom: 5" align="left"><font
color="#9966FF" size="4">本公告模板是永久型模版，您可以在自己店铺的公告
栏里自由更改文字内容，不受字数多少的限制，图片是放在稳定高速的付费空间，
凡购买模板，免收一年的网络空间费。小店从新开张，此款模板只需3元，模板是
已经制作好的成品，不在做任何修改。店主一般在线时间为晚7点-10点。
</font></p>
        </TD>
        </TR>
        <TR>
                <TD>
                        <IMG SRC="images/海之奇迹设计公告_3.gif"
WIDTH=300 HEIGHT=45 ALT=""></TD>
```


图 3－16

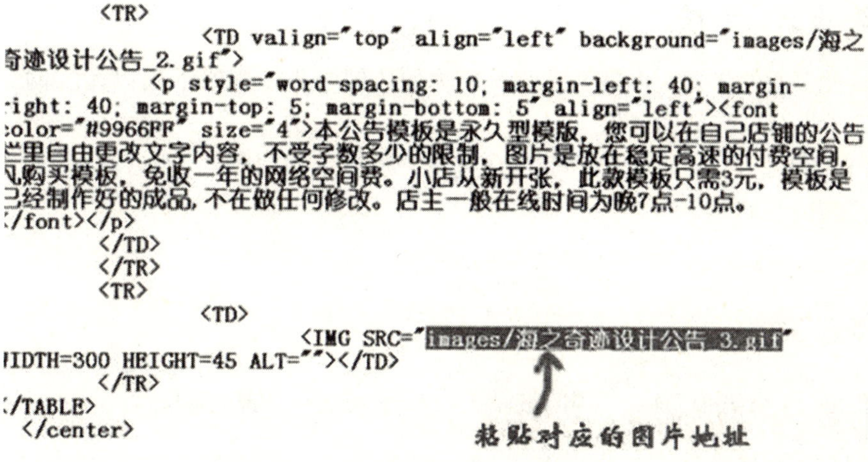

```
        <TR>
                <TD valign="top" align="left" background="images/海之
奇迹设计公告_2.gif">
            <p style="word-spacing: 10; margin-left: 40; margin-
right: 40; margin-top: 5; margin-bottom: 5" align="left"><font
color="#9966FF" size="4">本公告模板是永久型模版，您可以在自己店铺的公告
栏里自由更改文字内容，不受字数多少的限制，图片是放在稳定高速的付费空间，
凡购买模板，免收一年的网络空间费。小店从新开张，此款模板只需3元，模板是
已经制作好的成品，不在做任何修改。店主一般在线时间为晚7点-10点。
</font></p>
        </TD>
        </TR>
        <TR>
                <TD>
                        <IMG SRC="images/海之奇迹设计公告_3.gif"
WIDTH=300 HEIGHT=45 ALT=""></TD>
        </TR>
</TABLE>
 </center>
```


图 3－17

（6）全选文件，下面就可以贴在自己的公告栏里了，如图 3－18 所示。

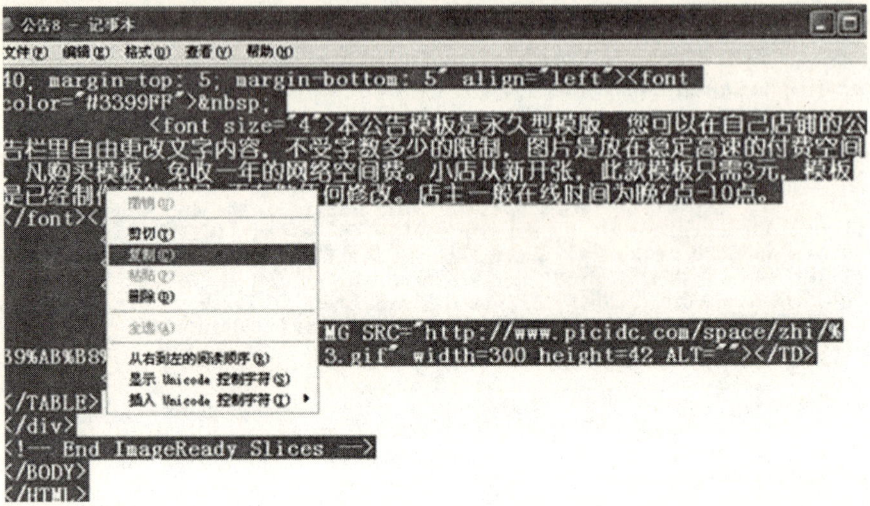

图 3－18

2. 设置公告栏

经过上面的步骤，你是否已经做成你的店铺公告了呢？下面以淘宝网为例，教你简单五步上传你的成果。

（1）登陆后，点击“管理我的店铺”，如图 3－19 所示，然后点击上方菜单中的“店铺装修”。

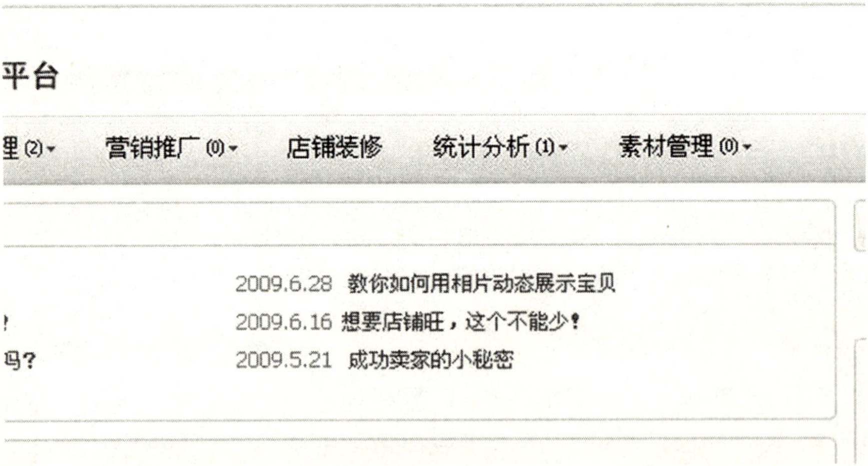

图 3－19

（2）如图 3－20 所示，找到“店铺公告”的板块，然后点“编辑”。

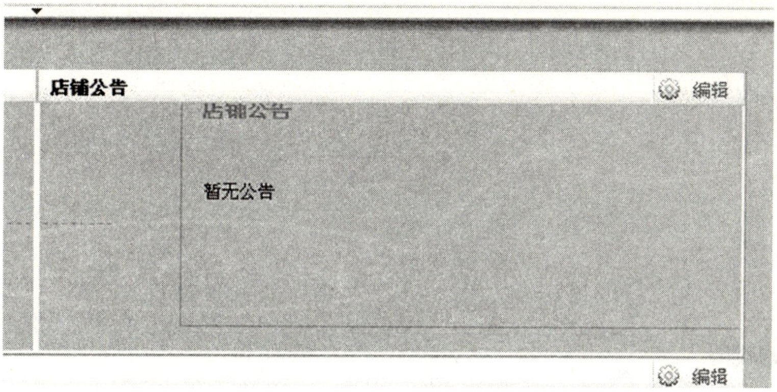

图 3－20

（3）点击“编辑 HTML 源码”，将代码粘贴在边框里，就大功告成了。如图 3－21 所示。

图 3－21

（4）如果你只想在公告栏中写些文字，那也非常简单，只需在边框内直接编辑文字就可以了。比如写上“欢迎光临我的小店”，如图 3－22 所示。

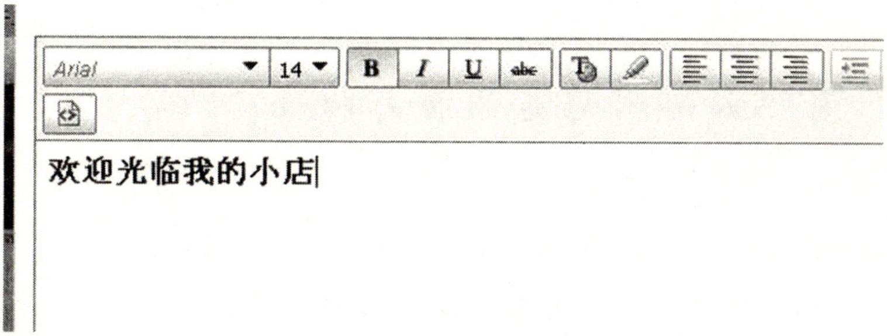

图 3－22

（5）现在返回到自己的店铺首页，看看公告栏是不是有所变化了呢？

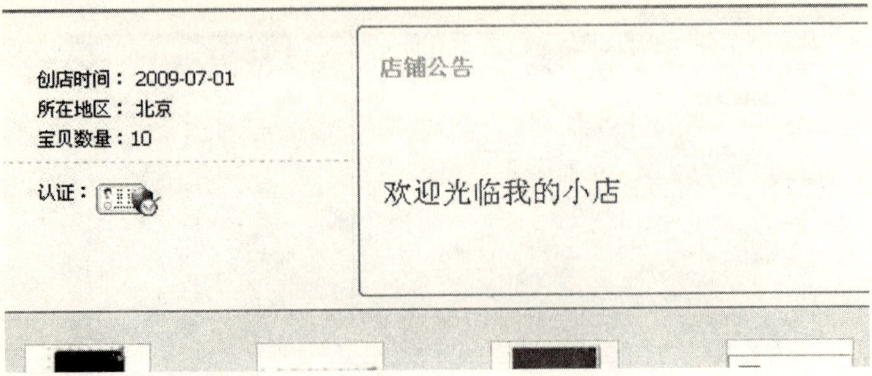

图 3－23

卖家心得

在淘宝网上开店的过程中，我发现了一个方便的往公告栏中贴图的方法。打开你的淘宝店铺，商品都是一件件排列好了的，上面是图片，下面是商品名称，再下面是价格。在价格结束的地方，点一下鼠标，不要松开，一直拖动到上面图片顶部再放开鼠标，从商品图片到价格，全部拖黑了，这就代表它们被选中了。然后按 CTRL＋C，复制被选中的文字和图片。

再打开刚才的公告区设置窗口，在要插图片的地方双击，击出阴影框，当然，有些地方插图片不需要双击，单击定一下光标就行了。按 CTRL＋V 粘贴图片和文字。这时候，商品的链接也同时就被粘过来了。

如何用好商品推荐栏

假如你的网店中有 100 件商品，那么在浏览的类别中不会都展示出来，而买家如果想看你店里更多的商品，则需要进到你的店铺里。这个道理和现实中的街边小店一样，每位店主的店铺一般都有橱窗，用来展示自己店里的好东西，所以充分利用商品推荐栏是吸引买家的关键。那么作为新手卖家的你该将哪些商品放在商品推荐栏里呢？

（1）主题突出。

选择那些最吸引人的商品进行推荐，一般来说，网店的推荐位置都是有限的，所以一定要仔细斟酌。建议挑选一些图片主题突出的商品，因为买家对你的商品印象就是这样的实物图片，如果主题不突出的话，是很难吸引买家眼光的。

（2）描述详细。

尽量描述得详细些，比如材质和特点等，尽量提供多图展示，此时要充分利用页面，仅仅做到推荐的商品图片很吸引人还不够，如果能充分利用这个页面，则能收到更好的效果。

（3）选择合理时间。

抓住最佳时间推荐，比如只推荐快结束的15件商品（快结束的会排在最前面，被买家看到的机会也最多）。商品的在售时间最好都设定为7天，这样商品被看到的机会就增加了两倍。同时，应尽量错开将商品上架的时间。你的店铺经常有新货，也经常有要结束的。不但买家看着舒心，也增加你的曝光率哦。

（4）多多留意身边的机会。

经常看网站首页和频道里推荐的商品，看看有什么热门商品，如果和你商品的类别相关，不妨更换你标题里的关键字。

怎样打造一清二楚的商品分类

网店与实体店铺一样，商品都是需要按类别归位的，比如商场中有服装专柜、化妆品专柜、运动器材专柜等。作为新手卖家的你也应该借鉴一下商场的做法，将你的商品分门别类的放好，这样既方便让买家搜索，又方便自己管理。

1. 理论篇

如果你仔细观察过其他网店，会发现许多卖家都喜欢将新款放在最上面，以便让买家在第一时间知道新品的信息。其次是特价商品，特价是吸引人气的最好方法，这类商品的销售有时候也会带动其他商品的销售量。

在这两种吸引人的分类之下，你可以将其他商品按产品的牌子或是用途分类，让买家一目了然。如果你经营的商品品牌较多，那么可能很多买家都是冲着品牌去的，这时你就可以将商品具体地按照品牌进行分类，方便买家查找。如果你经营的是些杂七杂八的商品，那么可以按照商品的用途来进行分类，同样可以起到相同的效果。

2. 实战篇

下面以淘宝网为例，一步一步教你设置商品分类栏。

(1) 登陆“管理我的店铺”后，将鼠标移到上方菜单中的“宝贝管理”上，如图 3－24 所示。

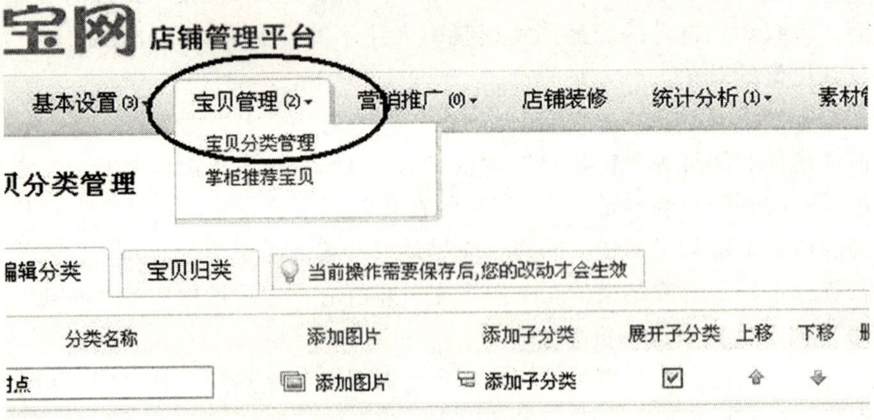

图 3－24

(2) 如图 3－25 所示，点击“宝贝分类管理”。

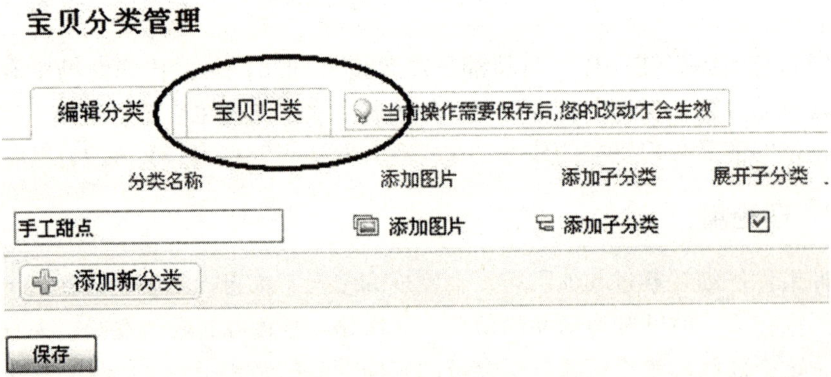

图 3－25

（3）点击"添加新分类"，如图 3－26 所示。

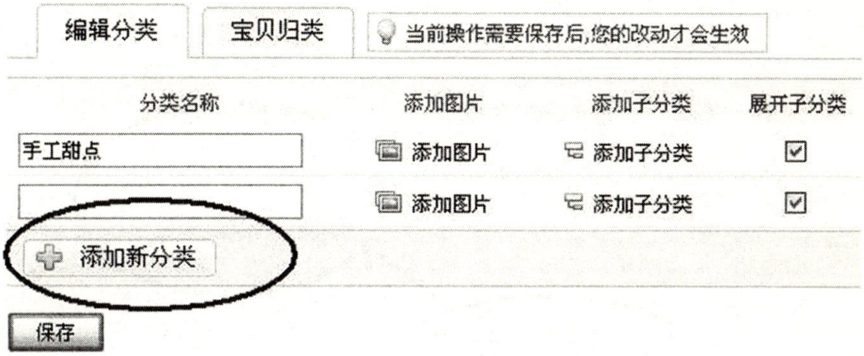

图 3－26

（4）如图 3－27 所示，在空白框中输入分类名称。

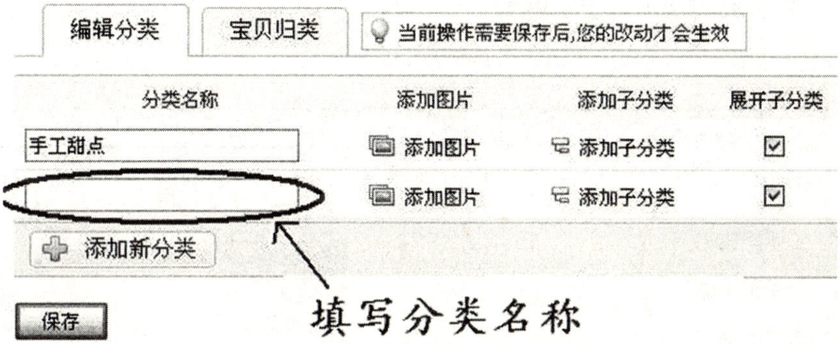

图 3－27

（5）完成后，在最右侧的下拉菜单中选择分类的顺序，比如你想在某个分类的下方就选哪个分类，如图 3－28 所示。

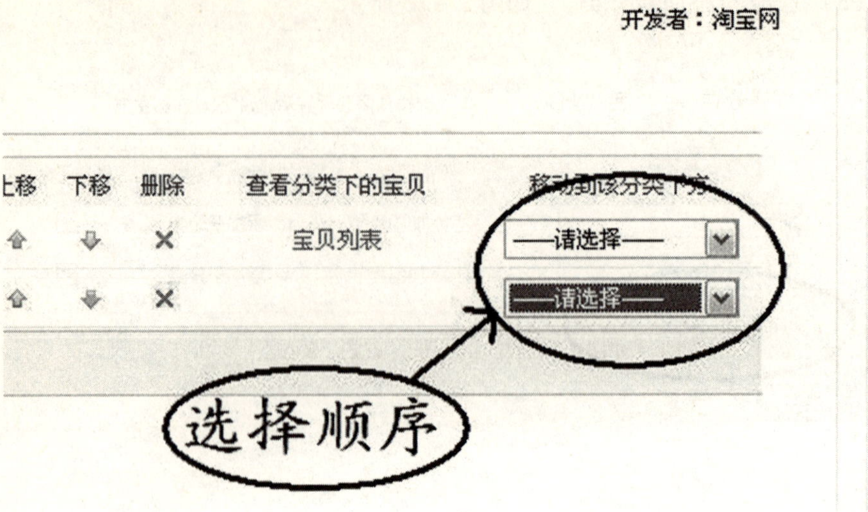

图 3－28

（6）经过上面的五个步骤，分类栏已经基本完成了，切换回店铺首页看看，如图 3－29 所示，是不是变了呢？

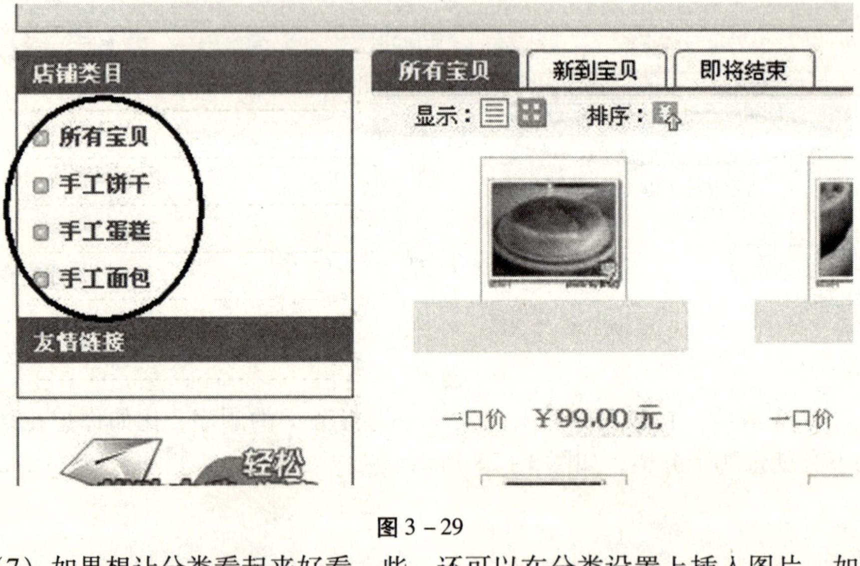

图 3－29

（7）如果想让分类看起来好看一些，还可以在分类设置上插入图片，如图 3－30 所示，点击"添加图片"。

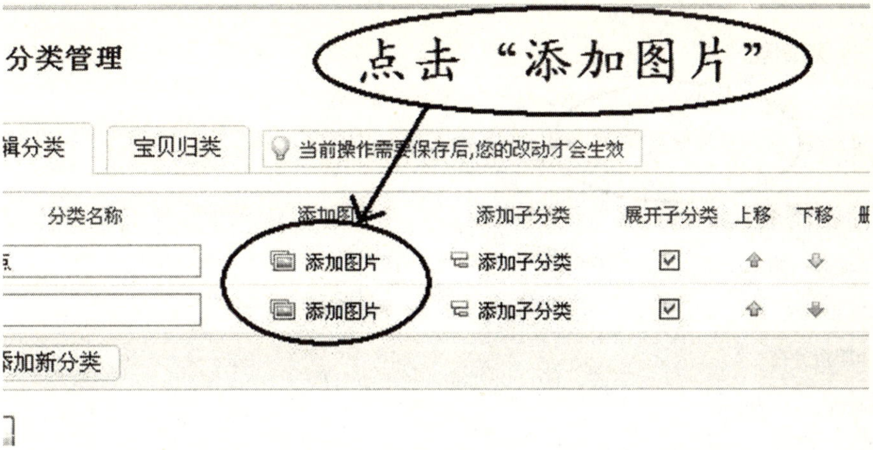

图 3－30

（8）将图片地址粘贴在框中，然后点确定，如图 3－31 所示。

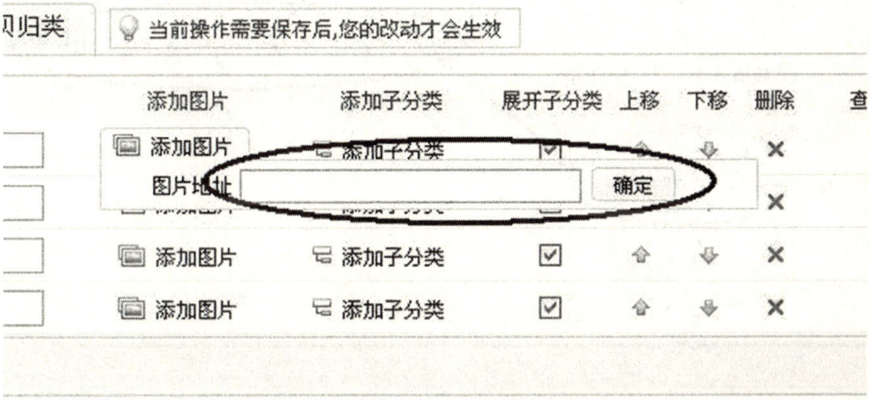

图 3－31

（9）下面要将商品进行分类，点击“宝贝归类”，如图 3－32 所示。

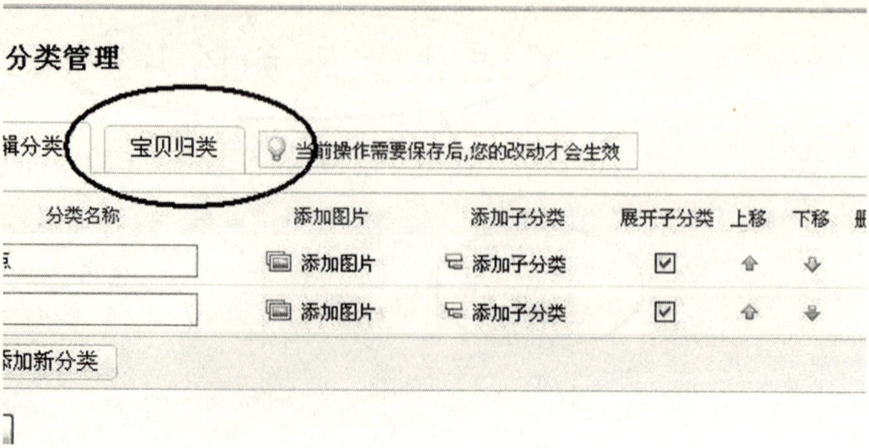

图 3 – 32

（8）在“选择分类”的下拉菜单中选择“未分类宝贝”，如图 3 – 33 所示。

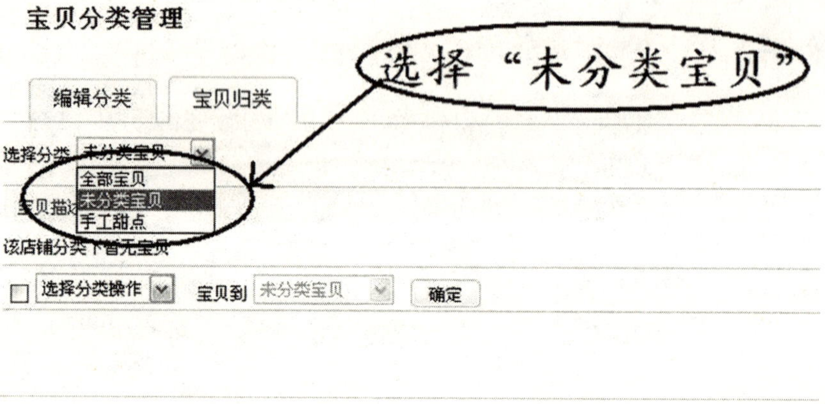

图 3 – 33

（9）如图 3 – 34 所示，在这些未分类的商品右侧有“添加所属分类”的边框。

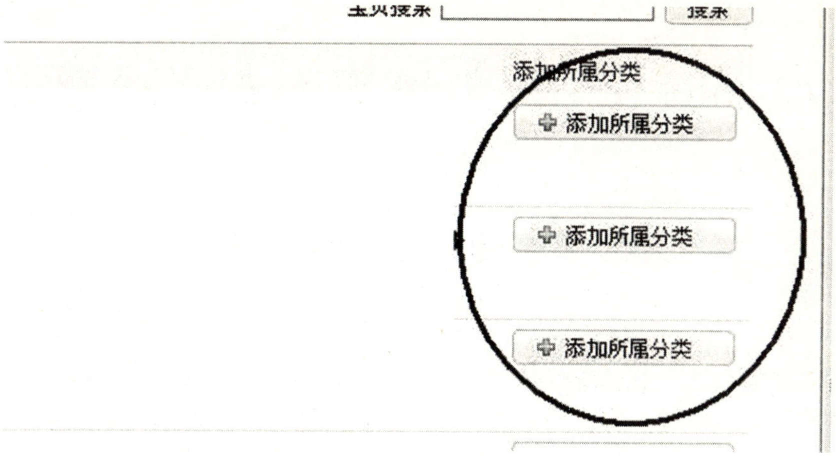

图 3－34

（10）如图 3－35 所示，在下拉菜单中选择相应的所属分类。

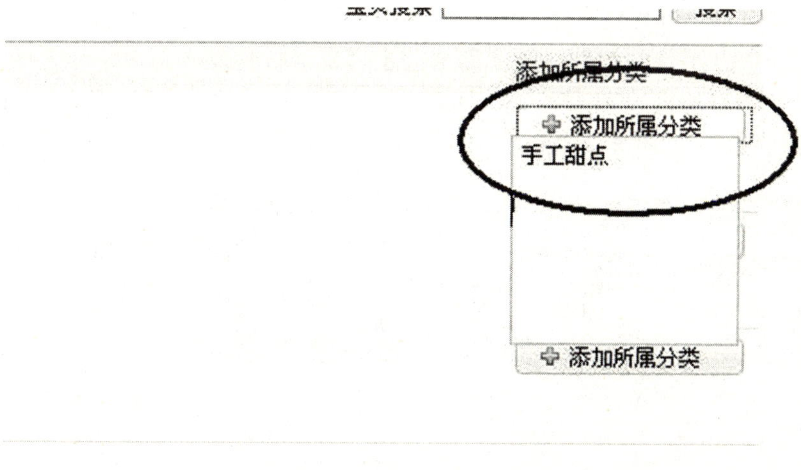

图 3－35

（11）大功告成！现在你切换回店铺首页，点击刚才做好的分类菜单，看看你的商品有没有放到合适的位置呢？

Chapter 4 别拿细节不当“干粮”

为装饰素材找个“安乐窝”

如果想要将网店装修得很别致，那么一定离不开图片的修饰，那么我们应该将这些图片放在哪里呢？如何才能方便而且正确地获取照片网络地址呢？答案就是——素材的“安乐窝”。

经过统计，许多网店卖家都选择“巴比豆”这个网站来放置自己的装修素材和商品图片，随着网店的兴起，现在淘宝网也推出了相应的素材管理空间，让卖家可以更加方便地管理网店。

下面以“巴比豆”为例，教你简单七步完成素材管理。

（1）首先登陆巴比豆主页 www. babidou. com，点击“注册新用户”，按照提示输入你的资料，如图 4－1 所示。

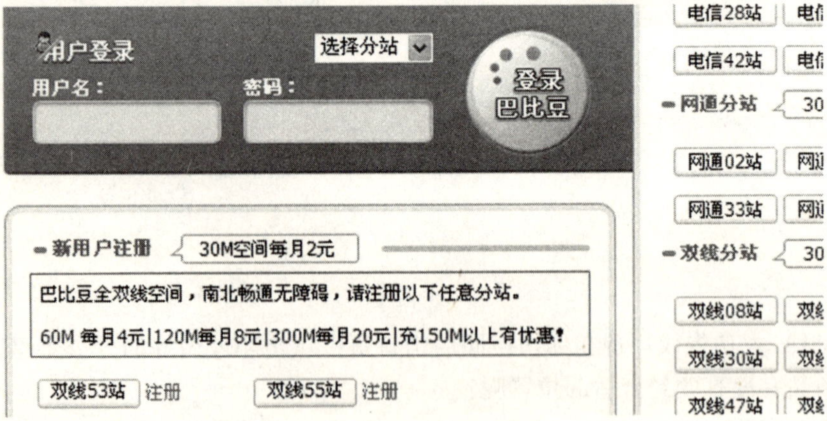

图 4－1

（2）进入相册空间主页面，为了方便以后管理，建议通过“新建目录”来存放不同的图片如图 4－2 所示。“无组件上传”就是单张图片上传；“图片上传”是通过插件方式上传（批量上传）。

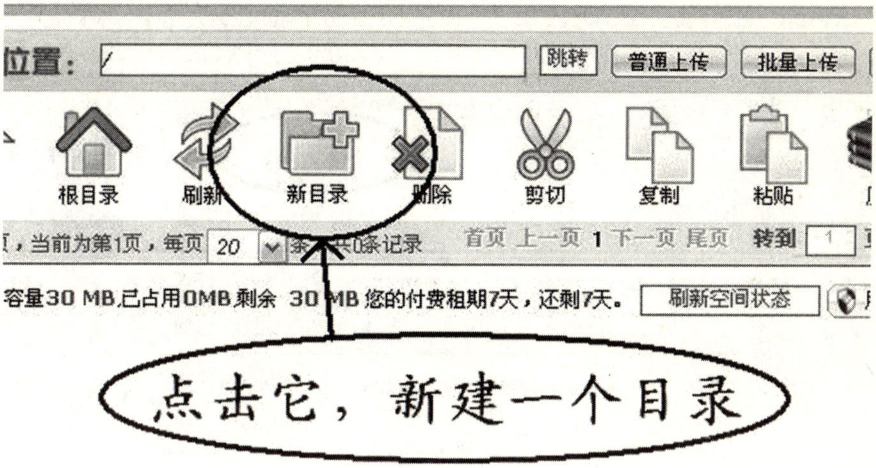

图 4－2

（3）点击进入新建的目录，如图 4－3 所示。

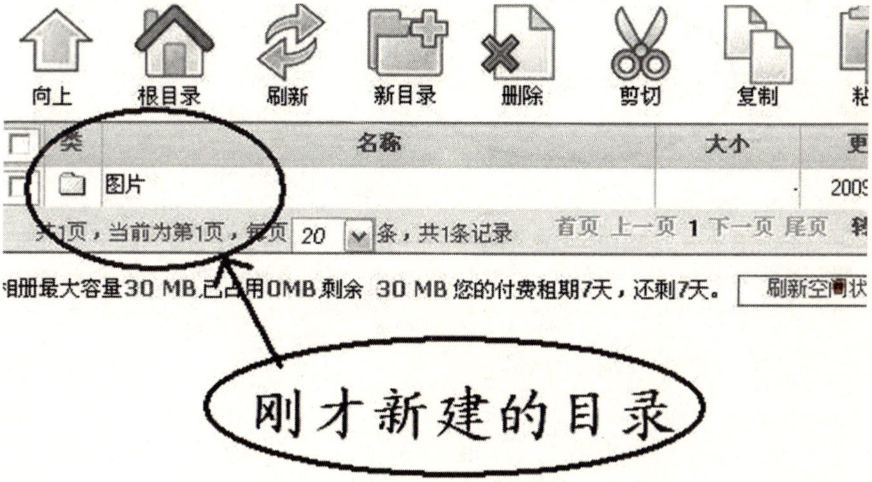

图 4－3

（4）下面以上传图片为例，点击上方菜单中的“普通上传”，如图 4－4 所示。

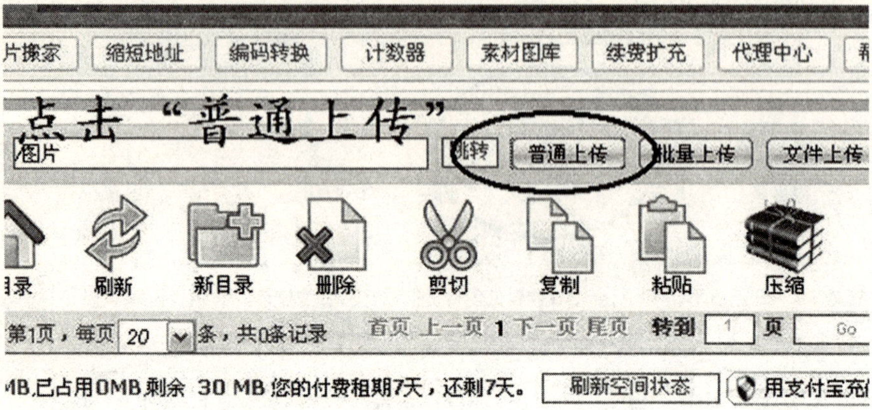

图 4 – 4

（5）如图 4 – 5 所示，点击“添加文件”，从电脑中选择需要上传的图片。

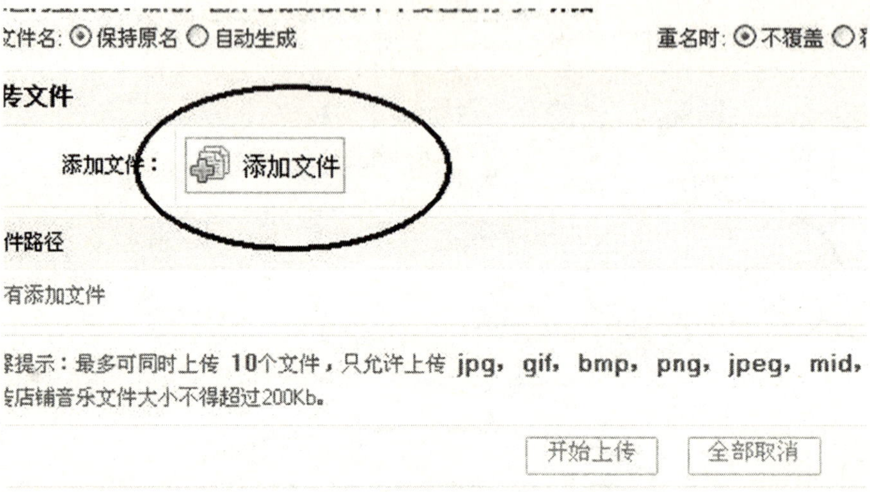

图 4 – 5

（6）如图 4 – 6 所示，上传成功后会显示这样的画面。

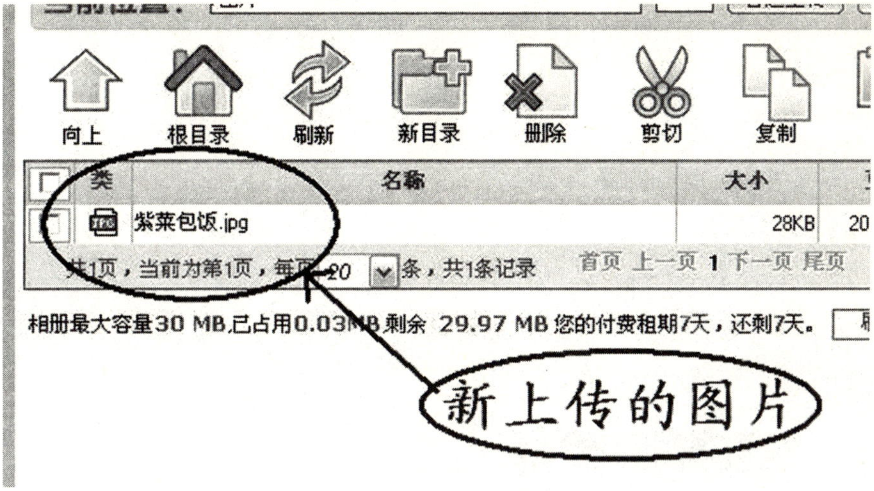

图4－6

（7）如图4－7所示，点击“复制地址”，就会得到该图片的网络地址了。这样就可以将它用在你的店铺介绍或是商品介绍里了。是不是很方便呢?

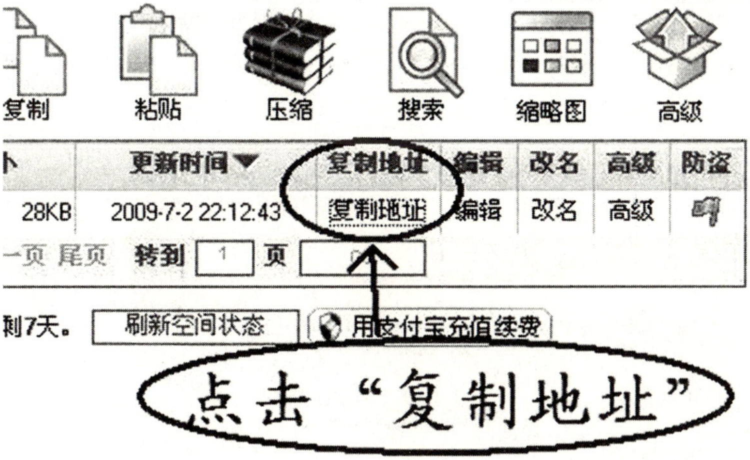

图4－7

安装计数器——明明白白你的人气

1.51 啦实战篇

第一步：注册

（1）在你的 IE 浏览器的地址栏中输入：http：//www. 51. la/并按键盘中的回车键（Enter），在打开的网页的右边有用户注册的入口，点击注册按钮，如图 4 –8所示。

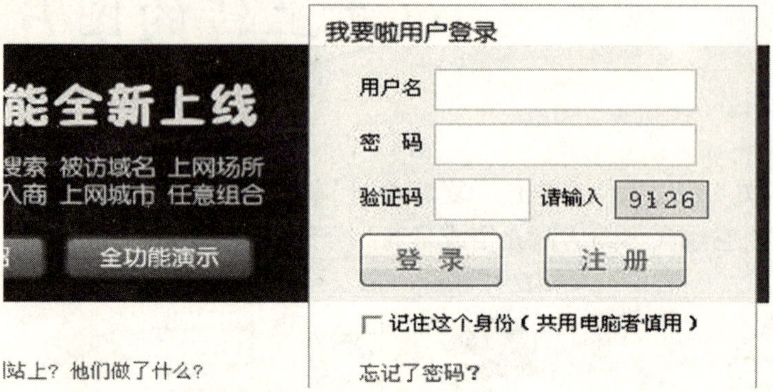

图 4 –8

（2）如图 4 –9 所示，在申请表中分别输入你的用户名、密码、电子邮件、店铺名称、网店地址和验证码，并勾选中表示同意“我要啦用户守则”之后单击申请按钮进行申请。

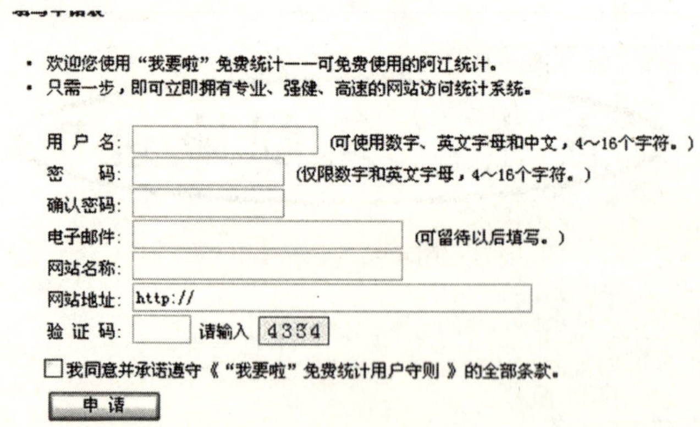

图 4 –9

第二步：设置参数

（1）在打开的页面中单击“控制台首页”，如图 4－10 所示。

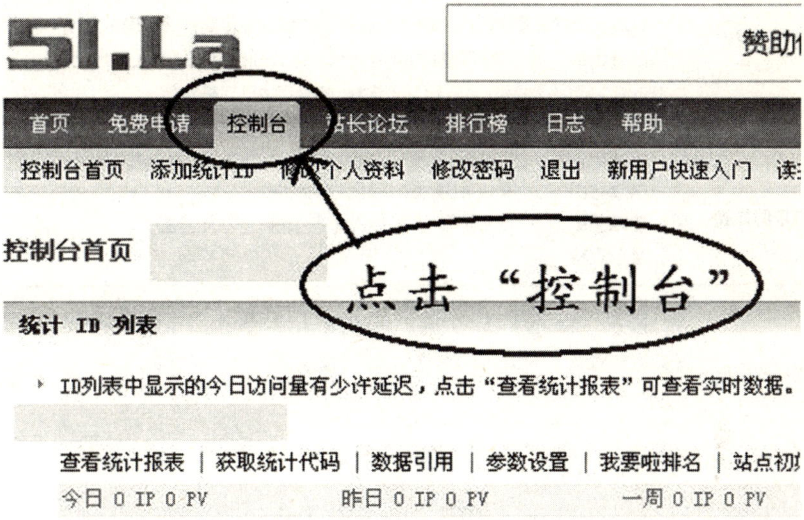

图 4－10

（2）在控制台首页中，单击参数设置，如图 4－11 所示。

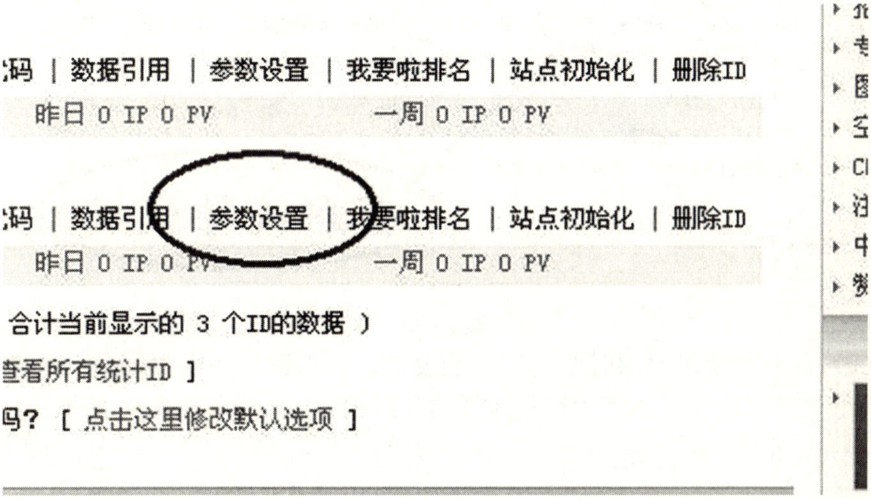

图 4－11

（3）如图 4－12 所示，参数设置比较简单，默认即可，当然你可以按个人喜好进行设置，比如：报表公开程度、统计代码显示都可以按个人喜好进行设置。

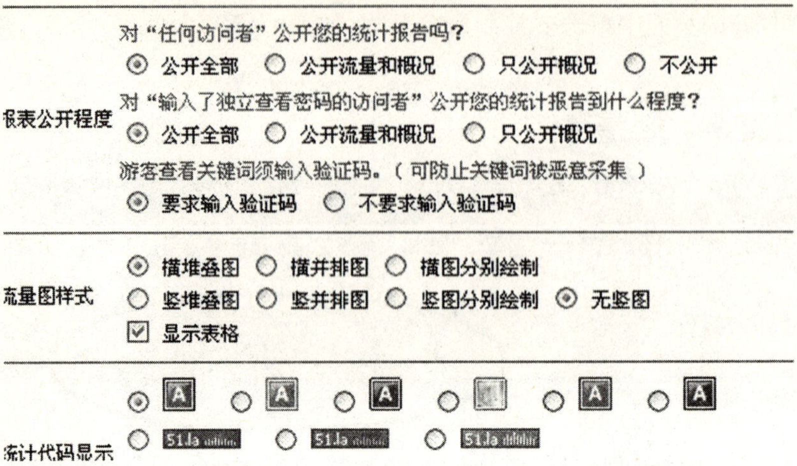

图 4－12

第三步：获取统计代码

（1）设置好参数以后，在左侧栏的下方单击“获取统计代码”，如图 4－13 所示。

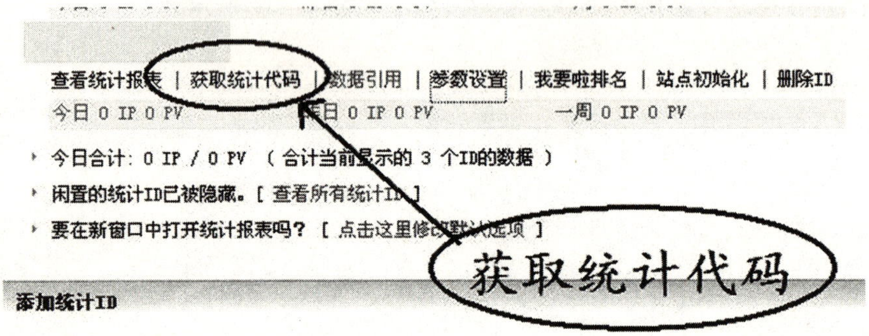

图 4－13

（2）获取统计代码的时候并不完全复制，只取图中黑色区域的代码即可，不能取多也不能取少（下图中黑色区域的代码用于店铺首面进行流量统计）。如图 4－14 所示。

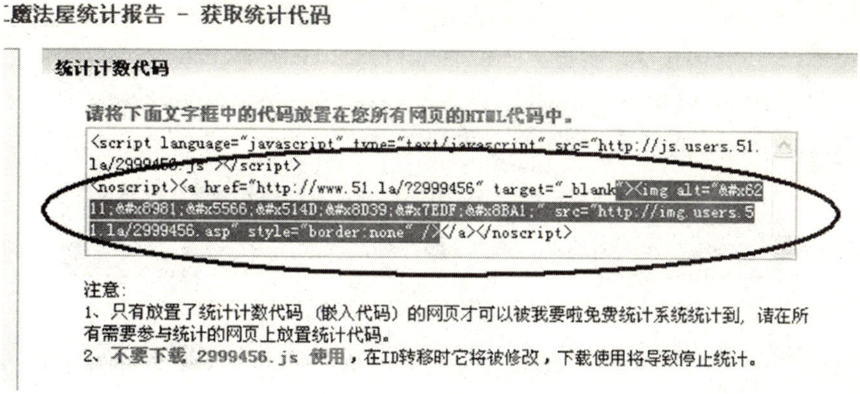

图 4－14

第四步：放置代码

一般来说，计数器是放在在“店铺介绍”中的，直接点击“编辑 HTML 编码”，将代码粘贴在里面即可。

2. 巴比豆实战篇

（1）登陆巴比豆主页，点击上方菜单中的“计数器”，如图 4－15 所示。

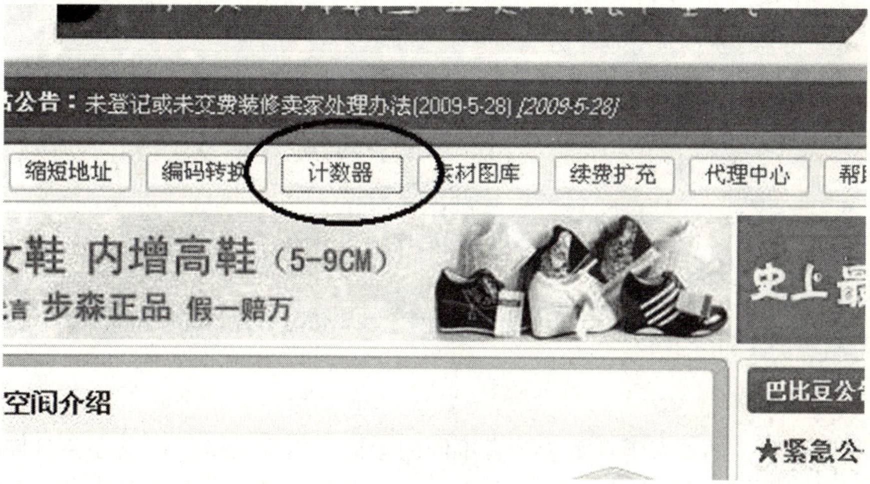

图 4－15

（2）点击“获取代码”，如图 4-16 所示。

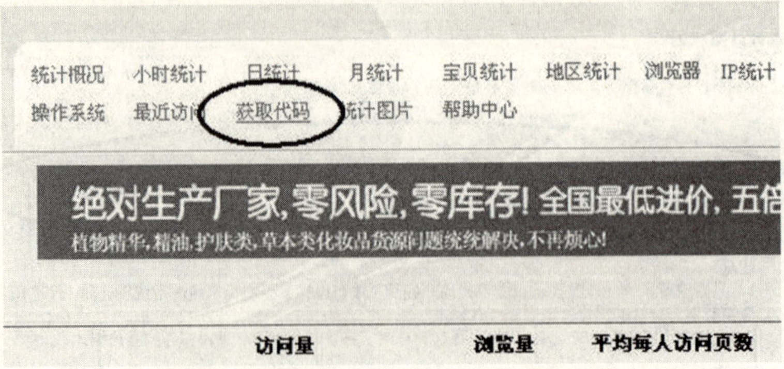

图 4-16

（3）如图 4-17 所示，复制方框中的代码，将它粘贴到“店铺介绍”中，步骤同“51 啦实战篇”中的第四步。

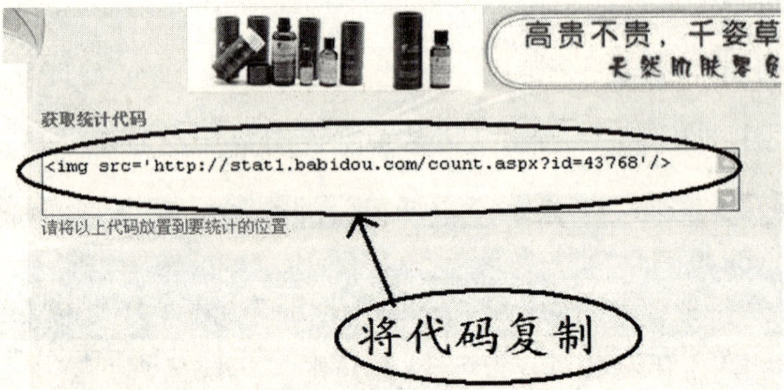

图 4-17

设置背景音乐——让你的店铺“唱”起来

每段音乐，都藏着千百个聆听者不同的记忆。用音乐做背景也许会给你的店铺增加很多个性色彩，也许会很吸引人，也许会吓跑很多人，甚至还会引起别人的反感。所以在背景音乐的选择上得多花些心思，宁可不放，也不要因为它而给店铺形象减分。

卖不同商品的卖家可以选择不同乐器的背景音乐，这样可以与顾客产生某种心理上的共鸣，比如，茶叶卖家可以选择一些古典音乐；琴棋书画类的卖家，可以播放一些高山流水等。这些都靠自己琢磨，怎么让每一个来店的顾客都感受到店铺的文化与气氛，让他们觉得你的店铺似曾相识，从而拉近彼此之间的距离。

1. 网上获取代码

（1）如图 4－18 所示，登录 www. baidu. com，选择“MP3”搜索栏里填入歌曲名称开始搜索。

图 4－18

（2）如图 4－19 所示，此时我们会看到很多的歌曲连接，随便选一首（要以“mp3”或者“wma”结尾的）点“试听”，要找到一首点开以后很快能放出歌曲的才行。

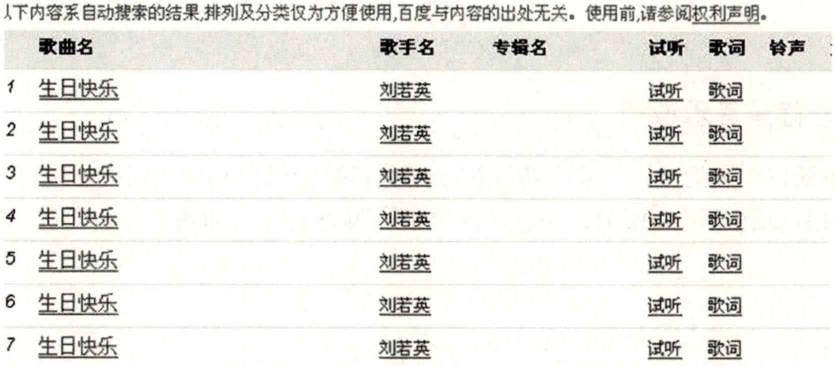
以下内容系自动搜索的结果,排列及分类仅为方便使用,百度与内容的出处无关。使用前,请参阅权利声明。

	歌曲名	歌手名	专辑名	试听	歌词	铃声
1	生日快乐	刘若英		试听	歌词	
2	生日快乐	刘若英		试听	歌词	
3	生日快乐	刘若英		试听	歌词	
4	生日快乐	刘若英		试听	歌词	
5	生日快乐	刘若英		试听	歌词	
6	生日快乐	刘若英		试听	歌词	
7	生日快乐	刘若英		试听	歌词	

图 4－19

(3) 如果歌曲很快可以播放就可以了，如果不理想就换一首来试听，接着找到最下面的“属性”，如图 4－20 所示。

图 4－20

(4) 如图 4－21 所示，把地址复制下来，这个就是可以置换的“音乐地址”。

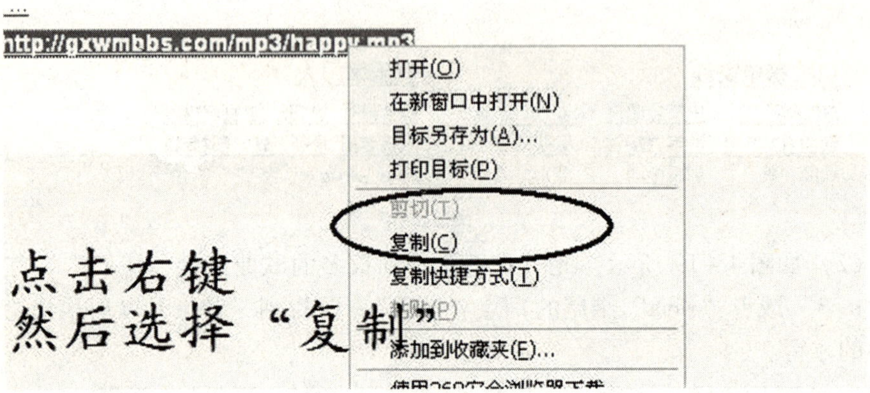

图 4－21

2. 背景音乐设置

下面以淘宝为例，一步一步教你怎样把背景音乐代码加入到你的店铺中。

(1) 如图 4－22 所示，先进入淘宝网，再进入“我的淘宝”。

图 4－22

（2）然后点击“管理我的店铺”，如图 4－23 所示。

图 4－23

（3）如图 4－24 所示，点击上方菜单的“基本设置”——“店铺基本设置”。

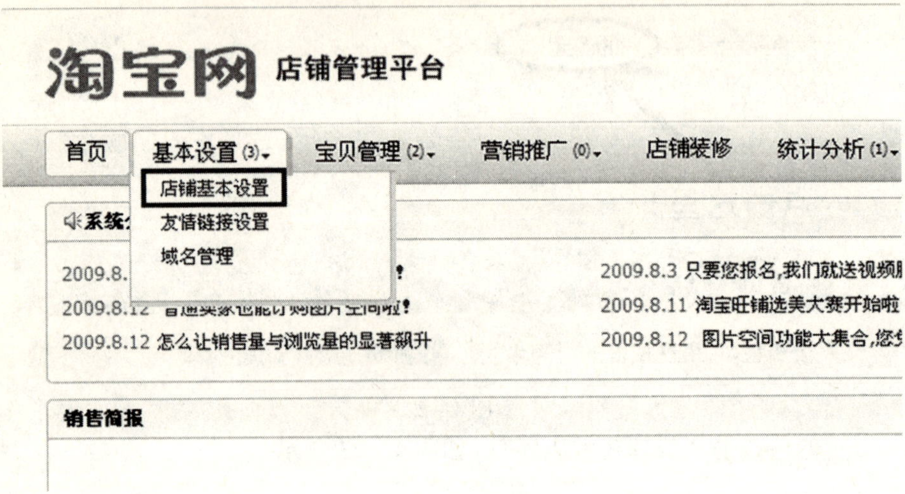

图 4－24

（4）如图 4－25 所示，点击“编辑 HTML 源码”按钮。

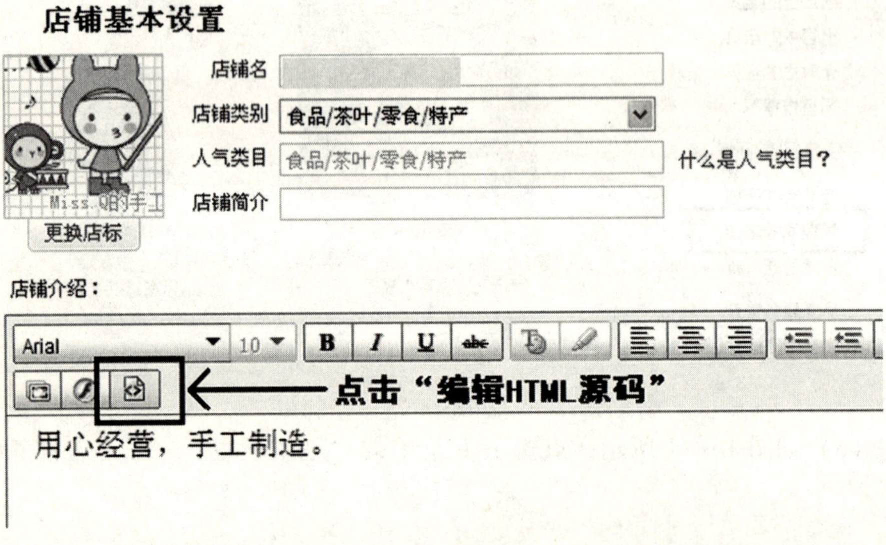

图 4－25

（5）如图 4－26 所示，在“编辑 HTML 源码”的文字框内用键盘输入图中方框内的代码，同时将“音乐链接”这四个字替换为图 4－21 中的音乐地址。

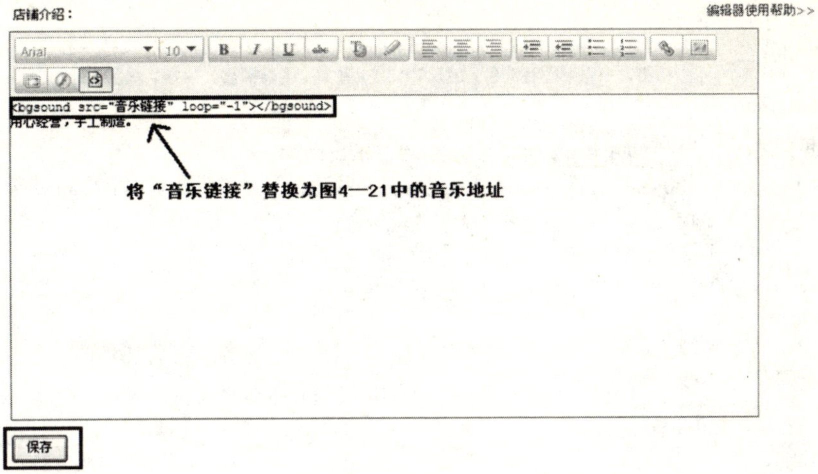

图 4 - 26

（6）如图 4 - 26 所示，按"保存"键确认之后，再查看你的店铺主页，就能听到背景音乐了。如果你加的是错误的代码，窗口最小化后就听不到音乐了；如果是正确代码，窗口最小化后音乐还是继续的。如果想让音乐停让，按一下键盘上的 ESC 键就可以了。

（7）如果你希望你的宝贝页面有音乐的话，请按以下方法做。

①打开宝贝描述页面，如图 4 - 27 所示。

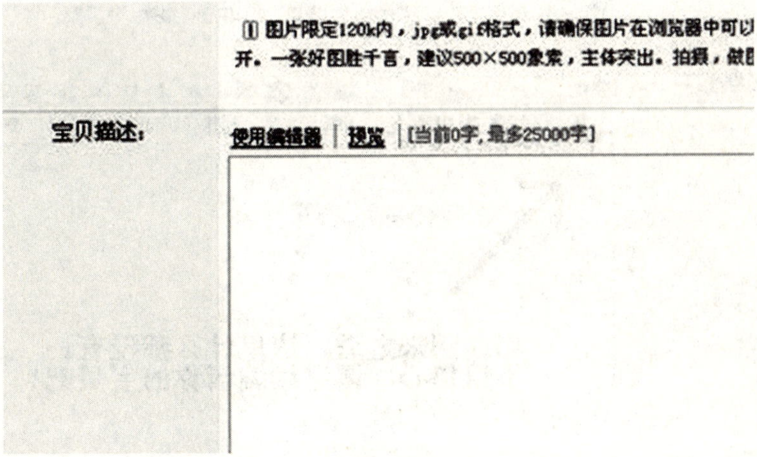

图 4 - 27

②点击“使用编辑器”，在第一行贴上你找到的音乐代码。如图4－28所示。

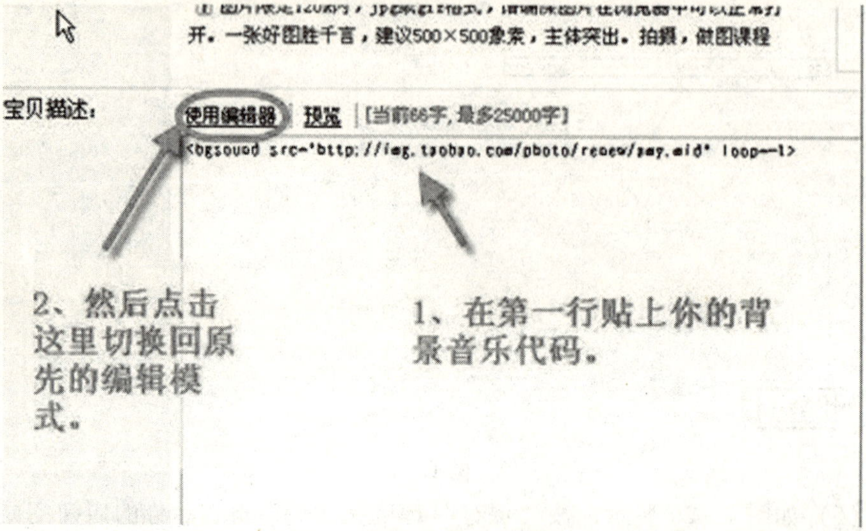

图4－28

③如图4－29所示，切换回来之后，你会发现这里什么都没有。没关系，现在开始你就跟以前一样编辑你的宝贝吧！在编辑完后，再点击宝贝，这时候音乐就会自己“跑”出来啦！

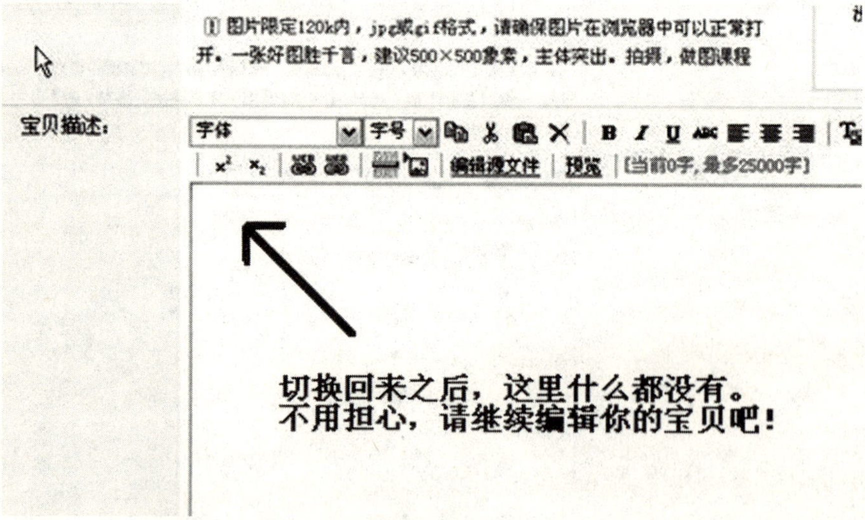

图4－29

卖家心得

因为店铺卖的是一些女士时尚手表、女包以及一些饰品等，所以我选择了比较舒缓、轻柔的音乐。有些研究表明音乐类别与节日可以巧妙搭配，比如遇到传统节日如春节、元旦、中秋等可播放喜气洋洋的曲子，特殊的节日则要选择有针对性的歌曲。如果近期有特别流行的歌曲，适当地播放能拉拢不少有共鸣的买家的心。如果买家群是以30岁以上为主的，那么播放钢琴、小提琴等轻音乐作为背景音乐是个不错的主意。

装修色调巧搭配

色彩是人类视觉最敏感的东西。在装修网店时，色调处理得好可以锦上添花，达到事半功倍的效果。色彩总的应用原则应该是“总体协调，局部对比”，也就是：网店的整体色彩效果应该是和谐的，只有局部的、小范围的地方可以有一些强烈色彩的对比。在色彩的运用上，可以根据所卖商品的性质，分别采用不同的主色调。因为色彩具有象征性，例如：嫩绿色、翠绿色、金黄色、灰褐色就可以分别象征着春、夏、秋、冬。其次还有职业的标志色，例如：军警的橄榄绿，医疗卫生的白色等。色彩还具有明显的心理感觉，例如冷、暖的感觉，进、退的效果等。此外，色彩还有民族性，各个民族由于环境、文化、传统等因素的影响，对于色彩的喜好也存在着较大的差异。充分运用色彩的这些特性，可以使我们的网店主页具有深刻的艺术内涵，从而提升网店主页的文化品位。下面介绍几种常用的配色方案：

（1）暖色调。

暖色调，即红色、橙色、黄色、赭色等色彩的搭配。这种色调的运用，可使主页呈现温馨、和煦、热情的氛围。

（2）冷色调。

冷色调，即青色、绿色、紫色等色彩的搭配。这种色调的运用，可使主页呈现宁静、清凉、高雅的氛围。

（3）对比色调。

对比色调，即把色性完全相反的色彩搭配在同一个空间里。例如：红与绿、黄与紫、橙与蓝等。这种色彩的搭配，可以产生强烈的视觉效果，给人亮丽、鲜艳、喜庆的感觉。当然，对比色调如果用得不好，会适得其反，产生俗气、刺眼的不良效果。这就要把握“大调和，小对比”这一个重要原则，即总体的色调应该是统一和谐的，局部的地方可以有一些小的强烈对比。

最后，还要考虑主页底色（背景色）的深、浅，这里借用摄影中的一个术语，就是“高调”和“低调”。底色浅的称为高调；底色深的称为低调。底色深，文字的颜色就要浅，以深色的背景衬托浅色的内容（文字或图片）；相反，底色淡的，文字的颜色就要深些，以浅色的背景衬托深色的内容（文字或图片）。这种深浅的变化在色彩学中称为“明度变化”。

卖家心得

有些网店主页的整个底色都是黑的，描述的文字也选用了较深的色彩，由于色彩的明度比较接近，买家在浏览时就会觉得吃力，不但影响阅读效果，而且还会减弱购买商品的欲望。当然，色彩的明暗度也不能变化太大，否则屏幕上的亮度反差太强，同样也会使买家的眼睛受不了。

Part 2

营销推广：抓住每一个宣传的机会

本篇重点

如何让你的网店人气飙升

Chapter 5　如何让你的网店人气飙升

简单的通讯工具推广法

网络通讯工具是比较简单、省力的免费宣传方法，如 QQ、MSN、旺旺等。试想，要是你 QQ 好友有 100 人，那岂不是至少有一百人知道你在哪个网上开店了？你还可以加入 QQ 群或是旺旺群里面跟他们交朋友，但是千万不可一加进去就直接推销你的产品，否则就有可能被他们踢出来。

利用通讯工具推广店铺的时候，重要的一点是不要放过任何的潜在客户。比如说大部分卖家都有这样的经历，那就是有一些陌生人给你发信息，要求你帮他回帖等，可能一些人也就当垃圾信息随便看一下就算了。对于买家来说这并不是什么大事，但是对于卖家来说这可是天上掉下来的潜在客户。那么你该怎么办呢？首先就是按照他的话做一下，帮他一个忙，那么你再给他发个广告过去，并请他到你店中看看，他应该也不会拒绝的，那这样一来，日积月累，你的人气是不是就多了呢？这不光用在阿里旺旺中，同样也用在 QQ 中，记得一点，那是要想人家帮助你，首先你必须先去帮助别人。

1. 阿里旺旺推广法

利用阿里旺旺的状态来宣传自己的网店，这种方法不会马上就看到宣传效果，但是从长远的角度来说可以带来稳定的流量。

第一招：设置广告

(1) 如图 5 - 1 所示，成功登陆阿里旺旺后，此时在屏幕右下角的菜单栏中看到阿里旺旺的小图标。先将鼠标移动到图标上，再用鼠标的右键点击它，出现图中的菜单后，选择“更改我的状态”——“设置状态信息”。

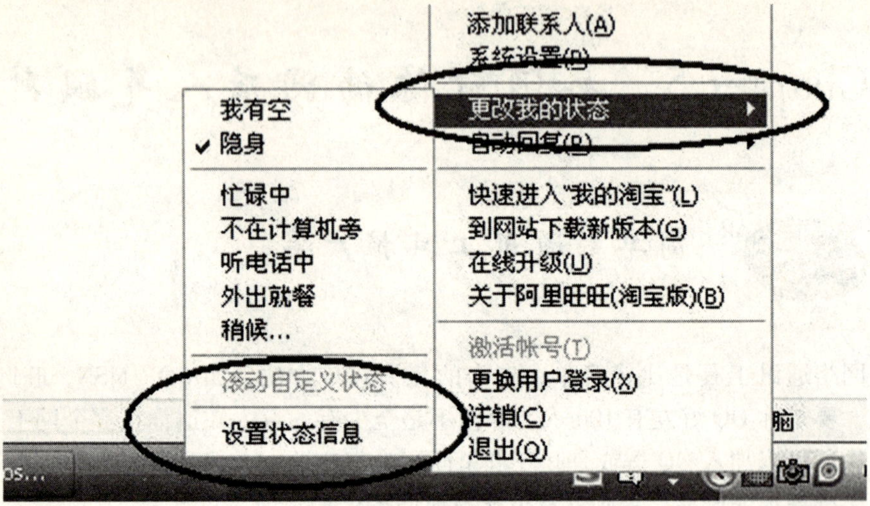

图 5－1

（2）如图 5－2 所示，点击“添加”。

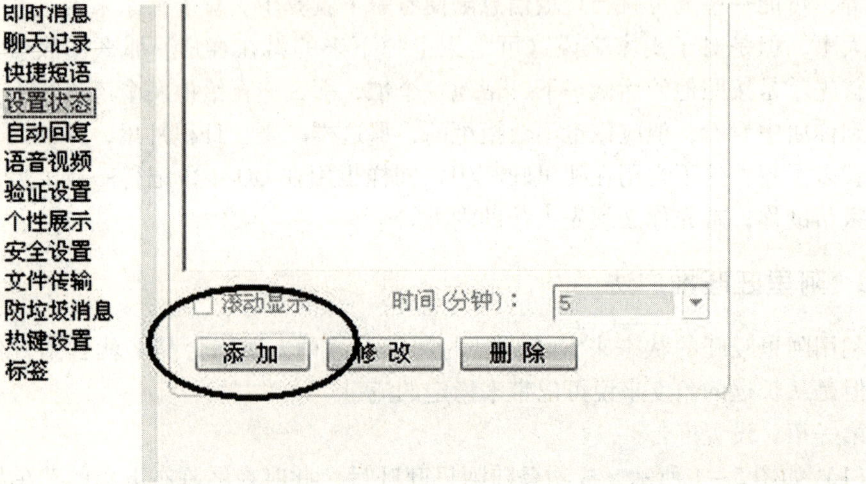

图 5－2

（3）输入要设置的广告状态信息，完成后点确定，如图 5－3 所示。

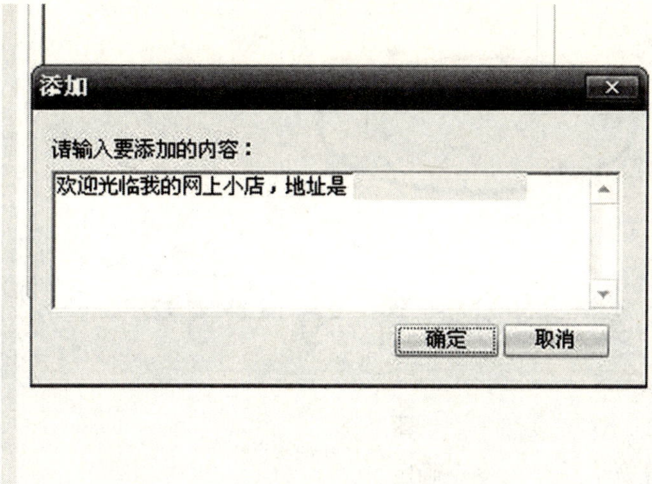

图 5－3

（4）如图 5－4 所示，如果设置的状态语有 2 个以上，你可以在滚动显示的框里打勾，让你所设置的广告信息一览无遗。人人都知道做生意要靠广告，但广告怎么做，现在就靠你自己了。广告活动信息可以经常换，尽量做到和店铺同步，不脱离主题。

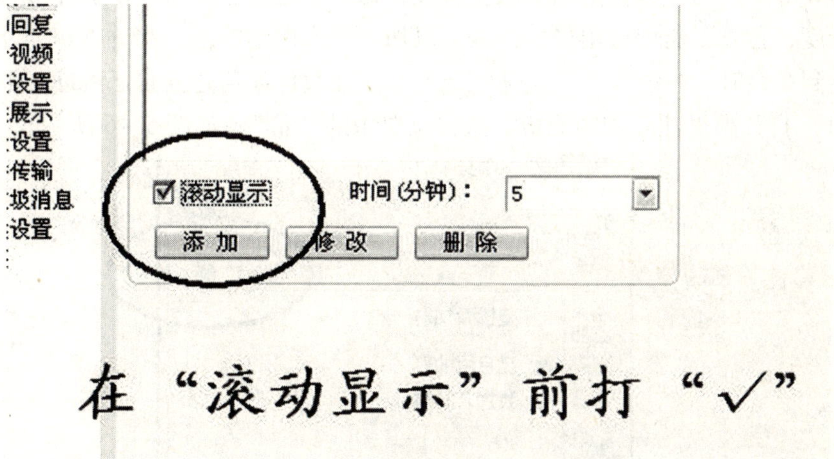

图 5－4

（5）如图 5－5 所示，在菜单中选择状态信息滚动的时间，时间最短为 5 分钟，最长是 20 分钟，建议你使用 5 分钟的，这样状态信息如果设置多条以上，切换和被注意到的机率比较高。

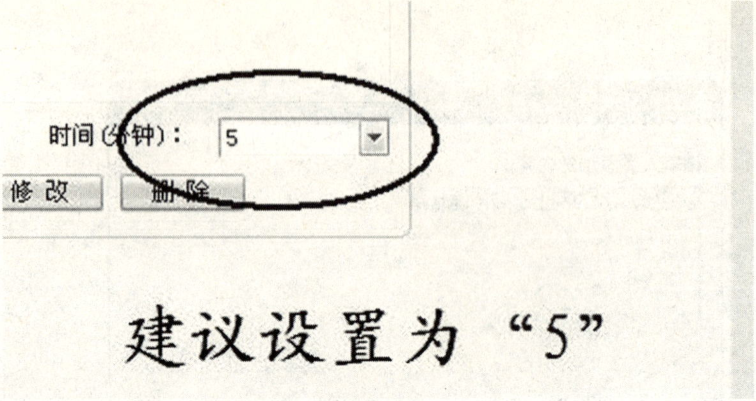

图 5－5

（6）一切设置完毕后，记得点确定。

（7）设置好后，我们在旺旺的控制面板上，在自己的旺旺图标旁边，点击箭头下拉，就可以看到自己设置的广告语了，检查一下是否有错别字或是有漏掉的地方，发现后要及时修改。在跟淘友的聊天对话框中，他就可以看到你设置的带有广告信息的状态语了。

第二招：建立旺旺群

旺旺群的启用群的数量和活跃度有关，如果你是刚注册账号的新手卖家则没有活跃度，暂时不能用启用群，但是可以加入别人组建的群。当你在淘宝上的活跃度达到 5 级时，系统自动会送你旺旺群，下面教你如何建立自己的旺旺群。

（1）打开阿里旺旺控制面板，选择菜单中的“群”，如图 5－6 所示。

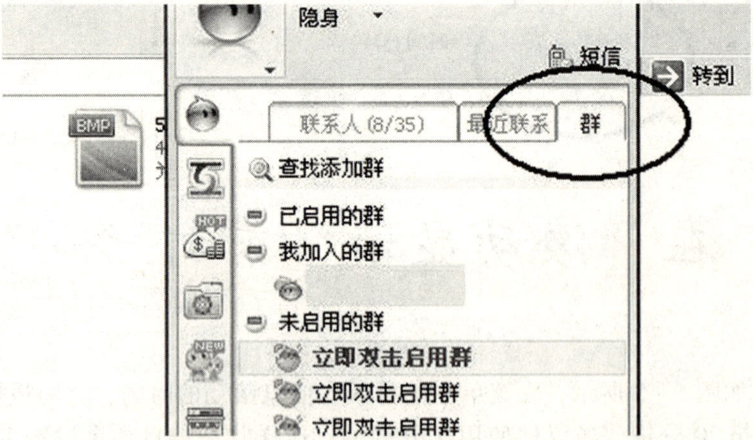

图 5－6

（2）如图 5－7 所示，打开“未启用的群”，双击下面的“立即双击启用群”菜单。

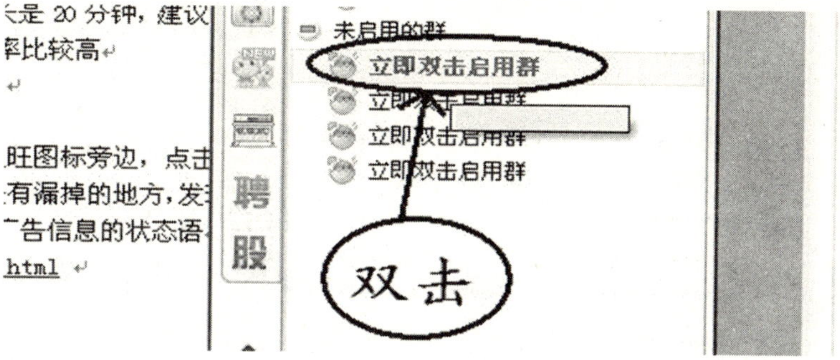

图 5－7

（3）填写群的名称，选择群分类，如图 5－8 所示。

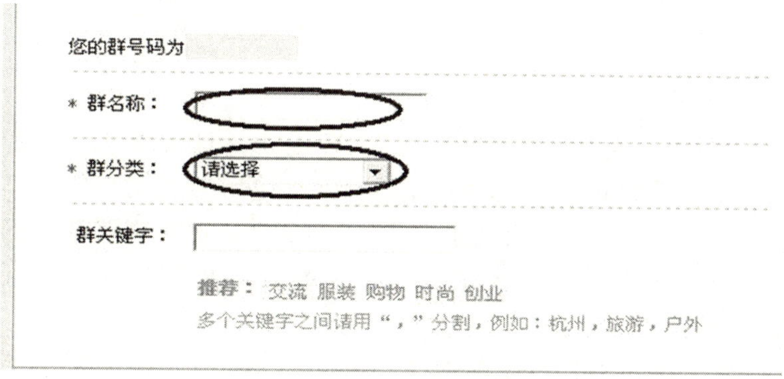

图 5－8

（4）如图 5－9 所示，在相应的地方填写群介绍，选择身份验证（如果是想建立店铺群的话，最好选择允许任何人加入该群）。

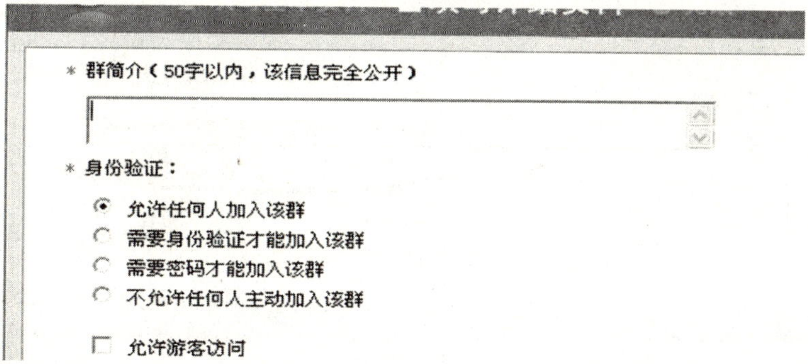

图 5－9

（5）下面就可以邀请成员了，可以从自己的旺旺好友分类中直接添加，也可以输入账号添加，如图 5－10 所示。

图 5－10

2. QQ 推广法

QQ 这个软件你一定不会陌生吧？腾讯 QQ 是由深圳市腾讯计算机系统有限公司开发的一款基于 Internet 的即时通信（IM）软件，我们可以使用 QQ 和好友进行交流，信息和自定义图片或相片即时发送和接收，语音视频面对面聊天，功能比较全面。如果你的顾客不会使用阿里旺旺等网店通讯工具的话，不妨用 QQ 跟他在网上交流吧！

（1）如图 5－11 所示，在打开 QQ 后，鼠标右键点击屏幕右下角的 QQ 图标，然后点击“设置”，再点击“个人设置”。

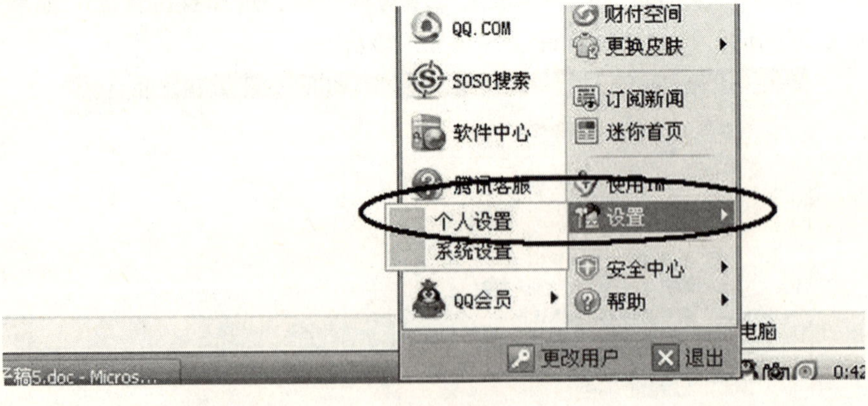

图 5－11

（2）如图 5－12 所示，在个性签名的框内打上你的店名和广告语。

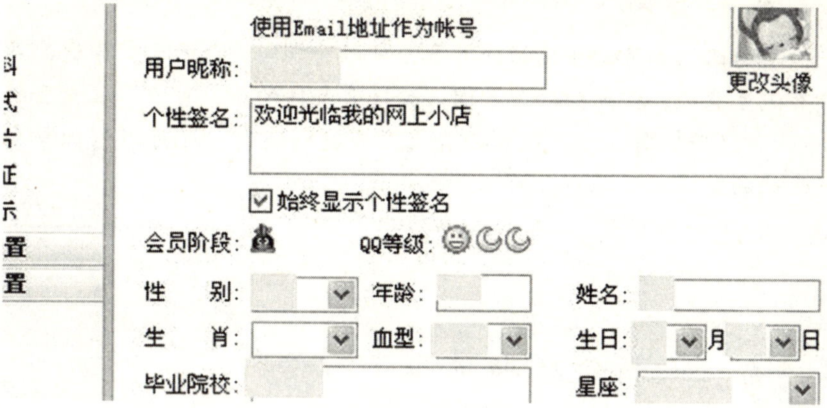

图 5－12

（3）如图 5－13 所示，在完成后，别人将鼠标放在你的 QQ 头像上时，就会看到你的信息了。

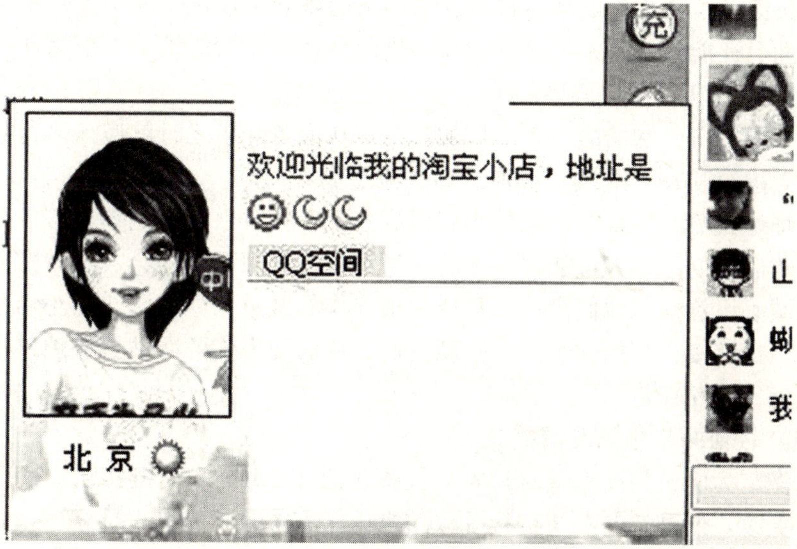

图 5－13

卖家心得

用通讯工具来做宣传好处多多，可以和志同道合的卖家沟通，互相交流生意经，扩大你的关系圈。如果有条件的话，可以建立自己的QQ群或是旺旺群，不但能在公告上发布最新消息，还可以增加与买家之间的交流，了解自己的不足之处。

友情链接助你事半功倍

（1）什么是友情链接？

简单地说，当买家点击网店上的友情链接时，会切换到（或弹出）另一家网店的页面，这就称为友情链接。友情链接的好处不仅仅是能给你带来更多的访问量，而且还能给你带来更多的商机，这跟网站的友情链接是一个道理。

（2）如何获得友情链接？

为了提升自己网店的人气，增加流量，在准备开店之时就应该多留意一些与自己网店内容互补的网站，特别是那些流量高人气旺，又有一定知名度的网店，可要仔细地收藏好了，等自己的小店建成之后，就可以与他们谈链接的事情。当然，在建店初期，别人可能因为你的网站没有流量而不予理会，这就需要你放下姿态，诚心诚意地与他们洽谈。只要拿出合作的诚意，如自己已在小店里做好了他们的站点链接，相信你最终能打动他们，从而使得你的网站很快地出现在他们的站点上，相互宣传。

（3）轻松两步添加友情链接。

以淘宝为例，目前淘宝对每家店铺提供最多35个友情链接位，由卖家自己添加、更改。但是目前友情链接采取随机排序方式，不能自行排序。

①登录“我的淘宝”，点击“管理我的店铺”，在“基本设置”栏中点击“友情链接设置”，如图5－14所示。

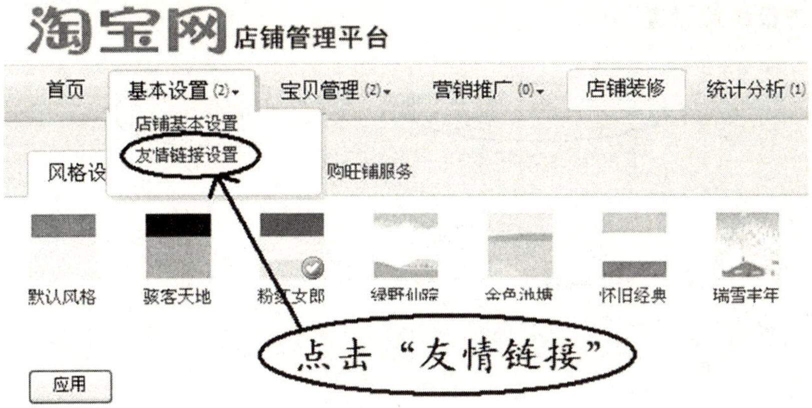

图 5－14

②如图 5－15 所示，点击“添加新链接”。

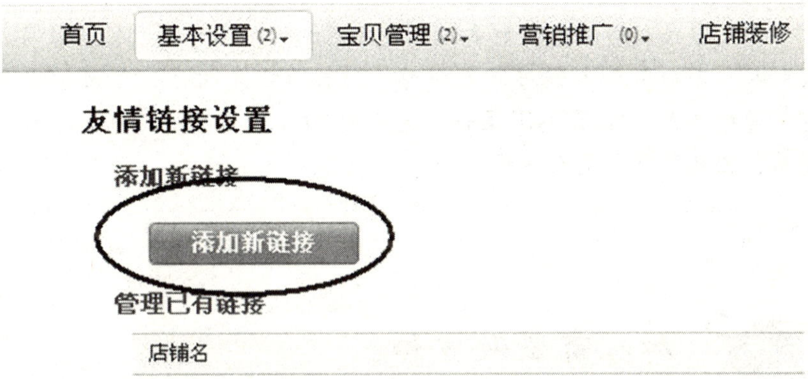

图 5－15

③如图 5－16 所示，在“友情链接”中输入您想要添加的会员名，完成设置。

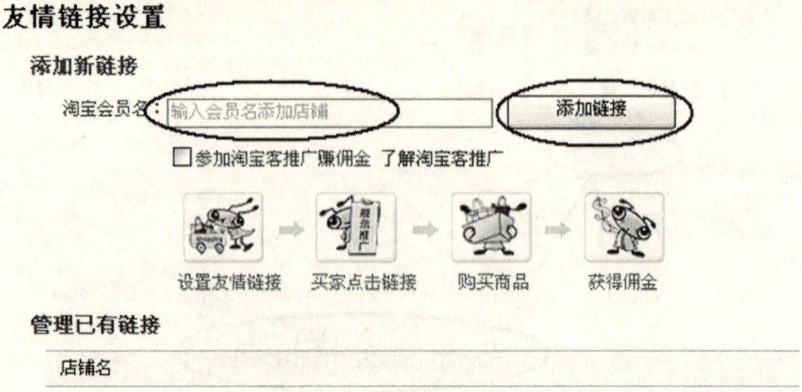

图5－16

卖家心得

如果链接同类网站，则要保证自己网站的内容有特色，并且可以吸引人，否则不如不链接同类网站。链接可以是文字，也可以是图标，图标格式一般为.GIF文件，大小为88×31像素，这种方法比较简单，但效果并不是太明显。

加入商盟做宣传

1. 什么是商盟

由于网店的兴起，卖家跟卖家之间也建立起了一种友谊关系，许多卖家纷纷组成网店商盟，在同一个商盟屋檐下共同发展、共同致富。在众多网店商盟中，淘宝商盟比较有名。淘宝商盟是基于淘宝网建立的，它就像现实中的商会一样，是由在淘宝上经营的卖家自发形成的有组织、有纪律的联盟。一般来说，加入淘宝商盟的卖家都会遵守淘宝商业管理规范，所以许多买家喜欢到带有淘宝商盟标志的网店购买所需商品。如图5－17所示。

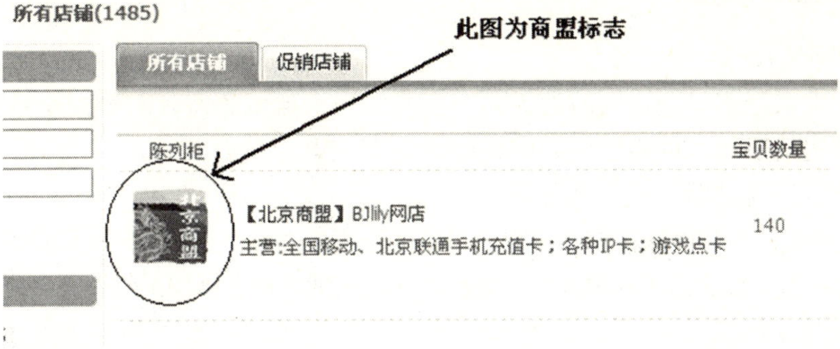

图 5－17

淘宝商盟包括地域商盟和行业商盟两类。地域商盟，是一个以省为单位的卖家联盟，比如你是一个江苏卖家，达到相应的条件后可以申请加入江苏商盟。行业商盟，是一个以网店所卖内容为单位的卖家联盟，即卖同类商品的卖家组成的商盟。不过现在淘宝网对于行业商盟的取名有所限制，身为卖家的你还是应仔细阅读完相关规则后再决定加入哪个商盟。

2. 加入商盟的好处

（1）人多力量大。

与其单枪匹马在网上奋斗，不如找个商盟当“靠山”，人多力量大的道理是人人都懂的。如果你在开店过程中遇到了什么问题，可以及时找到商盟的负责人或是商盟中有经验的同行进行咨询。你在加入商盟之后，一定要注意保证商品的质量，不要砸了商盟的招牌，那样不但对自己没有好处，反而还会影响商盟的名声，对其他的商盟成员产生不好的影响。

（2）给网店增加一个标签。

正如前面所说，网店联盟是个有组织、有纪律的团队，所以许多买家都会喜欢去这样的网店买东西。许多买家还喜欢搜索商盟关键字，以此来购买本省或是本市的商品，如果你的网店加入了一个联盟，那么你就可以在店名前方加入“某某商盟”等字样，这样也就给网店增加了一个个性标签，可以有效地增加搜索率。

（3）参与活动，获得推荐

商盟成员可以自愿参加商盟组织的各项活动，并在活动中得到提升，还可以享受商盟提供的各项服务，并有机会获得推荐，获得更多的宣传机会。

3. 如何加入商盟

（1）淘宝理论篇。

①一个卖家最多只允许同时加入两个商盟：一个地域商盟，一个行业商盟。

②盟员选择要加入的商盟，并向相应的负责人提交入盟申请。

③入盟申请通过后，成为预备盟员。

④各盟相关人员对预备盟员进行审核，通过审核后，发公告贴公布正式盟员名单。

⑤办理入盟手续，给予商盟标识，盟员可在其店铺名称上填加某某商盟字样。

（2）淘宝实战篇。

①以加入“北京商盟”为例，在进入“消费者社区”后，如图 5－18 所示，将鼠标移到上方菜单的“论坛”上，点击“淘宝商盟”。

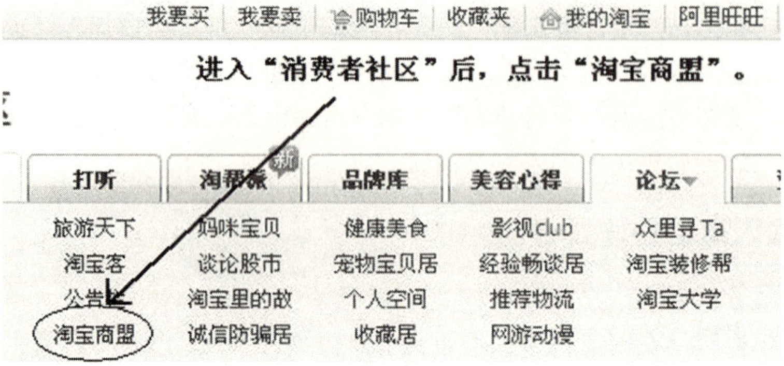

图 5－18

②如图 5－19 所示，点击“入盟通道”。

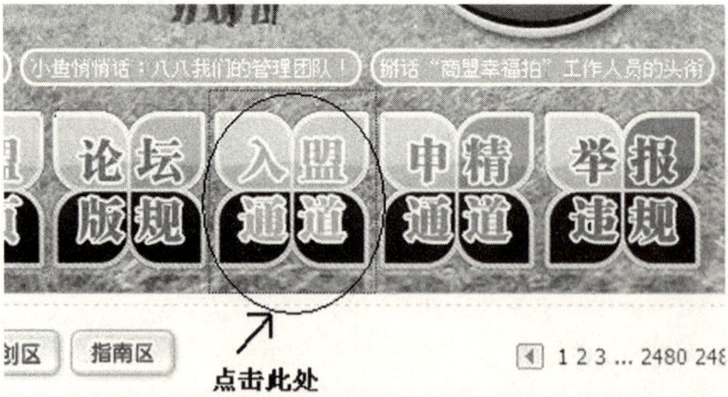

图 5－19

③如图 5－20 所示，点击相应选项，仔细阅读规章制度。

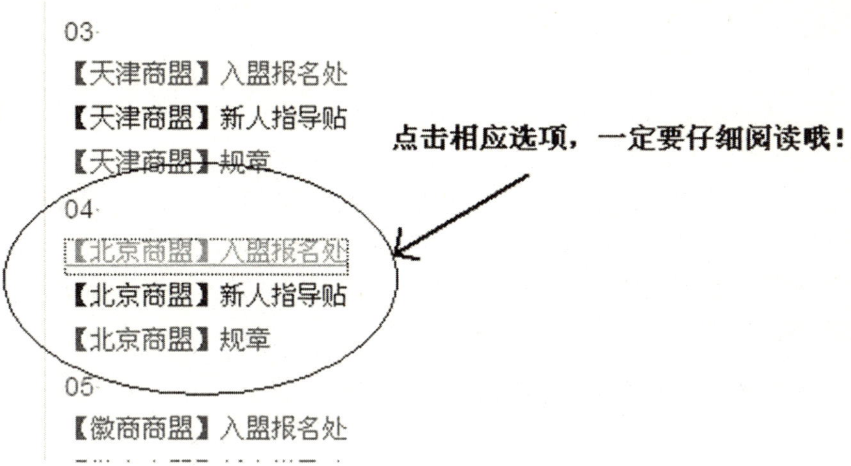

图 5－20

④下面请按具体要求做吧！

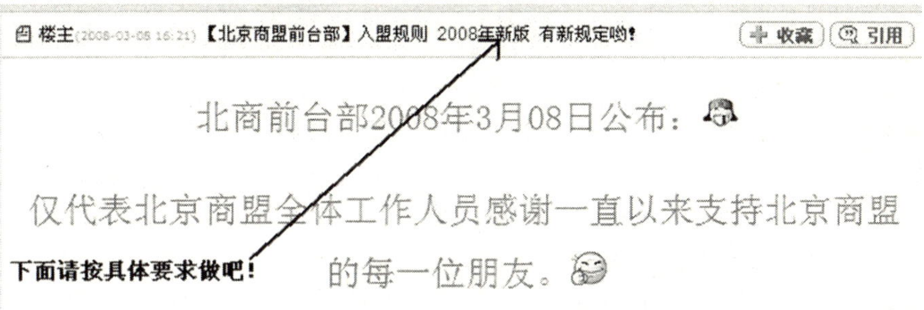

图 5－21

卖家心得

在网上，商品能在商盟的活动中不时有曝光的机会，再加上顶着商盟的“光环”，使得消费者对店铺的信誉多了一份信任。在现实生活中，许多商盟的盟主会举办成员见面会，以此来增加成员间的活动交流，在交流中还能学到不少交易的经验，能交到不少朋友。

网店社区推广法

一般来说，网店都会有属于自己的社区，给买家和卖家设置一个交流心得体会的平台，以淘宝网论坛为例，其中有许多论坛栏目可以选择，而且人气比较旺，只要你发的帖子内容好，半天几千的点击是应该没有问题的，那么在那几千个浏览者中只要有几个跟着帖子进到你的店铺里查看一番，浏览一番，就算最后只剩下1%的人愿意购买，每天也有几个小单呢，千万别认为小单不重要，长此以往积少成多，就会慢慢地提高你的知名度。

1. 网店社区宣传的注意事项

（1）文笔流畅，见解独特。

在刚开始的时候，有些卖家往往是以买家的身份进入购物网站的，他们经常会在社区论坛发帖讲述自己的产品使用心得或者是转载一些感兴趣的文章等。有些人文笔好，能把握住流行趋势而且有自己的独特见解，所以一跃为社区红人。此后，若是这样的人想开网店做生意的话，肯定比那些不上社区论坛的卖家有人气。

如果你是一个网店新手卖家，首先建议你先去网店的社区论坛转转，一是观察买家对什么比较感兴趣，二是可以发帖子，给自己增加些人气，名气大了买家自然就主动上门了。假如你可以写得一手好文章，那么恭喜你又多了一个宣传自己的武器，因为许多买家都喜欢跟有才情的卖家打交道。

在网店论坛写文章，买家可以通过你的文章进入你的网店，最最重要的是将你自己的人格魅力展现在浏览者面前，让更多的人知道你，对你有一个感性的认识。可能客户会在开始聊天的时候说："店主，你的文章写的真不错啊。"这个时候你可以抓住买家的心理，适时地说上一句："谢谢你啊，既然是看文章进来的朋友，如果你买东西的话我可以送你个小赠品，你看有需要么?"这样一来，一单生意就这么做成了！

（2）牢牢把握流行趋势。

假如你文笔拙劣，那也不用担心，谁说一定得要会写文章才能发帖呢！这样的你应当多多留意最近的流行趋势，比如某明星在某场合或是影视作品中穿了什么衣服，而且你的网店又恰巧有这样的衣服，那么这就是一个做宣传的好机会。你可以先找些明星的照片，然后简单地写几句自己对韩国明星的看法，在文章最后带上句："喜欢这些衣服的朋友看这里，里面有某明星穿过的衣服，原版样式，有型有款。"跟着潮流走，明星红了，帖子红了，你的网店自然也就红了。

（3）只求质量，不求数量。

如果发的帖子多，质量不好，很快就会沉入水底，总流量便不会增多。我们发帖，关键是为了让更多的人看，变相地宣传自己的网站，追求的是最终流量。所以发高质量的帖子，可以花费较小的精力，获得较好的效果。同时，回帖时千万不要为了省事，就发个"顶"或"路过"了事，在回复别人的帖子时一样要用心，不能随便应付，别人对你的回帖内容关注多少，就会对你帖子下面的签名关注多少。客户多了，还愁网店不赚钱吗？

（4）避免"砸场子"。

现在，网络上有许多购物网站，随着社会竞争越来越激烈，这些购物网站也都在抢着做宣传、打价格战，在这些网店论坛上发帖时一定要注意宣传的内容。举个简单的例子，你在淘宝上开了个网店非要在易趣论坛上发帖，这不明摆着抢易趣卖家的生意吗！而且易趣网也不会愿意，很有可能会删了你的帖子，不但没达到宣传的目的还浪费了时间和精力。

2. 手把手教你在网店社区发帖

（1）淘宝社区篇。

①如图5－22所示，在登陆以后，在淘宝网首页点击"消费者社区"。

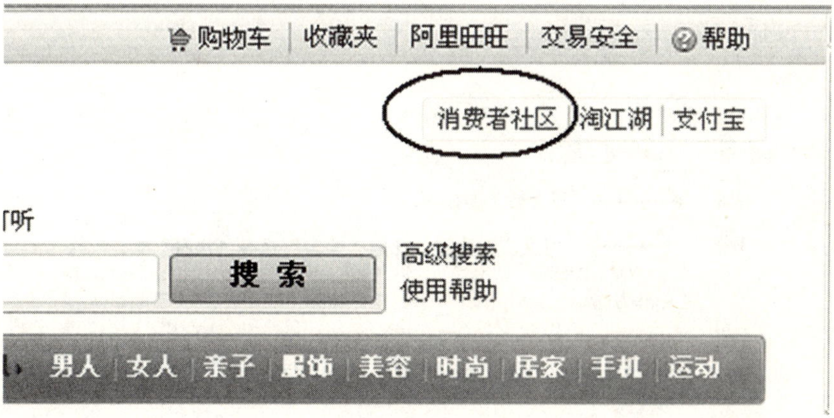

图5－22

②如图5－23所示，在页面上方有个"论坛"选项，将鼠标移动到该选项，就会出现许多个选项，此时可以根据自己的兴趣爱好或是网店内容选择相应的

栏目。

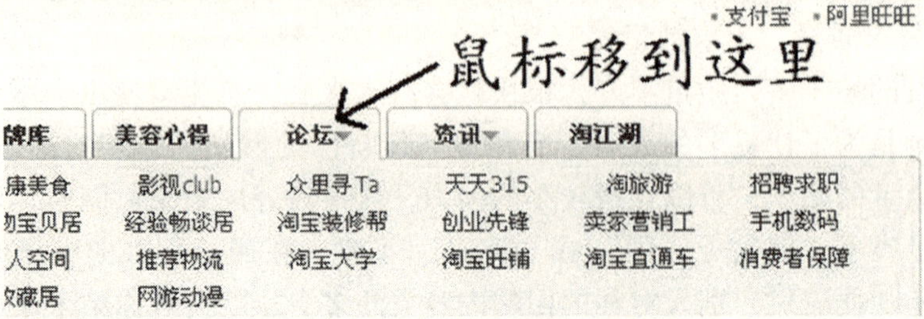

图 5－23

③如图 5－24 所示，点击发表新帖。

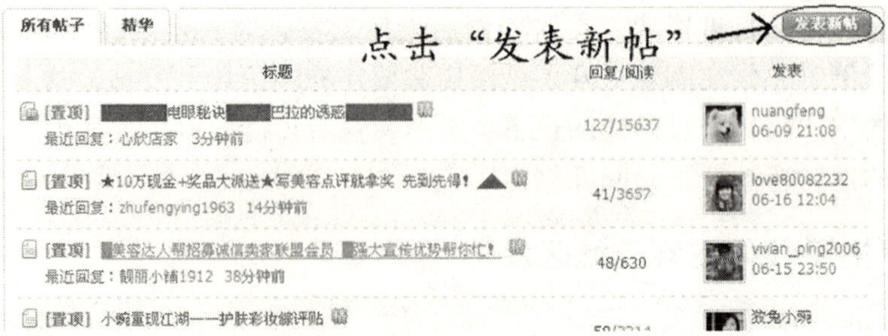

图 5－24

④如图 5－25 所示，按照要求将下列表格填写清楚，如标题、标签、内容等，还可以加入适当的论坛表情。

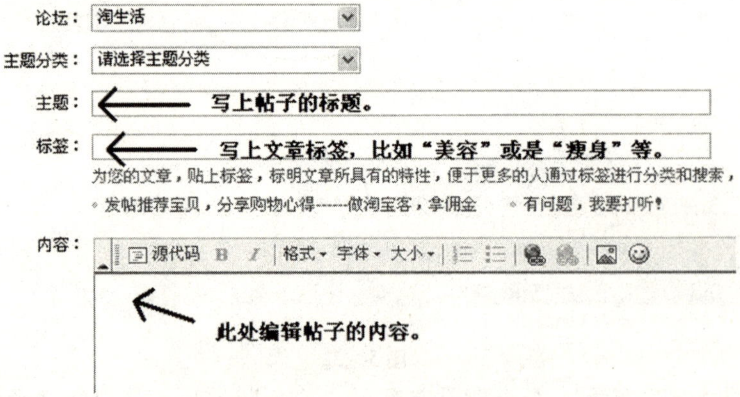

图 5－25

⑤如图 5－26 所示，编辑完帖子之后就可以发帖了，记得仔细阅读注意事项哦！

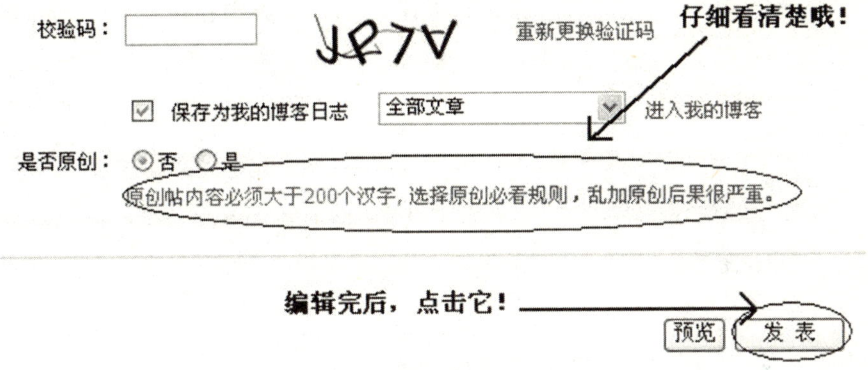

图 5－26

（2）易趣社区篇。

①如图 5－27 所示，在登陆易趣主页以后，在首页点击“社区”。

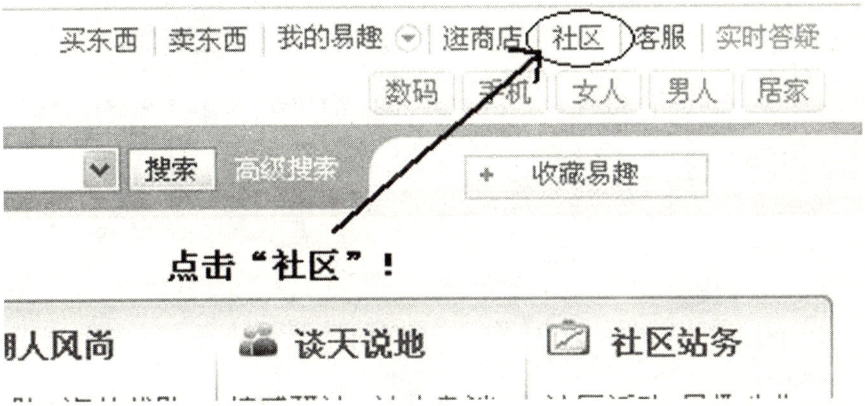

图 5－27

②选择一个喜欢的栏目，或是跟所卖商品有关的栏目，然后点击相应标题，如图 5－28 所示。

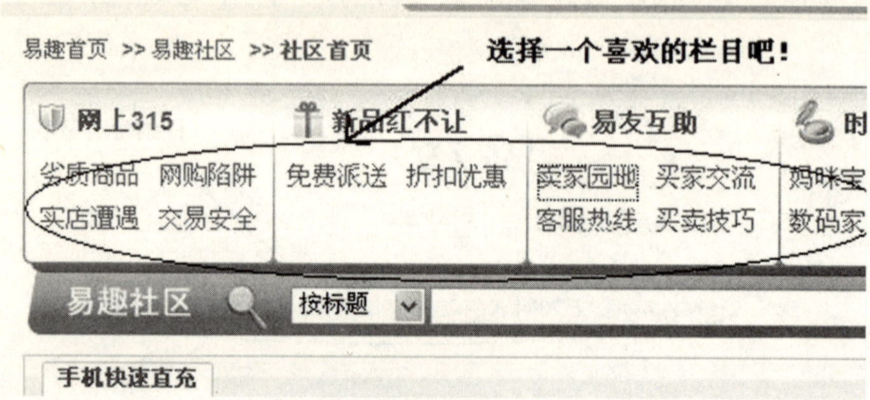

图5－28

③如图5－29所示，点击发表“新主题”。

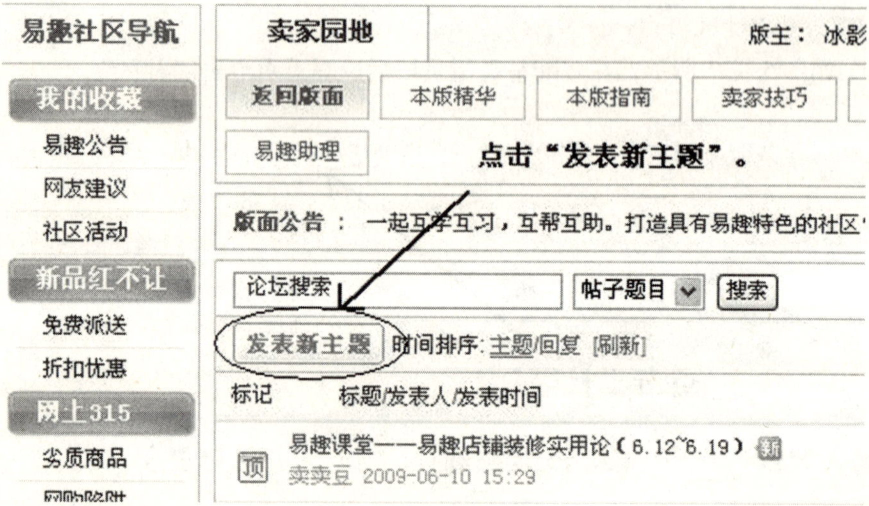

图5－29

④如图5－30所示，填写帖子的标题和内容。

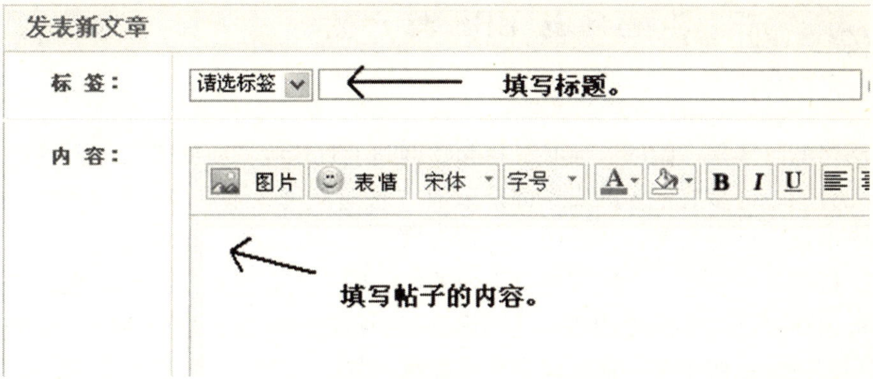

图 5－30

⑤如图 5－31 所示，编辑完后点击“发表”，大功告成！

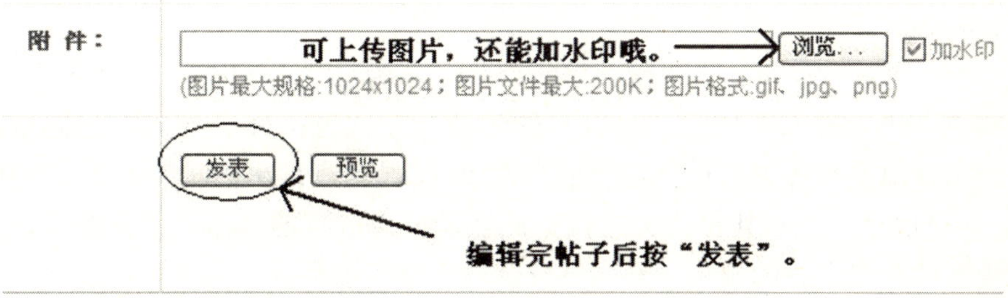

图 5－31

卖家心得

从萌生开店念头，到建站、采购货源，再到开始销售，相信如果让你坐下来谈经历的话，酸甜苦辣咸，定会让你说上个一夜未休，提起旁边的笔吧，把你的心情故事以文字的形式记录下来，这样既可以放在自家小店，也可以转发到各大流量高、人气旺的相关网站、论坛。可不要小看这些文字哦，它会让你结识更多志同道合的朋友，同时，日益渐增的流量与订单也会让你乐得合不拢嘴。

其他网站 BBS 推广法

网络的海洋是广阔的，何必只在购物网站上宣传呢？要知道其他网站的力量也是无穷的，许多有经验的卖家都是采取“普遍撒网，重点培养”的宣传手段，以此来增加自己的名气。所有的卖家都有这样的经历，刚开始每天泡论坛，发帖回帖，可是一个星期一个顾客都没上门的经历则让人心灰意冷。看到别人店中生意红火，而自己店中冷冷清清，这时你是否会打消继续经营的念头呢。在开始阶段，利润可能近似于零，此阶段主要是提高人气。

下面介绍几个人气比较旺的论坛，为你的网店推广增添一份力量。

1. “我爱打折”

（1）网站简介。

“我爱打折”（http：//www. 55bbs. com/）为公共论坛，主旨是我爱打折，共享实惠，快乐追求高质量、高效率的生活。在这里，每位会员都是论坛的主人。会员自由发布各类打折优惠信息（目前仅限北京地区，上海地区，广州地区），共享信息，并与其他会员进行交流互动。通过资源共享，“我爱打折”努力成为生活消费信息的源泉，并为每位会员带来实惠和愉悦感受。

（2）推广实战。

①如图 5 - 32 所示，首先是注册用户名，然后登陆。

图 5 - 32

②登陆社区，如图 5－33 所示。

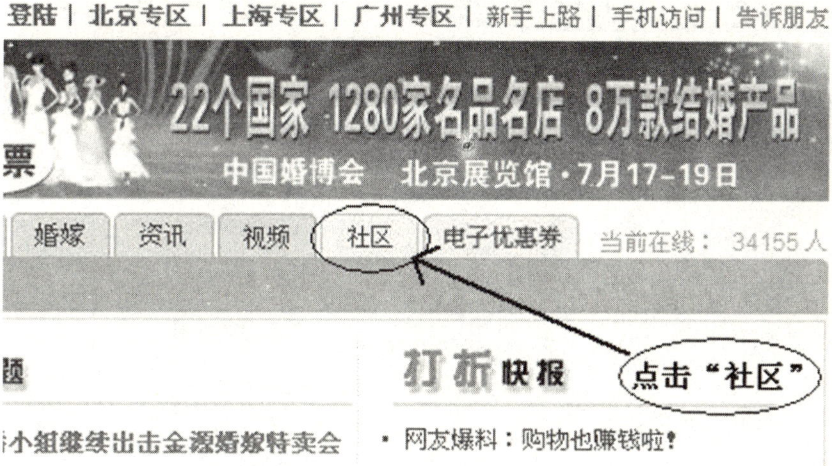

图 5－33

③下拉菜单，到“分类交易”——“公共论坛”这一栏，根据所卖商品的性质选择相应的标题，如图 5－34 所示。

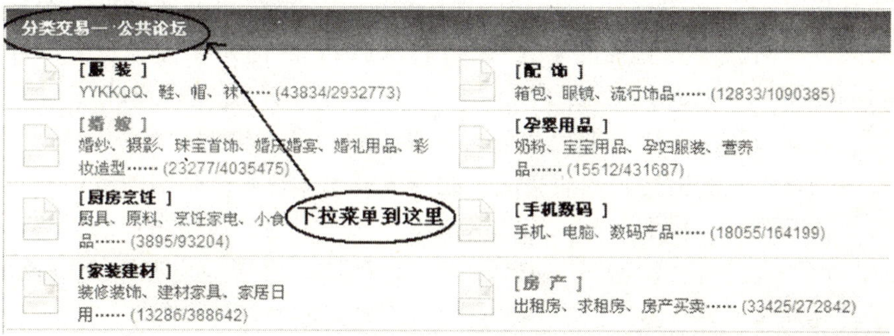

图 5－34

④如图 5－35 所示，点击“新帖”，就可以发新帖做广告啦，如果不知道该给帖子取什么名字的话，不妨参考其他卖家的标题哦。

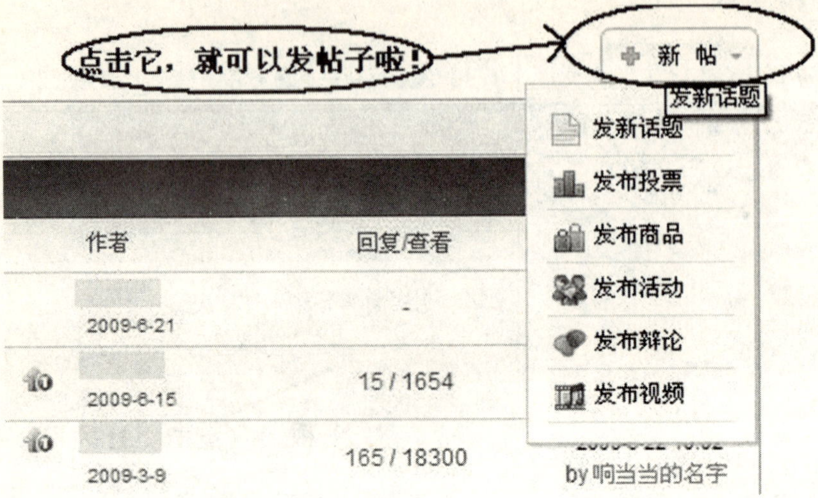

图 5-35

2. 西祠胡同

（1）网站简介。

西祠胡同始建于1998年，是华语地区第一个大型综合社区网站，经多年积累和发展，西祠已成为重要的华人社区门户网站。西祠并非传统意义的社区网站，自创立初期，西祠即创立了“自由开版、自主管理”的开放式运营模式——即站方管理和维护社区平台及分类目录，用户自行创建讨论版、自行管理、自行发展，自由发表信息、沟通交流。此开放模式体现了互联网的自由和自律精神，且快捷、便利、易于掌握，因此深得用户好评，至今西祠用户已自建讨论版超过20万个，西祠已成为华语地区较大的社区群。西祠用户遍布全国及境外，积累了不同地区、各年龄层次、各种行业、不同兴趣爱好的大量忠实网友，用户群横跨学生、都市白领、记者、编辑、作家、艺术家、自由职业者、商人、党政机关工作人员、公司高层人士、退休老人等。

（2）推广实战。

①如图5-36所示，注册完成之后，登陆。

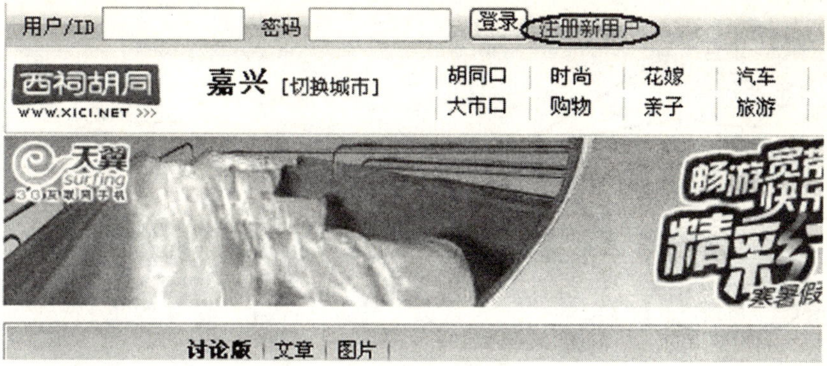

图 5－36

②进入胡同口，点击“新建讨论版，一分钟搞定”，如图 5－37 所示。

图 5－37

③填写版名、板块说明和版块的类型，如图 5－38 所示。

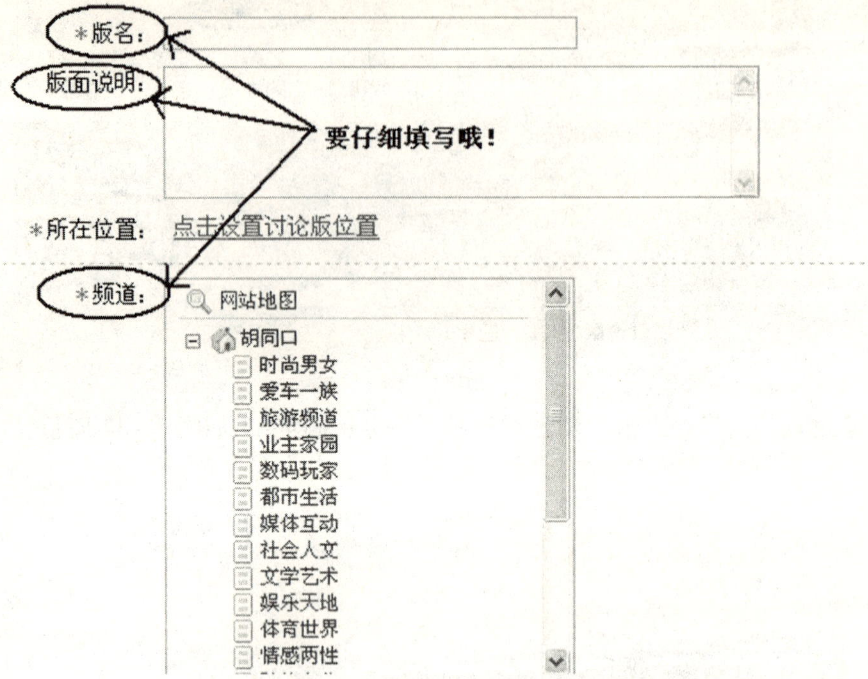

图 5－38

④如图 5－39 所示，填写完成后，按提交，就可以在自己新建的版中发帖子啦！

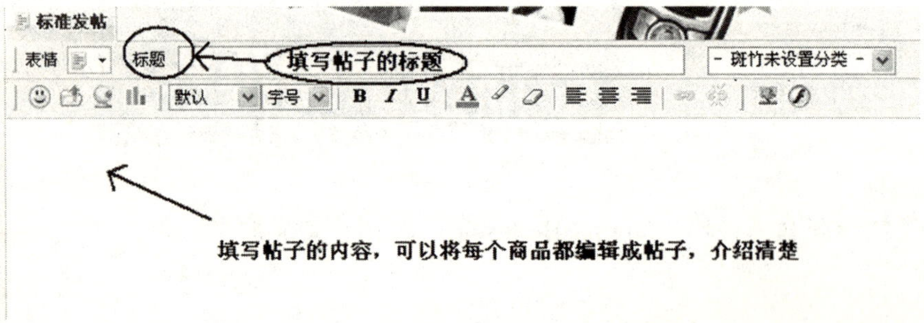

图 5－39

卖家心得

如果没有生意，空闲时每天坚持写帖 20 篇，回帖 30 篇。回帖和写帖能增加店铺的曝光率，同时也增加了自己店铺的浏览量！最好是发精华帖，那你的曝光率就大大提高了，那些跟帖的人都知道你的存在，同时也为你的商品成交率做了很好铺垫！每个跟帖的朋友你也可以一一回访，这也提高了成交的机率！不说不知道，我的很多买家都是跟我帖的朋友，他们中的大部分人也都是点击了帖子的商品链接才发现了我的店铺，所以那些看帖回帖的人就是你的潜在客户。不一定要亲自写贴，网上随便看上什么粘贴过来也可以，字数在 200 字左右为宜。

搜索引擎推广法

1. 什么是搜索引擎

搜索引擎是一个进行信息检索和查询的专门网站，是许多网友查询网上信息和在网上进行冲浪的第一去处，所以在搜索引擎中注册你的店铺，是推广和宣传你店铺的首选方法。如果你注册的搜索引擎数目越多，你的店铺被访问的可能性就越大。目前有三种类型的搜索引擎：

（1）分类目录式搜索引擎。

其实这类搜索引擎不是真正意义上的搜索引擎，他们只是将网页系统地分类。你可以通过一些描述和关键词来找到你的网页应该出现在哪个分目录下，登记你的网页。你不进行登记，你的网页永远也不会在他们任何一个分目录下出现。他们没有使用专门的“检索软件”定期地在互联网上搜寻新增站点和页面，归入数据库。这类分目录的典型代表是 Yahoo。

（2）检索式搜索引擎。

用“检索软件”的搜索引擎，他们也存在很大的差异。依据软件的复杂程度，以下是这类搜索引擎的一些区别：

①检索你递交的网页（并不是整个网站）。

②在某一站点含盖的每个页面中的每个词。

③在互联网上每时每刻通过链接从一个页面跳到另一个页面搜寻新增网页。

递交你的网页地址，检索软件会自动地访问并收集任何需要的内容。每一个搜索引擎都有各自标准，搜索结果排序有差异。所以如何递交你的网页将完全彻底地影响你的排名。此外，如果你的排名今天是首位，明天可能不是了，因为许多搜索引擎频繁地改变他们的算法。

（3）元搜索引擎。

他们同时向多个搜索引擎发送搜寻请求，对输入的查询关键词在各个搜索引擎所得的反馈结果排序进行整合。所以如果你要在这类搜索引擎中提高排名，就得在他们所关联的所有搜索引擎中登记，通常他们所涉及的是前两类搜索引擎。这类搜索引擎自己没有数据库，所以你没必要向他们注册登记。

2. 使用搜索引擎的要诀

（1）自行提交。

虽说在搜索引擎注册是使网店扬名的主要办法，这里也有技巧问题，并非注册它就简单了事。其中搜索的关键词（Keywords）的作用非常重要。在淘宝里，你在店铺的商品介绍中里设置过关键词，后来在店铺的分类也属于关键词，因此这里该怎么写，还有位置该怎么排列必须好好研究。

（2）让搜索引擎快速“抓取”店铺。

在申请提交后，搜索引擎需要较长时间才会收录，有没有其他方法能更快地让搜索引擎快速收录店铺信息呢？这里有一些方法可以尝试，效果不错。由于搜索引擎是按照PR值（PageRank，网页的级别技术。）来判断一个网站受欢迎的程度，所以，可以到一些PR值比较高，而又和你内容相关的网站的社区论坛去发布信息，在信息后加上签名，注意必须是活动的签名，也就是必须能链接到你的店铺的。这样，由于搜索引擎对PR值高的网站进行“抓取”信息比较频繁，因此能最大限度检测到你的活动链接，如果你的链接出现的频率高，就会引起搜索引擎公司的注意。

3. 搜索引擎推广法实战

市面上有许多搜索引擎的网站，常见的有百度和Google等，现在以Google为例，来介绍如何使用搜索引擎来推广你的网店。

（1）首先在IE地址上输入：http：//www. google. com/addurl/？ hl = zh -

CN&continue =/addurl，此时会出现这个界面，如图 5 -40 所示。

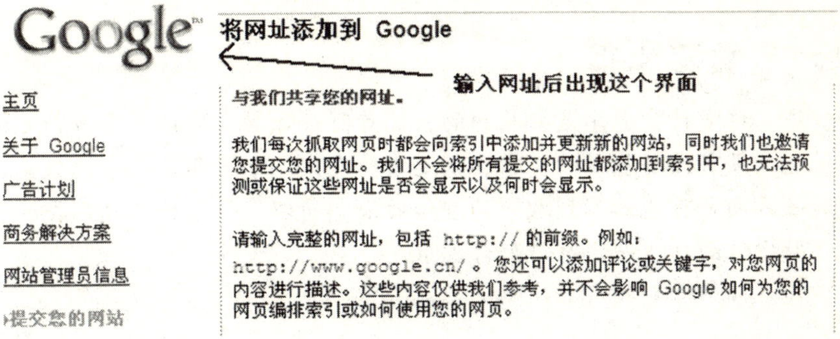

图 5 -40

（2）如图 5 -41 所示，在仔细阅读说明后，按照要求填写网店的网址和评论，评论里可以写店名或是关键字。

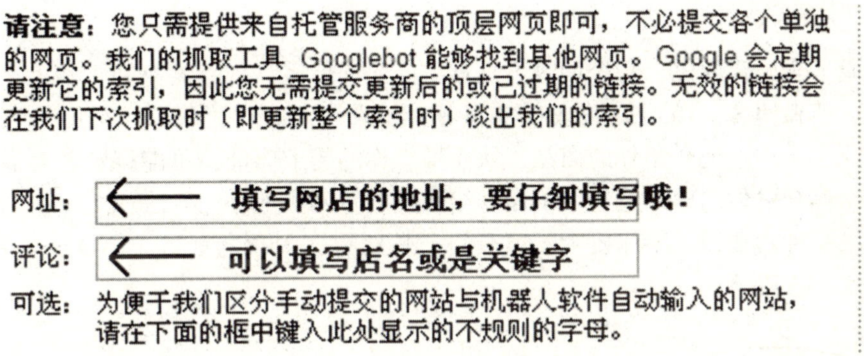

图 5 -41

（3）如图 5 -42 所示，在填写完之后，点击“添加网址”，出现成功的消息就大功告成了。

图 5 -42

(4) 耐心地等待1个月左右，然后你就会发现自己的店铺已经能在Google上搜索到啦!

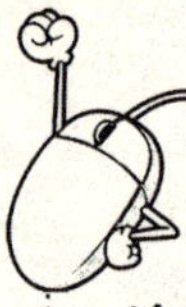

卖家心得

许多搜索引擎是要收费的，比如百度等等，因此这类宣传方法不适合没有经济基础的卖家和刚起步的卖家。一方面是成本比较高，另一方面是可能起不到相应的宣传效果。所以，如果你想利用搜索引擎做宣传的话，一定得好好考虑哦。

博客、空间——你的地盘你做主

眼下全民皆博民，写个博客不是难事。开通博客，如百度空间、和讯、新浪博客、搜狐博客、163博客、QQ空间等，如果你正好对这些感兴趣的话索性就多开几个。相应地介绍你的商品，从而推广你的网上店铺，可能浏览者有需要或者好奇就会去你的店铺逛逛。下面介绍两种放置网店地址的方法：

第一种：置顶。字体要大，要醒目，长期放在置顶的地方，不要经常更换，如图5－43所示。

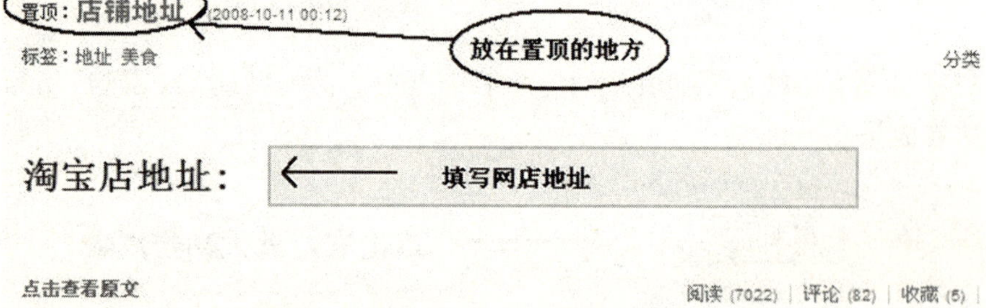

图5－43

第二种：侧栏板块。可以专门设置一个网店的侧栏，这一点类似于友情链接，可以放置自己的网店和朋友的网店，这样利于互相宣传，如图5－44所示。

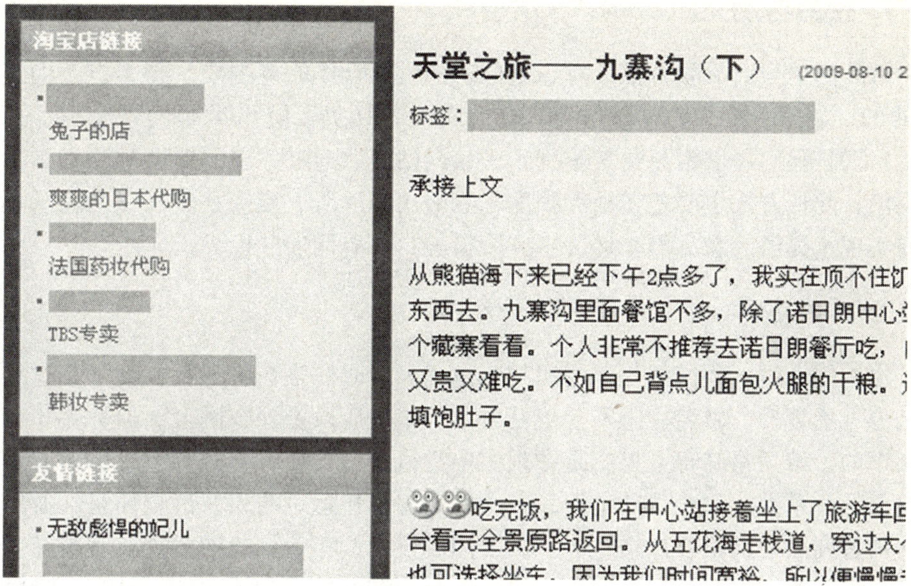

图 5－44

卖家心得

如果想用博客或是空间做宣传的话，一定要定时更新，切不可只是放些商品介绍、链接等商业意识强烈的广告宣传上去。因为在别人看来那就是一个广告博客，没有人会答理你的，这样也就不可能增加你的网店济览量了。

自掏腰包买宣传

假如你觉得网络免费宣传手段的推广力度仍然不够的话，那么在这一节，将向大家介绍一些更厉害的宣传推广法。

1. 赠品活动

赠品活动与商品联合推广有点相似，但可以合作的范围要广得多，不但是可以同 B2C 类的网站，也可以与 WEB2.0 类、论坛类、资讯类等网站合作。简单地说，就是我们提供赠品给某家网站，某网站可以通过一定的戏游规则把赠品送给用户。此种方式主要是转播品牌度、吸引用户注册、聚拢人气，三个目的最好都要实现。提供的赠品与小件为主，要精美，要有网店的标识。

2. 广发名片

也许你会说，我们都是开网店的，自然大多时候是在网上宣传的了，这样大家谁也见不着谁，做名片岂不是浪费成本？错！店虽是开在网上，但你是生活在现实中的，给买家邮寄宝贝也是在现实中进行的。设计一张独具个性的名片，印上自己的联系方式和小店的地址，发给每天与你接触过的人，最重要是在邮寄时不妨随着商品一起给客户送过去。只要用心设计，相信精美的名片外观会让买家们舍不得丢弃，如有机会，说不准对方还会向朋友展示它的独特设计呢，这样就等于是在帮你做宣传了。

3. 购买广告好位置

购买网站流量大的页面上的“热门商品推荐”的位置，将商品分类列表上的商品名称加粗，变颜色，或增加漂亮的图片以吸引浏览者，这也会为你带来一笔不小的流量。不要认为这种方法不划算，假如一个推荐位需要 100 元，但它可能会给你带来 200 元的收入。

此外还有小投资的广告，阿里妈妈有广告主的专栏，里面的广告价位便宜的很多，比如有些 0.01 元体验一周的，一元一周的，也有一元一个月的，还有几元一个月的。它们不是那些与淘宝或阿里妈妈相关联的网站，而几乎都是独立的。各种行业的都有，不过这样的广告位价格都是跟作用成正比的，一般这么便宜的广告位，都是一些前期试用的网站，或正在建设中的，甚至是建站初期的，只是为了拉人气而已，不是那么有用，但是好处就是钱不多，不妨尝试一下，说不定也能让你碰到客户呢，哪怕是卖出一件产品，你的广告费也挣回来了。有些浏览量大的或建得不错的网站，相对的广告位价钱也高一点，有十元一周的，也有几十元一个月的，相对的所带来的宣传效果也比较显著。

卖家心得

如果你是一个新手卖家，那么在选择广告宣传的时候一定要根据自己的具体情况进行分析，不要存在着急功近利的心理，即使你花了大价钱买了广告位置，也会因为信誉不高而留不住顾客。建议你从免费的网络宣传或是费用较小的广告宣传着手，慢慢地积攒人气和信誉，等资金和人气稳定了再做适当的宣传。

Part 3

辅助技术：让你的商品赢在起跑线上

本篇重点

- 商品的进货、取名、定价全攻略
- 商品照片也需“美容”

Chapter 6 商品的进货、取名、定价全攻略

好商品“淘”出来

对于那些想开网店或是新手卖家来说，刚开始考虑最多的恐怕就是货源的问题。大多经营者开网店都是为了盈利，所以要把一家小店做大除了价格优惠外，还要保证商品的质量。商品的质量是网店成功与否的保证，如果你的商品质量不好，可能会经常遇到退货或是买家给“差评”的事件，如果你不想为此而焦头烂额的话，就得在进货的问题上严格把关。

那么，作为新手卖家的你该如何选择“淘货”地点呢？下面给你两种参考，可以根据自己的需要进行选择。

1. 勇闯批发市场

（1）品种齐全。

批发市场的商品品种齐全，数量充足，使得各位卖家有足够的挑选空间，实现真正的“货比三家”。

（2）时间自由。

批发市场很适合兼职卖家，这里进货时间和进货量都比较自由。

（3）价格实惠。

批发市场的价格相对较低，对于卖家来说，在容易实现薄利多销的同时，还有利于网店交易信用度的累积。

相比较而言，批发市场的确是新手卖家不错的选择，如果你刚好住在大城市，有大的批发市场，不妨过去考察一下，相信你会有所收获。

2. 借助于阿里巴巴网络

如果你居住的是小城市，没有批发市场，那也没关系，阿里巴巴作为一个网络批发的平台，充分显示了它的优越性，能为很多小地方的卖家提供大大的方便，它不仅查找信息方便，还专门为小卖家们提供了相应的服务。

（1）选择多。

阿里巴巴不仅有批发进货，还有小额的拍卖进货，这是淘宝卖家比较喜欢的进货方式。

（2）值得信赖。

大家在网站进货时最好选择支持支付宝或是诚信通会员的产品。阿里巴巴推出“诚信通”已经四年了，一般情况下，如果两年或三年以上的诚信通会员，诚信通指数达到近百或是上百的都是比较值得信赖的，不过，这也只能作为一个参考，具体还是要看沟通。

（3）易搜易找。

阿里巴巴有很强大的搜索功能，在进货时可以最大限度地进行货比三家。

（4）有理有据。

和商家商量时尽量使用贸易通，如果有什么纠纷，也能作为凭证。

（5）进货方便。

第一次进货的时候也可以选择本地的厂家或者公司，这样方便上门取货。

网络进货不比批发市场，因为存在着一定的虚拟性，所以大家选择商家的时候一定要谨慎再谨慎，一定要选择比较可靠的公司进行交易。

3. 与厂家直接交涉

对于新手卖家来说，能从厂家拿到货源的商品并不多，因为多数厂家不屑于与小规模的卖家打交道。那么我们就只能寻找一些网下不算热销的商品作为进货源头，这些正规经营的厂家货源充足，价格低廉，而且对待客户的态度也比较和善，如果长期合作的话，一般都能争取到优惠价格。但是凡事有利必有弊，一般来说，这类厂家会要求非常高的起批量。就以外贸服装为例吧，厂家一般要求的批发数量至少要近百件甚至上千件，达不到这个数量不但拿不到最低的价格，甚至可能连基本的合作机会都争取不到；而且高起批量容易造成货品积压，因而不适合小量批的客户。如果你有足够的资金储备，并且不会有压货的危险或不怕压货，那就可以直接联系厂家进货。与厂家打交道时应该注意以下几点：

（1）注意个人形象。

即使是新手卖家也要摆出老板的样子，说话要有水平，打交道前要做足准备工作，千万不要说行外话，免得被别人小看了。

（2）不斤斤计较。

凡事不要太计较，要记住自己是做大事的人，如果为了一、两元而和厂商斤斤计较，只会让人瞧不起。在与厂商合作时要直爽和仔细一些，这样有可能赢得更多的合作机会。

（3）心中有数。

在调换货的问题上，事前一定要与厂商达成共识，避免造成日后纠纷。什么可以换，什么不能换，换的周期是多长，自己要做到心中有数。

（4）多个“心眼”。

作为新手，你一定要通过交流看清厂商的性格特点，进而选择你认为可以信任的厂家合作。

（5）拒绝花言巧语。

不要过分相信厂商的话。如果他们为你推荐款式，并且总是说销量很好，或者某商品马上售空，可能这是厂商的一种经营手段，如果因此而轻信，就很容易造成货品积压。

（6）保留凭证。

与厂商的每一次货款交易，都要保留凭证。如进货时对方开具的发货单、欠对方货款时的欠条等，最好有专门的文件夹存放。如果与厂商有欠款，一定要在还清欠款后请对方开具收条，收条要妥善保管。对方如因忘记对帐再次要求还款时，才有依据说明货款已经还清，否则容易造成经济纠纷。

4. 暗查品牌积压库存

一些品牌商品的库存积压很多，造成积压的原因不一，有的是生产的尾货，有的是订单退货，有的是临时取消订单等。事实上这些库存货品一般都属于中高档商品，品质有一定的保证，让各位卖家在网络交易中轻易地获得买家的好评，因此诸位卖家可以按照自己的需求进货。同时，由于商家们急于处理积压货物，所以他们会干脆以较低的价格把库存全部卖出。这时，如果你有足够的砍价能力，还有可能用一个极低的价格将这些货物“吃下”，然后转到网上销售。

品牌商品毕竟是网上备受关注的分类之一，很多买家都会通过搜索的方式直接寻找自己心仪的名牌商品。所以即使某些品牌在某一地域属于积压品，但由于网络覆盖面广的特性，可使其在其它地域成为畅销品。所以，你要经常到市场上转转，密切关注市场变化。

这个方法的优点是成本低，缺点是具有很多的不确定因素，比如进货的时间、地点、规格、数量、质量等都不能受自己控制。

5. 自己动手，制造货源

怎样靠自己的双手创造货源呢？那就涉及到时下最时髦的说法“商品 DIY”。

DIY 是英文 Do It Yourself 缩写，译成中文就是“自己动手做”。它是一种在欧美早已得到广泛表现的文化，同时它又是一种在欧美早已得到广泛普及的生活方式，并已经形成了较大的市场空间。

在北美和欧洲，许多家庭的地下室和车库都存放有家庭维修、房屋装饰用的各种工具和必备原料，从墙面、地板的铺装到电器，从灯饰的安装到家具、陈设的制作，均能出自主人之手，有的家庭还设有专门的工作室，俨然就是一个小手工作坊。

现在，一些文具玩具的外销订单正渐渐趋向于 DIY 的方式，也就是消费者买到商品后，让他们自己动手制作，包括组装、拼接、粘贴、上色等等，消费者在亲手制作的过程之中享受到创造的快乐，这种益智玩具对提高动手能力，增进知识和启迪智慧有非常大的帮助。

上述是传统的 DIY 意思，是指消费者“自己动手做”。那我们现在要讲的 DIY，则是指“自己动手”创造货源，然后将成品卖给消费者。

如今，淘宝里有很多家手绘店、手工店和设计店，经营的商品也是多种多样，比如手绘 T 恤、手工皂、手绘鞋等，此类成功的网店卖家不在少数。那么我们要如何创造属于自己店铺特色的货源，打造属于自己的品牌商品呢？这一切都得靠自己双手了，DIY 出属于你个性的手绘、手工或设计制品，并使之成为“人无我有，人有我优”的“卖点”。

卖家心得

不管是实体店铺还是网店，大多数的卖家都是从批发市场进货的。如果是在大城市开网上店铺，还有着批发商品的地理优势，例如：北京的西直门、秀水街、红桥，上海的襄阳路，成都的荷花池，重庆的朝天门等。在批发市场拿货，不但可以熟悉行情，还可以拿到很便宜的批发价格。如果你和一些批发商建立了良好的合作关系，还有可能拿到第一手的流行货品，保证网上销售的低价位。虽然厂家是一手货，价格中的利润比较大，但是一般的厂家都有一定的大客户，他们通常不会和小卖家合作的。所以当你还没有最终确定要卖什么的时候，去批发市场转一转，说不定会有意想不到的惊喜。

提高商品的搜索率

现在的买家上了购物网，第一步要做的就是“淘”宝贝，那么该如何“淘”呢？一般来说，从进入网站到看到商品都要经历一个过程，不可能一下就找得到，那么其中的一个关键工具就是商品的标题。一般来说，商品的标题有两个作用，一是让买家对商品的性质一目了然，二是突出商品的亮点，吸引买家的注意，一个好的商品名可以增加成倍的生意。

1. 商品标题五重奏

（1）商品名。

商品名是标题的基本要素，无论如何修饰都该正确说明商品的具体名称，如手机、香水、钱包等。在这个问题上，许多卖家可能不会注意，觉得自己将商品归类就可以了，但是网上的分类太多太杂，许多买家还是选择以搜索的方式来寻找商品。

（2）品牌。

许多买家都喜欢带有品牌的东西，如果你卖的是品牌产品，一定记得要将品牌名体现在标题中，这样让你的商品马上就会显得与众不同。

（3）质地。

并非所有商品都要注明质地，比如充值卡或是图书就不需注明质地，但是如果你的商品是服饰或是家具类，就一定要将它做为关键词。比如“纯羊皮”、“牛皮”、“实木”、“真丝”等。

（4）规格。

随着网店的发展，买家对网购商品的种类要求也越来越多，比如有些比较丰满的买家会在网上搜索大码的衣服，或是有些脚比较小的买家会搜索小码鞋子。如果你是这类卖家，在写商品标题时要注明商品的规格。

（5）作用。

如果你不知道该如何描述商品的作用，则可以参考下有些商品的外包装，仔细研究用途那一项，如运动鞋有登山鞋、篮球鞋、足球鞋等之分，护肤品则有美白、保湿、除皱等作用之分，在书写此类商品的标题时，就要注意突出商品的作用。

2. 给商品取名，你准备好了吗

（1）认真思索。

用笔写下与你的网店或产品有关的所有关键字，先不要对这些关键字进行审评，不要局限于你是卖什么的，尽量站在买家的方面考虑。

（2）多问周围人的意见。

人多力量大，不妨询问你的家里人、朋友、同学，怎样的词语适合描述你的产品或网店。他们很有可能会找出一些你连想到没想过的词语。

（3）分析日志文档。

可以借助于博客或QQ空间中的日志文档进行分析，看看别人是使用什么关键字来访问的。比如QQ空间中，当你写完一篇日志后，点击自动分析关键字的按钮，它会自己选择一些点击率较高的关键字。

（4）参考其他网站。

参照一些网站，看一下他们的关键字是怎么写的。这样你有可能会得到意外的热点消息。虽然那些字看起来简单，但是你不知道网站编辑在设计网站之前对关键字进行了许多种可能性的研究，是多方面研究出来的结果，可以好好借鉴一下。

（5）找出错误的拼写（多用于英文）。

有很多关键字人们会经常拼写错误，找出这些词语并改正，这样可以为你带来额外的流量。

3. 如何抓住标题的卖点

（1）优惠信息。

这点类似于店铺公告，如果你的网店中有类似的活动，则可以在商品的标题中加上“买一赠一”、“满150包邮”等消息，这些词语虽然简短，但是能起到广告的效果。如果是新手卖家，则可以在标题中放上“新店优惠”等信息，同样会吸引买家的眼球。

（2）打数字战。

直接在标题上写出商品的价格，让人一目了然，如果同类商品比较多，买家往往会购买明码标价的商品。此外，如果你的店中某件商品的销量比较好，则可以拿成交记录做文章，比如“月热销几百件”等。

（3）利用“明星效应”。

随着娱乐文化的兴起，越来越多的品牌选择让一些人气较高明星代言，那么作为网店卖家的你为什么不尝试着让明星“代言”你的商品呢？当然，并不是说让你花钱请明星为你做宣传，而是在商品起名上略施小计而已。比如现在许多女性都喜欢模仿某某明星的穿衣打扮，如果你的网店中恰好有此类商品，那就可以在标题中加上“某某明星穿过”等字眼，相信会吸引不少买家前来购买。

卖家心得

要想写好商品的标题就得跟上时代的潮流，平时可以多看看论坛，起码知道现在刮的是什么“流行风”。现在有许多买家（尤其是女性），什么流行就搜索什么，如果你正好有此类商品，不妨就在标题中写上热门的关键字。比如最近很流行韩版的衣服，则可以在标题中打上“韩版”。

此外，现在各大购物网站的首页还有“七天包退”等推荐区，如果商品名称上没有“七天包退”等字样，估计也是搜索不到的。现在网店的商品分类比以前更加专业和细化了，网上的买家会根据各类商品的分类，有的放矢地浏览各分类栏目中的商品，买家在浏览各分类栏目里的单件商品的同时，可能还会去逛逛你的店铺。

如何写好价格“标签”

为什么你会在网上买东西呢？如果对十个人问这个问题，估计有八个会告诉你：“价格便宜!”因为这个原因，所以越来越多的人选择网上购物，因此作为网店卖家的你一定要将商品的定价问题放在一个重要的地位上。

在学习如何给商品定价之前，你应当了解一些简单的计算方法，学会了这些方法，你会发现给商品定价不再是件麻烦的事情。

1. 计算公式

（1）毛利。

商品销售收入减去商品原进价后的余额。净利的对称，又称商品进销差价。因其尚未减去商品流通费和税金，还不是净利，故称毛利。简单地说，毛利就是不看具体成本，只是将商品的销售收入与进价作个比较，看看大概能赚多少钱。

毛利 = 销售收入 - 进货成本（只是进货的成本）

举例：比如你去市场花了 500 元批发了一些服装，放在网店中一共卖了 700 元，这样你这一批衣服的毛利就是 700 元 - 500 元 = 200 元。

（2）纯利润。

利润是指销售产品的收入扣除成本价格和税金以后的余额。在不同的社会条件下，利润的内涵不同，体现的社会关系不同。简单地说，利润中考虑的成本问题比毛利中考虑的问题多，比如进货时的路费等。

利润 = 销售收入 - 进货成本（包括详细的花销）

举例：如果你的进货价格和销售价格与（1）中的数目相同，但是进货途中路费花了 10 元，吃饭花了 10 元，那么此时的纯利润就是 700 元 - 500 元 - 10 元 - 10 元 = 180 元。

2. 三大定价法

（1）成本导向定价法。

这种定价的方法即以你的进货成本为依据，加上你期望得到的利润来确定你所卖商品的价格。比如一件衣服的进货成本是 50 元，你想赚 10 元，那就定价为 60 元。当然，如果网站平台有一些收费项目，那么在计算成本时你应把登录费、成交费等考虑进去，除非相对于你的利润，这些可忽略不计。

（2）需求导向定价法。

即按照买家们的承受能力来确定价格，这是许多网络卖家最希望采用的定价方法了。但是这种定价方法的前提是你的商品个性独特或是具有领导潮流的趋势等。比如：你花了 10 元成本购买了一些原料 DIY 了一件饰品，可买家看了都很喜欢，觉得花 50 元也不冤，那么你就卖 50 元好了。

（3）竞争导向定价法。

即参考和你卖同类商品的其他卖家的定价来确定你的定价。比如：你想卖一个品牌的钱包，通过搜索发现其他卖家卖 50 ~ 70 元，那你卖 45 元就相对具有竞争力了。当然，这里还要考虑到成本以及运费等因素的影响，不要为了吸引人而与别的卖家打价格战赔了本。

（4）尾数定价法。

尾数定价法是指在确定零售价格时，以零头数结尾，使用户在心理上有一种“便宜”的感觉，或是按照风俗习惯的要求，价格尾数取吉利数字，如“8”或“9”。用这种方法定价这会使买家产生大为便宜的感觉，也属于一种心理战。目前这种定价方法已被各商家广泛应用，从国外的家乐福、沃尔玛到国内的大型百货商场，从生活日用品到家电、汽车，大部分都采用尾数定价策略。简单地说，如果原本你将一件商品定价为 50 元，那么不妨试试将价格改为 49 元，千万别小看这 1 元钱差额的价值，它会为你吸引更多的买家。

卖家心得

没有什么东西能比顾客对价格更敏感的了，因为价格即代表他兜里的金钱，要让顾客感受到你只从他兜里拿走很少很少一部分，而不是一大把。

价格分割是一种心理策略，我们卖家在定价时，不妨采用以下技巧，这样可以造成买家心理上的价格便宜感。

我是做零食生意的，散称的商品比较多，在定价的时候我多了一个“心眼”，没想到在那之后多了不少的生意。许多同类卖家在定价时，总喜欢按照公斤为单位来定价，比如一斤坚果 38 元/KG，而我则是按斤为单位定价，比如一斤坚果 19 元/500G。我做过这样的试验，同种价格的同类商品，后者的销量明显比前者要好，所以利用这样小技巧就能增加网店的营业额，你不妨也试试看！

Chapter 7 商品照片也需“美容”

拍好照片多赚钱

因为在网店商品宣传推广中，主要的环节之一就是通过图片向自己的客户展示产品，拥有了自己的数码相机，就可以第一时间把自己的商品多角度地，细致地呈现在客户面前，让客户实实在在地感受到你的商品质量良好，服务态度诚恳周到，工作效率高。那么我们究竟需要怎样的数码相机才能拍好照片呢？

1. 简单了解数码相机

（1）像素和分辨率。

①图片分辨率越高，所需像素越多，比如：分辨率 640×480 的图片，大概需要 31 万像素，2084×1536 的图片，则需要高达 314 万像素。

②分辨率可有多个数值，相机提供的分辨率越多，拍摄与保存图片的弹性就越高。

③图片分辨率和输出时的成像大小及放大比例有关，分辨率越高，成像尺寸越大，放大比例越高。

④总像素数是指 CCD 含有的总像素数。不过，由于 CCD 边缘照不到光线，因此有一部分拍摄时用不上。从总像素数中减去这部分像素就是有效像素数。因此阅读产品说明书时，切记要注意可用于实际拍摄的有效像素数，而不是总像素数。

（2）镜头。

镜头和快门镜头的好坏直接影响相机的好坏。一般情况下，有着传统相机深厚背景的厂商，其数码相机的镜头也会比较优秀。

（3）焦距。

焦距由于数码相机的镜头规格比较特殊，无法由这个数据预测可以拍摄的景物范围，厂商大多会在镜头焦距参数后增加相当于 35mm 传统相机焦距数值。如果是拍摄普通的照片，只需购买定焦镜头机型，如果有多样化需要，拥有三倍或更多光学变焦能力的相机会更适合。

（4）微距。

微距拍摄微距就是将要拍摄的主题拉近、放大，重点在于将微小物体拍成你要的大小，在微距模式方面，各种数码相机能力不一，有的甚至可以贴近至0.1厘米左右来近拍。

2. 如何选择数码相机

（1）入门级。

如果你对拍摄照片不在行或是囊中羞涩，可以选择一款经济又实用的数码相机，尽量挑选性价比高而且耐用的相机，不能因为贪图便宜去买劣质产品。目前市场占主力的300万和500万像素的机型可以满足成像需求，多种拍摄模式、宽广的ISO值设定范围可以满足你的需要。

（2）高手级。

如果你的网店卖的是诸如首饰之类做工精致、体积小的商品，或是想拍摄一些商品的细节照片来吸引买家的话，那么普通的数码相机可能就不能胜任了。此时，你应该选择一个功能相对来说多一些的数码相机。手动操作功能是必备的，能拍出傻瓜相机拍不出的效果；像素最好是在600万以上，这样拍出的照片颜色更加有美感；微距功能要强，小细节的部分就靠它啦；此外，多种图像记录模式是高图像品质的保障。

3. 如何拍摄照片

（1）背景的选择。

建议选择那些看上去非常清爽的颜色，最好不要用花里胡哨的布做背景，这样会突出了背景，而商品本身倒是显得不重要了，所以这一点是选购背景布时的注意事项。另外，拍不同的商品用不同样子的布，如果觉得自己把握不准的话可以参考一下其他卖家的图片。

（2）照明的选择。

用光不外乎两种，一种是自然光，一种是人造光。自然光相对简单一些，有的卖家会选择在下午1~3点左右在靠近窗台的位置拍摄，那时候光线比较充足，影调明朗，层次丰富，有利于表现出商品的立体感、空间感和质感。不过室内光线不充足时，如果商品是衣服，就会很难拍摄出其纹理。

人造光相对难一些，这里面包括很多影响因素。如果有经济条件的，可以购买多盏闪光灯，那么拍摄出来的商品就会有“专业”效果（经常拍摄服装的店主，家里常备几盏摄影灯是必要的）。假如有两盏灯，建议将其中一盏用作为主灯，另外一盏用来消除阴影。一般而言，只要有光，就会有阴影，为了解决这个问题，一般在商品的前上方45度角处放置一盏灯作为主光，再在商品正前方放一盏光线弱一点的灯作为辅光，淡化主灯带来的阴影。如果有条件还可以在商品背面放一盏辅灯，照亮背景。如果没有条件购买闪光灯的话，可以买几个瓦数高些的白色光线的灯泡，同样效果很好。建议不要用暖色调的灯来拍，容易出现色差，如果误导了买家的话，可能会出现退货的现象哦。

如果你的商品是衣服，由于衣服面料不同，用什么光也是有讲究的。一般细腻质料的服装比较适合用柔和光，而粗糙质料的服装则比较适合直接打光，以减轻质料差的感觉。另外需要注意的一个细节是，刚进货的衣服由于折叠会比较皱，可以先用熨斗把它烫平整再拍摄，这样图片的效果会更好。

（3）闪光灯的选择。

用光在摄影中是一个非常重要的环节，而用光的好坏往往与所处的环境以及照明设备有着莫大的关系。也许会有人问，在光线不足的条件下，能否使用数码相机自带的闪光灯呢？一般来说，最好不要开闪光灯，许多有经验的网店卖家都提出这样的建议。因为一般相机的闪光灯的效果不是很好，容易造成曝光过度或者曝光不足的问题，会破坏商品的原有的颜色。不要怕暗，一方面可以加强灯光的光线，另一方面，照片之后可以用处理图片的软件提亮，亮度是应该没有问题的。

（4）装饰的选择。

关于照片要不要配装饰品的问题，这个就是靠你自己的感觉了。其实是可有可无，当然适当装饰一下可以起到画龙点睛的作用，可以让你的商品照片更吸引人，只要不要让买家搞不清楚什么是主体什么是装饰就好了。

（5）拍摄手法的选择。

选择合适的拍摄手法目的是为了更好地衬托出要拍摄物品的效果。现在以手表和首饰为例进行说明。

拍摄手表和首饰通常有两种常用方法，一是将手表和首饰作为主体单独构成画面，这是淘宝卖家们主要使用的手法；二是采用模特佩戴首饰和手表，以模特作为陪衬来突出物品。

如果用模特真人拍摄，模特身体的各个部位一定要有很好的美感，否则很难与手表和首饰相映成趣。用这种手法拍摄时，一般在构图上采用特写，在用光上面，控制光照范围，将商品所在区域稍微照亮，而让商品以外的区域稍暗，以形成首饰与模特间的影调明暗对比，尽可能突出手表和首饰。

采用手表和首饰单独构成画面的拍摄手法时，首先要将商品摆放好。首饰通常很细小，摆放不容易，对于体积小的首饰，一般是将一根细针，用胶水粘在首饰上，然后将针固定在拍摄台面上。不过，在拍摄的时候一定要注意，千万不要穿帮，让人看出针和粘接的痕迹。由于首饰的种类和质地比较复杂，因此很难有一定的布光规则。

一般来说，金银首饰使用柔光照明（银色首饰会被拍得黑一块白一块，就是因为灯光不够柔和），对多面的水晶，宝石，则用直射光布光。布光的时候一定要注意首饰的质感能否得到很好的体现。首饰的每个面，每条棱线是否达到理想的明度等，若不理想，一定要努力细心地调整到尽可能理想的状态，这样精美的图片就诞生了。

4. 拍摄实战

（1）准备拍摄工具，如图 7－1 所示。

图 7－1

（2）准备装饰物，如图 7－2 所示。

图 7－2

（3）调整好相机的各项参数。

（4）拍摄完成！看看普通拍摄和经过装饰过的照片吧，如图7－3、7－4所示，同样的一件衣服，是不是在照片中有很大差别呢？

图7－3

图7－4

卖家心得

我是一个新手卖家，因为资金少，所以不可能用很贵的设备，一个普通的数码相机、两个105瓦灯泡以及两块背景纸，这三样东西就是一个最简易的摄影棚。

接下来就是具体的拍照了，这个时候最大的问题就是光线不足，所以拍摄服装最好选择在白天，拍摄地点最好选择在室内，避免阳光直射，以免会有杂光。当然如果照明器材设备齐全的话，那么在摄影棚里面拍摄就是比较完美的了。

在摆设商品时，上装，裙子等最好使用悬挂拍摄。平铺中我们新卖家最容易犯的错误就是铺得太平，商品显得不自然。而裤子等夏装在平铺时最好能有点立体感和褶皱感，让人感觉是穿在身上的效果。

在拍细节尽量用光圈优先模式，用大光圈。衣服的细节主要就是领口和袖口。如果有品牌的可以拍摄原装纽扣、拉链、吊牌之类，让买家能清楚地看到商品所拥有的优势。

一步一步教你 PS 出完美的商品照片

给图片润色，这就要求你要有一定的审美眼光了，目的是能够让你的商品图片在网上显示出它不同角度的独有美感和卓越质感，从而使得浏览者对你商品的总体特征一目了然，当然重要的前提条件是图片要真实，切忌弄虚作假。

为了达到上面所述的效果，你除了需要掌握一定的拍摄技巧外，还应该懂得一定的图片处理技巧。下面以饰品为例，一步一步教你给照片“美容”。

第一步：导入图片

（1）打开 Photoshop，将不同曝光参数的同一个宝贝全部导入，如图 7－5 所示。

图 7－5

（2）如图 7－6 所示，为了能更好地观察和选择到最合适的一张图片，我们使用窗口菜单里面的拼贴选项。这样就能够在 Photoshop 里面，整齐地排列出所有图片，从而方便我们进行观察对比。

（3）选择曝光最准确，颜色和实物最符合的一张图，接着再关闭其它的图片。现在看到窗口内显示的就是我们留下来准备进行下一步处理的图片了。仔细观察这张图片，我们可以发现，整体颜色还是有些偏暗，背景也不够白，这样会让买家觉得这条项链有点脏脏的，不够贵气。现在我们一起来为它“美容”吧。

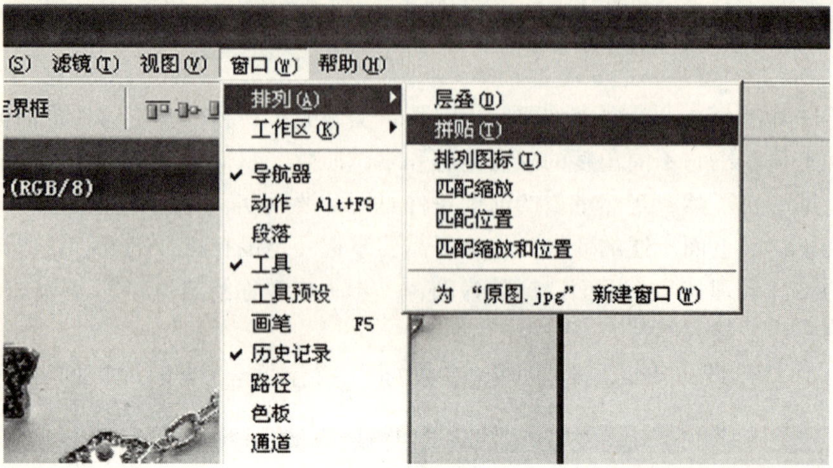

图7-6

第二步：调整大小

（1）图上画图的地方就是选取工具和它的参数修改的地方，如图7-7所示。选取了这个工具之后，我们选择工具的样式为：固定大小，并且在后面的宽度和高度中，输入我们想要的数字。

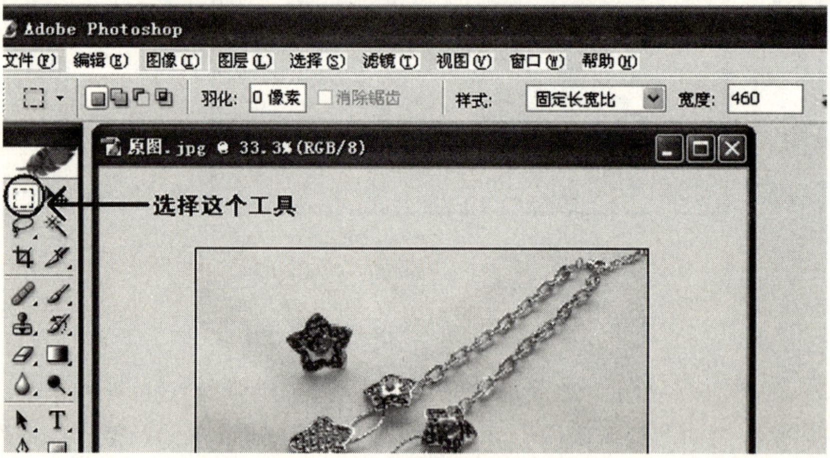

图7-7

（2）定好选取工具的大小后，选择图像菜单下面的“图像大小”，现在我们可以缩放这张图片，如图7-8所示。

图 7－8

(3) 如图 7－9 所示，在弹出的对话框中，看到用圆圈圈出的部位。在这里，我们可以根据自己的估计输入一个合适的数字。

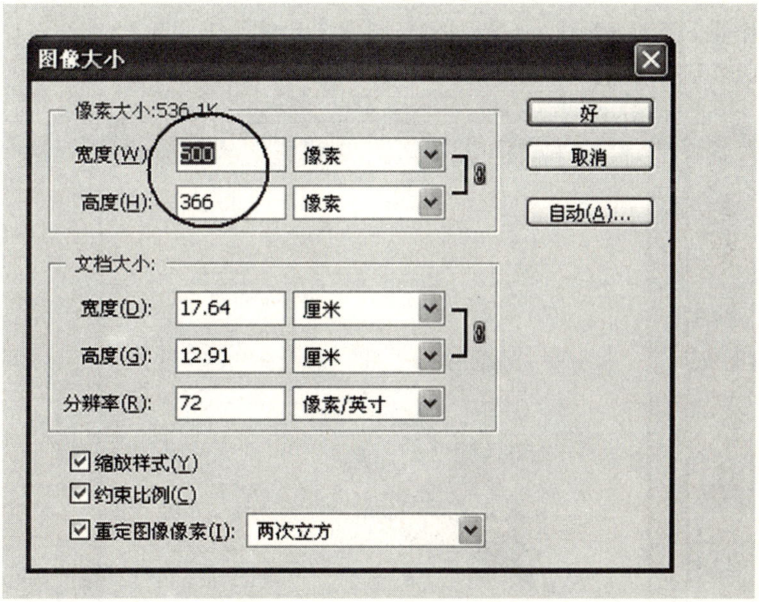

图 7－9

(4) 确定之后我们就可以看到图片已经缩小了，这个时候，使用图 7－7 中的选取工具去截取图片的范围。如图 7－10 所示，项链刚好被选定在框子里面。这样就可以保证项链在画面里面绝对饱满，能让买家最大限度地观察到商品的细节。

图 7－10

（5）选中图片范围后，按 Ctrl + C 进行复制，然后使用 Ctrl + N 新建一个文件。（我们在文件菜单中选择新建的选项，一样可以达到相同的效果。）我们把文件的大小设为 500 × 500，并将刚才复制的图片粘贴进去。如图 7－11 所示，这时我们可以看到图片已经出现在窗口中了。

图 7－11

第三步：去除背景

（1）调整好图片的大小之后，接着就是去除背景了。这时候，Photoshop 中的去背景橡皮擦工具就派上用场了，它不仅操作简单，效果也不错。

如图 7－12 所示，在画圈标注的地方，也就是工具箱里面的橡皮擦的位置，我们可以看到背景橡皮擦这个工具。选择之后，调整橡皮擦的属性，也就是笔刷的大小，一般建议调整到 300 像素以上，这样覆盖面积会比较大，轻轻几下就能完成背景了。

图 7－12

（2）如图 7－13 所示，轻轻在背景上点一下，点过的地方就变白了，效果是不是很明显呢？耐心地将图片的背景一一清除干净，可不要忘记项链圈里面以及链接处，这些细微的地方都要清除干净，不然图片看起来会变得怪怪的。

图 7－13

（3）处理完了背景，最后要解决的就是商品颜色发暗的问题了。这里教大家一个绝招，保证只需一个动作，就能搞定。在“图像”菜单下面找到“调整”命令，进去之后，选择“照片滤镜”这个选项，如图 7－14 所示。

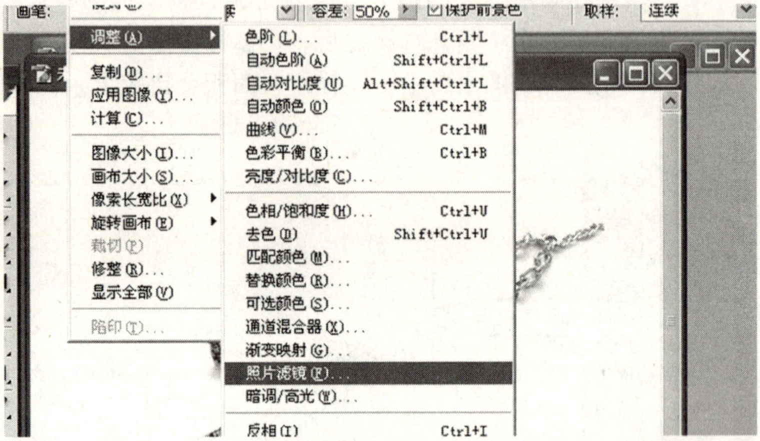

图 7－14

（4）如图 7－15 所示，接着它弹出的对话框就是图片过滤器的可调整选项了，那么我们可以选择对比色来过滤图片，让图片恢复正常色调。

过滤器的第一个选项就好了，完全不用更改。下面有浓度可以调整，我们观察自己的图片偏色是否严重来调整浓度。如果图片偏色不是很严重，那么浓度调整到 20% 就可以了。千万不要贪心调多了，那样图片的颜色会偏色的，这样就得不偿失了。

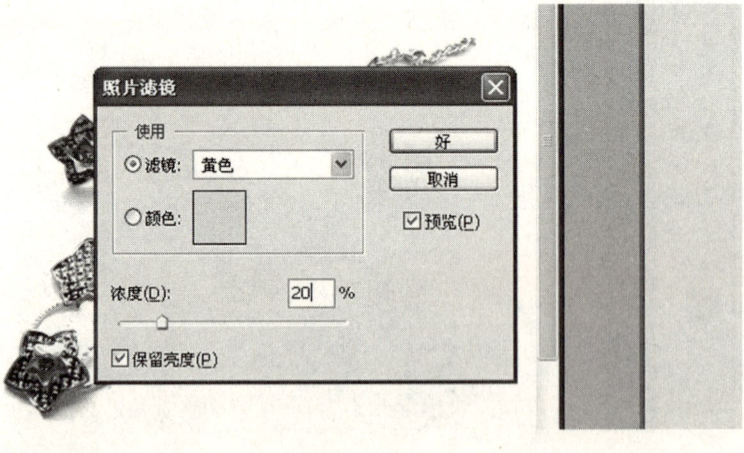

图 7－15

第四步：修改参数

（1）对于曝光不够的图片，我们又应该如何是好呢？这要先调整好曝光，再进行修改。

（2）如图 7－16 所示，选择“图像”菜单下面“调整”选项中“曲线”这个命令，在弹出曲线的对话框里稍微调整一下曲线的弯曲度，这样就能明显看出图片变亮了。

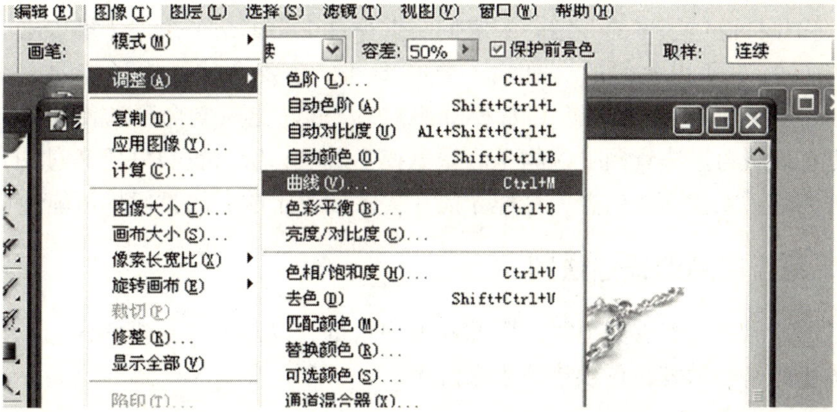

图 7－16

卖家心得

我们作为网店的卖家，适当地修饰商品的照片是可以的，但是如果修饰得太过，甚至夸大了商品的外表，这样反而会降低自己在买家心中的地位。

许多买家都有这样的遭遇，自己在网店中购买的商品（尤其是衣服）怎么实物跟照片不一样呢？从颜色和款式等方面来看，它确实就是照片中的商品，但是怎么看怎么不如照片中的好看呢？这个问题的答案就是卖家们将照片修饰得过了头。虽然这样的方法能暂时的提高商品的销量，但是当买家们收到商品后会大呼上当，觉得你这个卖家没有信誉，在拿照片骗人。所以为了自身的信誉着想，也为了买家的利益着想，还是不要过分修饰商品照片比较好。

恰如其分的商品介绍

这里说的商品介绍不是指宝贝模版，虽然漂亮的模版确实会使买家心情愉悦，但是如果只有漂亮的模版还是远远不够的，试想一下，打开一个只有一张宝贝图片和几行应付了事的介绍。买家们会觉得这个卖家是一个“不够专业，不够认真的店主。”所以我们的商品除了要有图片，还要有尽可能详细的文字描述（建议描述字体大些，让顾客们看得舒服点），最好能加上自己的使用心得，这样会更有说服力。毕竟网上购物是看得见摸不着的，所以我们只能通过图片和文字尽可能给买家全面的信息，这样才能让买家在决定购买的时候尽可能地放心。

1. 网店商品的描述法则

好的商品描述能够吸引买家眼球和增加销量，以避免不必要的误会，以下是商品描述的基本内容，仅供诸位卖家参考。

（1）商品名称。

这是必须写的，因为商品名称可以和商品描述的标题相映衬。它免去了买家通过滚动条返回标题的麻烦，还能使买家核实是否同一款商品，从而加深印象。

（2）品牌介绍。

不同的品牌代表不同的风格，往往商品的品牌就是最有说服力的证明，这类商品仅以自身的品牌就能说明宝贝质量、售后服务、宝贝的风格，可是不容小觑的哦！

（3）商品的基本信息。

这是商品的主体部分，当然是越详细越好了。说明一般要包括商品的制成材料、尺寸大小、规格、颜色、内部结构、保质期、保存方法、包装、效果、产地等，尽量突出物品的特殊性和价值。这些介绍不仅有利于买家对商品的理解，也可以在出现交易纠纷时，为自己提供更有利的证据。

（4）商品图片。

这是吸引客户的关键，网上购物无法像实体店那样，让顾客充分感受、碰触商品，所以商品的图片便起了决定性的作用。商品的图片最好是实物拍摄，这样才更有说服力。

（5）关于评价。

评价最好也能写出来，一方面可以让买家知道自己拥有评价的权利，应该合理运用。另一方面可以传递给买家这样的信息：一定要在评价前和卖家联系，这样有利于纠纷的解决，同时也告诉买家，卖家也会维护自己的正当权益。

（6）售后服务。

相信大多数成功的卖家都有好的售后服务，好的售后服务也是吸引眼球的好办法，不过既然作出了售后的承诺，就一定要履行到底，言而无信迟早会被各个交易平台所遗弃。售后服务要写在商品描述的页面里，具体包括：退、换、修的具体期限；退、换、修的范围；退、换、修的基本原则，不予退、换、修的情况说明；保修的来回邮费说明等等，一定要写得详细。

（7）邮寄方式及费用。

这一项也是不容忽视的，分别标出邮费的详情，以及常用哪个快递公司，邮寄的速度及到达的时间。卖家要注意合理制定邮费，过高的邮费会令部分买家反感，从而造成买家的流失。

（8）支付信息。

提供多种方式供买家选择，包括银行和邮局的汇款，一般用得比较多的银行有工商银行、农行银行、招商银行、建设银行，这些银行都有电话银行服务和网上银行。

（9）联系方式。

①站内信箱：为新买家设立交流的空间。

②店铺留言咨询：也是一个不错的方式，体现你小店的人气。

③QQ：只要 QQ 绑定手机，无论你在线与否，一样可以接到生意。

④MSN：上班一族，白领一族最常用的工具。

⑤E－MAIL：当不方便用电话联系的时候，邮箱也是一种不错的选择。

⑥手机：随身携带，方便快捷，虽然通过手机沟通的几率比较小，但还是必不可少的。

在物品描述过程中尽量个性化，很多品牌都有故事，可以加入品牌的历史和设计师的创作故事，使物品描述独特且更具人性化，让买家感受到你的专业以及良苦用心。甚至在物品描述里加上一些促销信息，如买第二件 9 折，买什么送什么，免邮费等等，这些都是有利的促销手段。

在此还必需再次提醒卖家们注意，在描述商品时必需实事求是，不要隐瞒货品的缺陷，不论好坏，都应该完整而不冗长地交代清楚。

2. 网店商品描述提升销售转化率

为什么有些买家的网店装修和宣传做的很好，要排名有排名，要流量有流量，可是每天的成交量却少得可怜呢？这个时候应该想想为什么在有流量的情况下却没有成交了，也就是说问题在于“如何提高网上商店的访问/销售转化率”。

有些报告中称：“79%的消费者不会在网上商店购买一个没有详细描述文字、图片的商品。”这说起来很简单，却很少得到重视。

作为卖家的你所提供信息的详尽程度和质量直接影响你的盈利，下面的数据足以证明这点：一个买家在浏览网上商店时希望看到的信息：

（1）宝贝的详细用途和功能67%。

（2）工作环境信息61%，如果卖家不写清楚，有可能造成一个Windows Xp的用户却购买了一套只有苹果电脑才能使用的软件。

（3）产品附件清单61%，比如手机带几块电池或有几张记忆卡，这些都要写得清清楚楚。

（4）不同的规格、型号的信息58%，比如同一款笔记本有哪些不同颜色。

（5）商品的质量认证文件、标准认证51%，这让买家放心购买。

（6）商品的制造商信息48%，这让买家对你的商品更加信赖。

（7）商品的特点、特性、不同于其它商品的地方45%，让买家对你的商品产生差异化的兴趣。

（8）清晰的、各个角度的特写图片31%，借此刺激买家的购买欲。

（9）使用流程说明27%，让买家感受到你的细心。

如果你还不知道该如何书写商品描述的话，不妨去参观一下信誉较高的买家的网店，亲身体验一下买家的感受。其实写好商品描述就是如此简单，为商品提供买家需要的详尽信息，这才是网店的经营之道。

卖家心得

如果你不在商品说明中向买家提供一些必要的信息，他们很可能关掉你的网店页面跑到竞争对手那里去，这样下去不但吸引不了新买家，还会留不住一些老买家的心。

在与许多卖家的交流过程中，我们发现许多买家会被商品信息描述、图片质量所影响。买家在购买商品前会花几分钟仔细阅读商品信息和浏览图片，所以如果你的商品描述只需要20秒就能读完，那真的太糟糕了。

Part 4

包装与发货：如何做到更安全、更快、更省钱

本篇重点

- 拿什么来保护你的卖品
- 如何选择合适的配送方法
- 发货的“抠门”省钱法

Chapter 8 拿什么来保护你的卖品

配货问题需仔细

1. 正确挑选

不管质量如何，买家都希望收到的是自己千挑万选的商品，如果发错了货，脾气好些的买家可能会主动跟你沟通希望退货，或是觉得寄错的商品也不错就不计较了；脾气差些的可能一句话都不跟你说就直接退货，或是跟你大吵一架，不但要求退货还给你个差评，这样你不但没赚到钱还得倒贴邮费，所以在配货的时候一定要有细心、耐心和诚心。

2. 避免漏配

（1）多件物品，多份细心。

一般来说，运费都是按照商品的重量定的，所以许多买家为了省邮费而选择一次购买多件物品，如果遇到这样的情况，作为卖家的你就要更细心了。建议在发货前自己或是另外找一个人再核实一遍，比如商品的名称、数量、颜色等等，这样会避免许多因为自己的失误而造成的纠纷。

（2）小配件不能忘。

大部分的商品是没有说明书或是保修卡的，但是像手机、数码相机或是电水壶等小家电是应该有对应的说明书和保修卡的，所以在配货的时候一定要注意查对这些小配件。

（3）赠品不能忘。

为了吸引买家，也为了促销，许多网店都会在首页打出“买满××钱可得××赠品”的广告，如果你也想用此方法来提高人气的话，请一定要留意寄给买家的商品，千万不要忘记人家的赠品。即使赠品再小，即使买家不在乎，但那是你对他们的一个承诺，说到就要做到。

（4）好记性不如烂笔头。

一个人记性再好，也没有用笔把东西记下记得牢，不要过于相信自己的记忆力。所以建议你买一个笔记本，专门用来记买家的清单，如果有条件的话打印出来更为方便、快捷。记录的时候尽量写的详细一些，既方便配货也方便统计自己的网店收入，只花一点时间就能得到双份收获，何乐而不为呢？实在怕麻烦也可以用最简单的制表软件 Excel 来制作清单，请见表 8 – 1。

表 8 – 1

买家详情		商品详情		发货详情	
姓名		数量		时间	
地址		款式		物流方式	
电话		备注		物流单号	

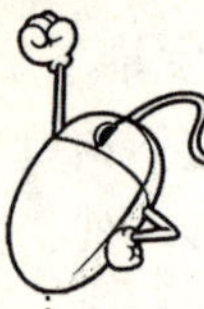

卖家心得

有些商品是有规格的，比如衣服或是鞋子，都有颜色和尺码等分类，如果不细心的话就很容易弄错。所以卖家一定要在首页设立一个买家须知，或是在每件商品的描述中有个特别的注释，让买家将自己所买商品的具体情况写清楚，如：38 码的白色鞋子、27 号的蓝色牛仔裤等，这样不但方便自己配货，万一有的买家以发错货了当借口想退货，你也有足够的证据拒绝他们的要求。

商品打包中的大学问

如果网店卖家想给买家留下一个好印象，最重要的环节就是卖品了。俗话说：光说不练假把式。即使你的服务再好，发货再快，但买家见到因为包装不够严实而损坏的商品时，心中会十分生气。如果遇到这样的问题，大家可能首先想到的是选择信誉好的快递公司，当然这是很重要的环节，但是作为卖家，在发货前必定要给商品包装、打包，而这常常是某些卖家所忽略的问题。那么，怎样包装商品才能保证物品完好无损，还不失整洁美观呢？

1. 最简单的打包法

如果你卖的是类似于钱包之类体积小而且不怕压的小商品，则可以使用以下方法来包装你的商品，又方便又省钱。

（1）准备材料。

塑料袋、报纸、厚的纸张（铜版纸、亚粉纸、牛皮纸都可以，只要稍微厚实即可）、包装胶带。

（2）包装步骤。

①将商品装进塑料袋（一种专门装礼品的塑料袋，在市场上可以买到，各种尺寸都有，有厚的、薄的，价格也比较便宜，每包有100个），既可以美化包装，也可以防止商品受潮，而且能让买家感受到你的体贴与用心。

②对折五、六张报纸，然后将商品包起来，再用胶带粘好。用报纸包裹好的商品与未包装的商品相比显然是厚实多了。

③用报纸包裹后，再用厚的纸张包裹一层，这样可以使整个包裹摸上去感觉更加厚实，同时可以掩饰普通的报纸包装层，使包裹从整体上看起来漂亮些。

④再次包裹后，用包装胶带将包裹封口处严严实实地粘好。

⑤最后再填写单子，贴在包裹上即可。

2. 化妆品类打包法

一般来说，像化妆品这一类商品邮局是拒收的，所以可以选择快递公司进行发货。在此类商品发货之前，一定要做好包装工作，尤其是那些液态的商品。如果因为包装不过关而破损，不但自己的利益受到损失，还会污染到别的货品。

（1）准备材料。

气泡膜、报纸、外包装纸箱（最好是三层瓦楞纸箱）、包装胶带。

（2）包装步骤。

①无论化妆品是否有外包装，都用气泡膜将商品包好。

②用包装胶带在气泡膜外部裹几道，以起到加固的作用。.

③在外包装纸盒底部塞进旧报纸，放入包裹好的商品。

④再放入旧报纸做填充物，防止商品在运输过程中剧烈震动。

⑤用包装胶带将外包装纸盒封好，贴上填写好的包裹单。

3. 食品类打包法

俗话说“民以食为天”，越来越多的买家喜欢不出门就能享受到各地美食，作为食品类卖家的你不但要注意商品的质量问题，还要在打包问题上多花功夫。

食品类的商品都是有保质期的，有些还有温度上的要求，一般来说应该选择快递公司进行运送。在包装此类商品的时候要注意两点，一是干净卫生，此类商品都是属于“进口”的食物，即使有自己的单独包装也得注意卫生，包括塑料袋和外包装纸箱，如果买家看到美食被脏兮兮的东西包裹着，即使是自己喜欢吃的食物也会没了胃口；二是给足分量，尤其是那些散称的食物，别认为买家不会去计较缺斤短两，所以在不赔本的情况下还是尽量多给一些。

(1) 准备材料。

塑料袋、报纸（或气泡膜）、包装胶带、外包装纸箱。

(2) 包装步骤。

①用干净的塑料袋将商品包好，如果邮寄的是散称的商品应多套一个塑料袋。

②在外包装纸箱底部塞上报纸，如果商品没有外包装则用气泡膜代替。

③将包装好的商品放入纸箱，用包装胶带封口。

④在纸箱外贴上已经填好的包裹单。

4. 图书类打包法

随着时代的发展，图书也进入了网络商城，不但比实体店便宜而且还能通过各种运输方法直接送到买家手上，因为这两种优势，所以越来越多的买家选择网购图书。那么作为图书卖家的你，该如何对它们进行打包呢?

与其他商品相比，图书产品的利润较低，而且一般来说比较重（尤其是精装书），如果把握不好打包费用的话是会很容易亏本的。这个时候就要睁大眼睛挑选快递公司啦，尽量选择能够提供免费包装纸袋的公司发货。图书属于不怕压不怕摔的商品，这样只需要两个纸袋就解决包装的问题了。

(1) 准备材料。

两个包装纸袋和包装胶带。

(2) 包装步骤。

①检查图书有无破损和缺页。

②将图书放入一个纸袋中，如果纸袋较大可以折一下，再用包装胶带包裹好。

③将包好的纸袋放入另外一个纸袋中，最后贴上填好的包裹单。

5. 首饰类打包法

如果你卖的是首饰类的商品，在包装的时候就要多留意了。虽然一般来说这些商品都有相应的包装盒，但是也难以承受挤压和长时间的颠簸。此类商品大多价格不菲，为了自己和买家的利益着想，还是仔细点好。

（1）准备材料。

首饰包装盒、小塑料袋、包装胶带、报纸、外包装纸箱（最好是三层瓦楞纸箱）。

（2）包装步骤。

①将首饰放进首饰包装盒内，如果买家购买多件商品的话需留意商品是否齐全，然后将包装盒放入小塑料袋中。

②将纸箱底部封好，放进一些揉成团的旧报纸。

③将塑料袋放入，上面用成团的旧报纸填满。

④用胶带将纸盒封好，尽量多贴几道。

⑤检查纸箱外观是否有破损的地方，如果有破损则用包装胶带封好。

⑥填写包裹单，贴在包装纸箱上。

6. 数码相机类打包法

市面上的数码相机和手机类的产品更新换代的速度非常快，一般来说选择网购此类产品的买家也非常看重发货的速度，如果晚到几天的话，商品在他们心中的价值就要打折了。

别说网购，就是在现实的商店中，这类商品也算是价格较高的。虽然它们大多都带有自身的包装，但是作为卖家的你千万别以为这样就能直接寄给买家了。因为价格高，所以包装的时候应该更细心，千万不能马虎。

在邮寄此类商品时，一定要按照商品的出售总额进行保价，如果出现货品丢失或是损坏的情况还能得到一些补偿金，不要因为想省下一点保价费而因小失大。

（1）准备材料。

气泡膜、海绵条、外包装纸盒（最好是五层瓦楞纸）、包装胶带。

（2）包装步骤。

①先将商品放进自带的包装盒中，注意检查保修卡等小配件是否齐全，然后放入气泡膜中包好。

②用胶带仔细将气泡膜包好的商品裹紧、缠好，这个步骤非常重要，一定要

多缠几道。最好再包一层气泡膜，然后用包装胶袋固定。

③在外包装纸盒底部放入海绵条（如果没有可以用气泡膜代替），然后将包裹好的商品放进去，再放入塑料膜做填充物。

④轻轻晃动纸箱，看看商品会不会晃动，如果会那么还要再进行填塞。

⑤用胶带将外包装纸盒四面封好，检查一下有没有其他有缝或是破损的地方，最后贴上填写好的包裹单。

7. 字画类打包法

字画类的商品有些特殊，装裱好的字画相对来说比较简单，包装好后用木板箱运输即可，而那种没有经过装裱的字画该怎么打包呢?

如果你选择在网上卖这类商品，那么之前一定要做好功课，比如寻找发货时的包装材料。一般来说有两种，第一种就是 PVC 管，价格有些贵但是外观雅致；第二种是硬纸筒，价格实惠，你可以根据自己的需要来进行选择。

（1）准备材料。

PVC 管或硬纸筒、报纸、包装胶带。

（2）包装步骤。

①根据字画的长度选择合适的 PVC 管或硬纸筒。

②将字画小心卷好，塞进 PVC 管或硬纸筒中。

③将两头用报纸塞好，最后用包装胶带封口。

④在包好的 PVC 管或硬纸筒上贴上填好的包裹单。

8. 玻璃制品类打包法

买家购买商品时，最不放心的就是像玻璃制品等怕挤压的易碎品了，同时它们也是邮局拒收的邮寄物品。在邮寄这些易碎品时，即使我们支付了保险费，损坏了也是得不到赔偿的，包裹单里也写得很清楚，如“物品损坏责任自负”等等，总之这类的商品要邮寄是很麻烦的。难道卖家就只能自己去送货了吗？那可未必，天无绝人之路，经过诸多有经验的钻石级店主总结，得出了以下对策。

（1）准备材料。

商品包装盒、质地较硬的外包装箱、塑料袋、泡沫塑料板。

（2）包装步骤。

①一般的商品都有包装盒，建议用硬纸板把包装盒里面的六个面都隔好，最好能确保商品在里面不晃动，商品外包装用塑料袋套好（这样既可以防水，又不会损坏包装，买家收到商品，拆除马夹袋后，商品包装仍然丝毫无损），接着再

用封箱带把包装拉紧，可以选择用十字交叉的方法拉紧，这样商品就加固包装好了。

②选择比较坚硬的厚的外包装箱，选用的箱子尺寸要比邮寄的商品稍大，一般长宽高各放大 6 厘米左右，以便使用填充物。假如箱子太大了，也可以自己动手稍加修改，这样对你接下来的包装是大有好处的。

③填充物最好是选用泡沫塑料，优点是：易填塞，重量轻，有弹性，缓冲性好，对物品起到了很好的保护作用。包装到位的话，损坏率是极低的。

④将商品置于外包装箱的正中央位置，六面均匀地用泡沫塑料塞紧，即使外箱有点变形都没关系，封箱带封好后用力摇一摇试试看，以商品不动为佳。

（3）注意事项。

①包裹单上的“内装何物”的方格里只要填写“工艺品”即可，这样将减少很多不必要的麻烦，或者是中性词也可以，效果是一样的。

②如图 8 - 1 所示，在贴好的包裹单和打印的地址单上要印上“红杯”标志。这样会更安全。因为印有“红杯”的包裹，邮寄时工作人员会把它们放在小点的邮包里，这样就避免了过重的商品挤压所造成的损坏。

图 8 - 1

卖家心得

如果你选择通过邮局来发货，那么在打包的时候记得最好不要都密封好，因为邮局的工作人员会要求你打开包裹，检查里面是否有违禁物品等。如果你什么都包好了，再拆开会很麻烦，所以建议在去邮局发货时，带上包装胶带等工具，等包裹被检查完了再进行包装。

如何用商品包装来收买人心

所有的买家都希望收到一个完好无缺的商品，那么卖家该如何利用商品包装来收买买家的心呢?

1. 细心包装

正如上节内容所说，一个良好的商品包装会给卖家增加不少印象分。

2. 发送名片

在发送商品的时候，可以在内包装里塞上几张名片，名片中要印上自己的网店名、掌柜名、电话以及 QQ 等联系方式。一般来说，买家如果觉得你的商品不错，都会留下你的名片以便下回购买，或是将你的名片发给其他需要此类商品的好友，这样一来你也就多了许多隐形客户了。

3. 赠送礼品

许多买家都希望得到一些小赠品，即使这些东西对他们来说没有多大作用，但是收到的时候会觉得很高兴，就像我们在现实生活中收到礼物会有惊喜的感觉一样。在采购商品的时候，记得多留意一些小物件，比如头饰或者小发卡之类，价格越便宜越好，但是质量不能太差。一个质量好的赠品可以起到画龙点睛的作用，但是如果买家收到的是一个粗制滥造的赠品，那么他们对你的好印象也会大打折扣。此外还注意控制赠品的成本，如果所卖商品的利润是 5 元，而赠品就花了 6 元，那么你不是亏本了嘛!

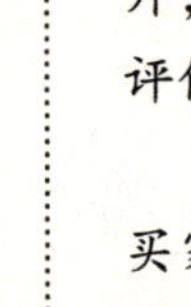

卖家心得

淘宝上有许多手工皂的卖家，他们在切割手工皂成品的时候都会有一些剩余，为了不浪费，所以将这些边角料切割成几个小块或小片，当作购物的赠品送给买家。许多收到赠品的买家非常高兴，还在评价信用度时夸卖家做生意很用心。

此外，也有许多卖家喜欢在包装袋内放上几颗包装精美的糖果，买家们（大部分为女性买家）往往是打开包装时就把糖吃了，吃在嘴里美在心头，自然对卖家增添了一份好感。

Chapter 9 如何选择合适的配送方法

带你了解专业的物流配送

1. 什么是物流配送?

物流配送是现代流通业的一种经营方式。物流是指物品从供应地向接收地实体流动的过程。在货物的流动过程中，根据实际需要，它包括运输、储存、装卸、包装、流通加工、配送、信息处理等基本功能活动。配送指在经济合理区域范围内，根据客户要求，对物品进行拣选、加工、包装、分割、组配等作用，并按时送达指定地点的物流活动。物流与配送关系紧密，在具体活动中往往交结在一起，为此人们时常把物流配送连在一起表述。

2. 物流配送的种类

（1）按配送商品的种类和数量。

少品种、大批量的配送，多品种、少批量、多批次配送，成套配套配送。

（2）按配送时间及数量。

定时配送、定量配送、定时定量配送、定时定量定点配送、即时配送。

（3）按配送组织的形式。

集中配送、共同配送、分散配送。

（4）按据点差异。

配送中心配送、仓库配送、商业门店配送、厂矿企业配送。

3. 配送功能要素

（1）备货。

备货是配送的准备工作或基础工作，备货工作包括筹集货源、订货或购货、集货、进货及有关的质量检查、结算、交接等。配送的优势之一，就是可以集中用户的需求进行一定规模的备货。备货是决定配送成败的初期工作，如果备货成本太高，会大大降低配送的效益。

（2）储存的形式。

①配送储备是按一定时期的配送经营要求，形成的对配送的资源保证。这种类型的储备数量较大，储备结构也较完善，依据货源及到货情况，可以有计划地确定周转储备及保险储备结构及数量。配送的储备保证有时在配送中心附近单独设库解决。

②另一种储存形态是暂存，是具体执行日配送时，按分拣配货要求，在理货场地所做的少量储存准备。由于总体储存效益取决于储存总量，所以，这部分暂存数量只会对工作方便与否造成影响，而不会影响储存的总效益，因而在数量上控制并不严格。

③还有另一种形式的暂存，即是分拣、配货之后，形成的发送货载的暂存，这个暂存主要是调节配货与送货的节奏，暂存时间不长。

（3）分拣及配货。

分拣及配货是配送不同于其它物流形式的有特点的功能要素，也是配送成败的一项重要工作。分拣及配货是完善送货、支持送货准备性工作，是不同配送企业在送货时进行竞争和提高自身经济效益的必然延伸，所以，也可以说是送货向高级形式发展的必然要求。有了分拣及配货就会大大提高送货服务水平，分拣及配货是决定整个配送系统水平的关键要素。

（4）配装。

在单个用户配送数量不能达到车辆的有效载运负荷时，就存在如何集中不同用户的配送货物，进行搭配装载以充分利用运能、运力的问题，这就需要配装。配装送货和一般送货不同之处在于，通过配装送货可以大大提高送货水平及降低送货成本，所以配装也是配送系统中有现代特点的功能要素，也是现代配送不同于以往送货的重要区别之处。

（5）配送运输。

配送运输属于运输中的末端运输、支线运输，和一般运输形态主要区别在于：配送运输是较短距离、较小规模、额度较高的运输形式，一般使用汽车做运输工具。与干线运输的另一个区别是，配送运输的路线选择问题是一般干线运输所没有的，干线运输的干线是唯一的运输线，而配送运输由于配送用户多，一般城市交通路线又较复杂。所以说，如何组合成最佳路线，如何使配装和路线有效搭配等，是配送运输的特点，也是难度较大的工作。

（6）送达服务。

配好的货运输到用户还不算配送工作的完结，这是因为货的送达目的地和用户接货往往还会出现不协调，使配送前功尽弃。因此，要圆满地实现运到货物的移交，并有效、方便地处理相关手续并完成结算，还应讲究卸货地点、卸货方式等。送达服务也是配送独具的特殊性表现。

（7）配送加工。

在配送中，配送加工这一功能要素不具有普遍性，但是往往是有重要作用的功能要素。主要原因是通过配送加工，可以大大提高用户的满意程度。配送加工是流通加工的一种，但配送加工有它不同于一般流通加工的特点，即配送加工一般只取决于用户要求，其加工的目的较为单一。

4. 现代电子商务中对物流配送方式的选择

（1）第一方电子商务。

卖方做电子商务，是销售型电子商务，称第一方电子商务。在买方市场前提条件下，卖方做电子商务，其根本目的是为了实现产品销售。通过电子商务，争取买方、扩大销售、占领市场，由此可见电子商务是卖方的一种营销手段、竞争手段。

很明显，作为第一方电子商务，网店卖家必须把送货或配送作为一种服务手段，这样才能够争取到用户、占领市场。对于 B2B 型电子商务而言，由于销售量比较大，采取传统送货方式是可行的，也是常见的。但是，对于 B2C 型的电子商务来说，假如采取传统的送货方式，送货成本会达到难以承受的程度，在这种情况下，采用配送方式，使物流规模化以降低成本是非做不可的事情。

（2）第二方电子商务。

买方做电子商务，是采购型电子商务，称第二方电子商务。在买方市场前提条件下，买方做电子商务其根本目的是为了通过采购实现供给，优化企业的供给，同时大幅度降低供给成本、稳定供给渠道、建立供给链。

第二方电子商务的情况则有所不同。在买方市场前提下，买方的主导地位，使他不但可以提出送货上门的服务要求，还必然会提出以低廉的代价获取这种服务的要求。对于卖方而言，这是一个非常残酷的现实，无论买方的采购量有多小，都必须以这种服务形态去争取买方，虽然也尽量采用成规模的配送方式，但是要做到这一点是很困难的，在这种情况下，传统的送货是必不可少的，尤其是 C2B 型电子商务，传统送货是经常采用的。

（3）第三方电子商务。

中间方做电子商务，是服务型电子商务，称第三方电子商务。这种电子商务可以由市场上与买方和卖方沟通的中间经纪人、中介机构、人民团体甚至政府去运作，也可以由专业电子商务企业去运作。这种电子商务的主旨在于建立购销双方平等运作的电子商务平台，有效地通过社会力量增加买方和卖方之间的沟通，从而降低社会总交易成本，使买卖双方及社会都获益。

第三方电子商务是最容易和配送紧密结合的电子商务类型。因为它可以统筹多个用户和多个供给者的物流，很轻易汇集成较大的流通规模，达到规模效益，从而为采用配送方式创造条件。这就是现代社会备受推崇的“第三方物流”的优势所在。

由此可见，三种类型的电子商务，几乎完全不可能采取传统购销的取货物流方式，而配送必将作为理想的物流方式。

卖家心得

对于刚起步或是个人经营的小店来说，还是自己打理物流配送方式比较好，原因有两点：其一，每天的发货量不像公司或企业那么大，完全可以自己处理；其二，此类的物流方式是要收取费用的，对于资金不充足的卖家来说还是能省则省比较好。

选择邮局进行配送

在国内的快递行业没出现时，人们一般都会选择去邮局邮寄东西，虽然现在运送的方式多了，但是还是有些卖家对邮局的配送方式情有独钟。有些快递公司是不送偏远地区的，所以需要邮寄包裹去这些地区的卖家应当选择中国邮政进行配送。

在本节中，凡是涉及邮费价格的内容仅供参考，具体请参照中国邮政的资费标准。

1. 普通包裹（平邮）

（1）计费方法。

①收费规则：实行分区计费方式，计费方法可参考表 9－1。

②每件包裹资费＝包裹每公斤资费×包裹重量＋挂号费 3 元 ＋包装费（按实际收取）＋保价费

③保价费：其中保价费由客户自愿选择，保价费为订单产品价值的1%。客户选择不保价，则保价费=0元。产品重量不满500克的，按500克计费。产品按毛重重量计费，不以净重量计费。即一罐奶粉净重为900克，加上包装后毛重为965克，计算包裹资费时以965克作为计算标准。

例：某北京客户订购了约价价值280元重3千克的产品，那么他的包裹资费为：2.30元/千克×3千克+3.0元=9.90元（未加入纸箱费用）

保价费=（280元）×1%=2.8元（在自愿支付情况下）

客户实际应支付总额=9.9元+2.8元=12.7元

（2）备注。

普通包裹用的是绿色邮单，寄达时间约需7~15天。

2. 快递包裹（与特快专递EMS不同）

（1）计费方法。

与普通包裹大致相同。首重1KG，1001G以上每500G为一个计费单位，一般以500G起的最低价就得要7元左右。邮局快递的费用一般是邮局平邮的2~2.5倍，见表9-1。

（2）备注。

快递包裹单为黄色。邮局快递在许多地区能够做到送货上门。并且邮局快递的送货时间一般是4~7天，有些偏远地方可能要慢一些。

表9-1　　国内普通邮件资费

编号	业务种类	计费单位	资费标准（元）	
			本埠（县）资费	外埠资费
1	信函	首重100克内，每重20克（不足20克按20克计算）	0.8	1.2
		续重101-2000克每重100克（不足100克按100克计算）	1.2	2
2	明信片	每件	0.8	
3	印刷品	首重100克（不足100克按100克计算）	0.4	0.7
		续重101-5000克每重100克（不足100克按100克计算）	0.2	0.4

续表

<table>
<tr><td>4</td><td>邮简</td><td colspan="2">每件</td><td>0.8</td><td>1.2</td></tr>
<tr><td>5</td><td>回音卡</td><td colspan="2">每件</td><td colspan="2">0.8</td></tr>
<tr><td>6</td><td>挂号费</td><td colspan="2">每件</td><td colspan="2">3</td></tr>
<tr><td>7</td><td>回执</td><td colspan="2">每件</td><td colspan="2">3</td></tr>
<tr><td>8</td><td>盲人读物</td><td colspan="2">按水陆路平常邮件寄递</td><td colspan="2">免费</td></tr>
<tr><td rowspan="2">9</td><td rowspan="2">普通包裹</td><td colspan="2">每500克为一个计费单位</td><td colspan="2">按照寄递里程分区核订，具体标准详见现行《国内包裹资费表》。</td></tr>
<tr><td colspan="2">每件挂号费</td><td colspan="2">3</td></tr>
<tr><td rowspan="12">10</td><td rowspan="12">快递包裹（仅供参考。具体标准参见《国内快递包裹资例表》）</td><td>运距</td><td>首重1000克</td><td>5000克以内
续重每500克</td><td>5001克以上
续重500克</td></tr>
<tr><td>500公里
及500公里以内</td><td>5</td><td>2</td><td>1</td></tr>
<tr><td>500公里以上
至1000公里</td><td>6</td><td>2.5</td><td>1.3</td></tr>
<tr><td>1000公里以上
至1500公里</td><td>7</td><td>3</td><td>1.6</td></tr>
<tr><td>1500公里以上
至2000公里</td><td>8</td><td>3.5</td><td>1.9</td></tr>
<tr><td>2000公里以上
至2500公里</td><td>9</td><td>4</td><td>2.2</td></tr>
<tr><td>2500公里以上
至3000公里</td><td>10</td><td>4.5</td><td>2.5</td></tr>
<tr><td>3000公里以上
至4000公里</td><td>12</td><td>5.5</td><td>3.1</td></tr>
<tr><td>4000公里以上
至5000公里</td><td>14</td><td>6.5</td><td>3.7</td></tr>
<tr><td>5000公里以上
至6000公里</td><td>16</td><td>7.5</td><td>4.3</td></tr>
<tr><td>6000公里以上</td><td>20</td><td>9</td><td>6</td></tr>
<tr><td>每件挂号费</td><td colspan="3">3</td></tr>
</table>

续表

11	保价费	每保一元（不足一元按一元计算）	0.01
		每件最低保价费	1
12	存局候领手续费	函件每件	1
		包裹每件	3
13	撤回邮件或更改收件人名址手续费	每件	3
14	使用电报（传真）办理查询、撤回、更改收件人名址电报费	每件加收	2
说明：本埠以市属区（不含市辖县和飞地）为范围，本县以县境为范围。			

3. EMS（全球邮政特快专递）

（1）计费方法。

EMS（如图9－1）200克起重，起价是22元，保价等费另算，资费可参考表9－2。

图9－1

（2）备注。

如果用EMS发货，必须填写专门的“特快专递邮件详情单”。

表 9 - 2　　EMS 邮件资费表

起重资费	续重资费		
起重 500 克及以内	续重每 500 克或其零数		
20 元	一区	二区	三区
	6 元	9 元	15 元
备注：具体分区方式，请寄件人拨打电话或到当地邮局营业窗口咨询，客服电话 11185。			

4. 挂号信

（1）计费方法。

挂号信 20 克起重，起价为 2.8 元。但是如果超重了，往上加的价格不会比包裹低哦。

（2）备注。

只限于邮寄文件之类的商品，在邮寄包裹时一般不用这种方法。

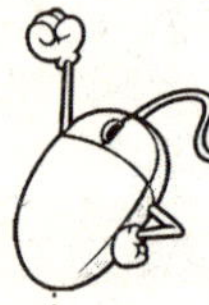

卖家心得

一般来说，邮局的平邮与其他配送方式相比是比较慢的，如果想要查询邮包的情况只有打电话去查询。如果买家等得很着急，可以先安抚下他们的情绪，解释下为什么会这么慢，然后将包裹号码告诉他们，让他们到邮局领包裹的窗口去咨询。

此外，我们卖家也应进行相应的处理，第一步，打收件地的 11185 邮政热线查询收件地的具体邮局电话，具体号码就是收件地区号后加 11185，报上收件人地址，客服就会查出收件地的所属邮局了。第二步，联系收件地的邮局，询问他们负责发件的部门电话，因为邮局的对外联系电话一般无法查询具体的包裹和信函，所以一定要找到邮局负责发件的部门。第三步，就是直接和发件部的工作人员沟通，要注意态度好，强调自己是外地长途，而且包裹比较重要。一般情况，如果包裹已经到收件地邮局了，基本上他们都会有答复的。

同城交易配送法

现在有许多买家都喜欢选择同一个城市的卖家进行同城交易，一手交钱一手交货，既能看见实物又能省去一笔邮费。同城交易给卖家带来了额外的商机，毕竟不是每个买家都有支付宝或是银行卡，有的虽然有但是却不会用，如果此时卖家提出可以同城交易，那么就比其他的卖家多了一种交易方法，同时也多了一分竞争力。

在用这种方法交易的时候，卖家首先应该保证货品的质量，此时的买家往往会以第一印象来判断商品的好坏，以此来决定是不是要和你交易。其次，态度一定要好，要表现出你的诚意，如果约好时间地点应准时赶到，给买家留下一个良好的印象，这样他（她）下回会给你带来更多的客户。最后，双方的联络方式最好都留清楚，记下买家的电话，万一出现突发情况也方便联系。

卖家心得

在同城交易的时候经常会遇见一些跑单（订了商品却不要）的买家，对他们也应当给予适当的提醒。如果买家一次两次的跑单，而你又没有引起足够的重视的话，那么以后还会出现类似的情况，既没做成生意又白跑一趟。

如果遇到那种三番四次跑单，而且又屡次提醒无效的买家，最好还是委婉地拒绝他们的交易要求，避免此类的情况再次上演。

网店新手的配送攻略

看了以上各类配送方法的介绍，作为网店新手的你是否觉得眼花缭乱，不知如何下手呢？不用担心，以下内容是专门为你量身定做的配送攻略。

1. 尽量选择快递拓展网络的公司

快递公司拓展网络的方式主要有三种：

（1）一种是通过总公司开设分公司的方式来拓展网络。

这种形式虽然使其公司发展得比较慢，但是一步一个脚印，这种公司的治理方式比较规范，属下的站点要做出有损总公司形象和信誉的行为比较困难。通过这种方式拓展网络的代表主要是宅急送、顺丰等。

（2）一种是通过加盟的方式来拓展网络。

此类站点是符合总公司规定的一定条件后才被答应加盟的，而不是总公司的“嫡亲”。这种方式虽然能够让快递公司发展得很快，但存在着两方面的风险：一方面假如总公司急于拓展网络而对加盟的条件定得比较宽松或对下面加盟的站点的治理不够规范，那么就很容易使得一些图谋不轨或信誉较差的站点混入其中，从而很可能出现下面站点的人卷款（客户的）逃跑或下面站点做出有损信誉的行为的情况。另一方面假如总公司发展的好，知名度越来越高的话，那下面的站点就发展得比较快，进入良性循环，但总公司一旦有什么负面消息的话，下面的站点就可能将要改弦更张了，这对我们的货物是很危险的。通过这种方式拓展网络的代表主要是申通、圆通等。

（3）最后一种方式是前两种方式混合着用。

寄件的时候最好是选择他们自设的分公司，目前有很多公司都采用这种方式。

2. 尽量使用本地经过正规注册的规模较大的快递公司

（1）本地的公司索赔比较容易一点，比较注重其公司在本地的信誉，而且要进行实地考察比较容易，取件效率也高一些。比如说在北京就用民航快递、大通、宅急送等；在上海用申通、圆通、天天等；在广东就用顺丰、快捷、龙邦等。

（2）有一些快递公司很多都是不经过正规注册的，因为本来快递公司的业务主要还是500克以下的文件快递，而按国家规定这部分的业务是指定给EMS做的，所以很多快递公司从一开始成立就已经是违规的了，但还是有很多大的快递公司是经过正规注册的，这部分快递公司相对来说就比较有保障。

（3）规模较大的公司当然各方面都有保障一点，现在的问题是如何判定一个公司的实力雄厚与否。

①看看总公司的办公室和仓库有多大、有多好。

②看看其公司每月的用单量有多大。使用快递单的数量越大说明公司实力越强。

③看看其公司的注册资金是多少，可以通过网络查找相关快递公司的注册资金等资料。

（4）尽量了解业内哪些快递公司的口碑较好。

快递公司总会和很多相关的公司和人打交道。和快递公司有业务来往的一共有三类：

①供给商。主要包括印刷品供给商、交通工具供给商等，假如某个快递公司口碑不好，经常拖欠供给商货款的话，证实它的财务和运营是不太可靠的。

②同行快递公司都是经常和其他快递公司有合作关系的，假如你从其他快递公司口中得知这个快递经常拖欠同行的货款，那还是小心为妙。

③客户。可以通过各种渠道从使用过某些快递公司服务的公司或个人那里了解到那些快递公司的口碑如何，群众的眼睛是雪亮的，一个人说这个公司不可靠可能只是偶然的，但假如很多人都这么说的话，那肯定存在一定的必然性，不是公司的问题就是收件员的问题了，很大程度上收件员的问题归根结底也是公司的问题。

卖家心得

以淘宝网为例，当买家付完款后，点击“已卖出宝贝”，把买家的姓名、地址、联系电话写下来，抄在快递单上，点“已付款”。然后在快递单上把单号填了，然后把货包好，联系快递业务员，他来了就收走，等买家收到货会给你确认收获和评价的，最后你回评就大功告成了。

物流在线下单教程

以淘宝网为例，目前与淘宝网合作的推荐物流公司有：EMS、E 邮宝、申通、圆通、韵达、宅急送、风火快递（上海同城）、中通、天天等。如果是使用以上物流公司发货，你可以选择线上下单，这样将使你的货物获得更多安全保障。

1. 单件的发货流程

（1）成功登陆淘宝网之后，点击右上方菜单中的“我的淘宝”，如图9－2所示。

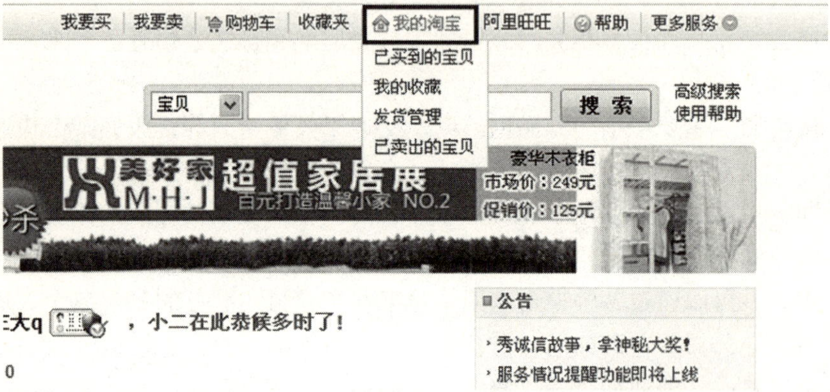

图9－2

（2）如图9－3所示，在左侧菜单“我是卖家”中，选择“已卖出的宝贝”。

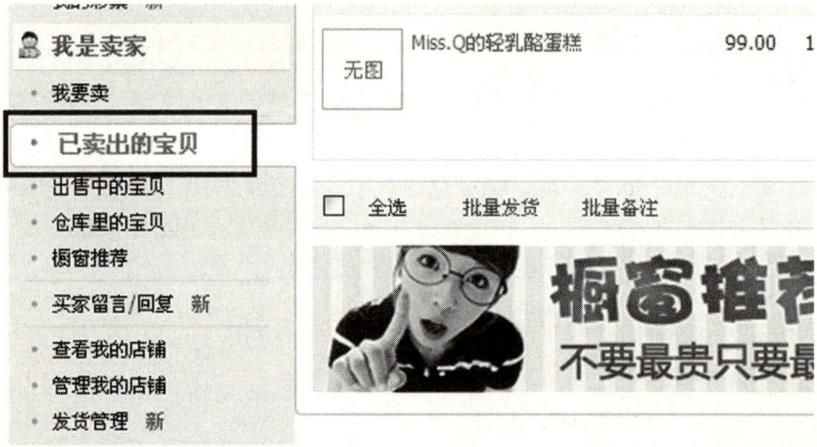

图9－3

（3）如图9－4所示，在“所有订单”中选择一件买家已经付款的商品，然后点击“发货”按钮。

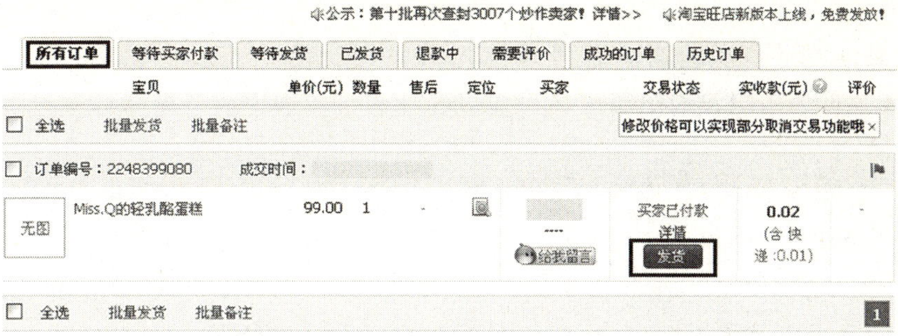

图 9－4

（4）如图 9－5 所示，核实买家的收货地址及你发货的地址与其他个人信息。

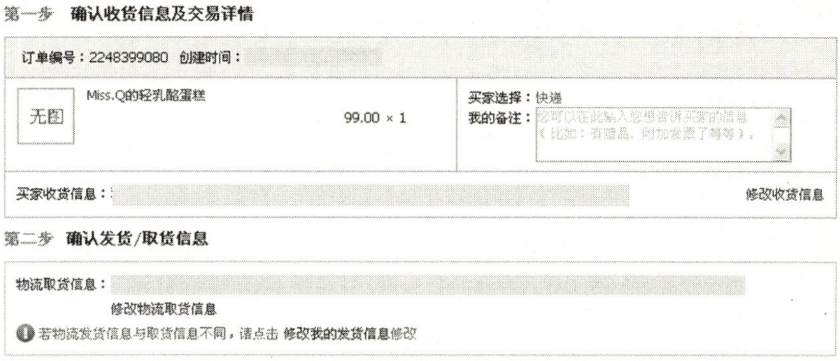

图 9－5

（5）如图 9－6 所示，点击“在线下单”，在确定你所需要的物流公司后，点击“选择”按钮。之后，淘宝网的工作人员将通知物流公司上门取货。

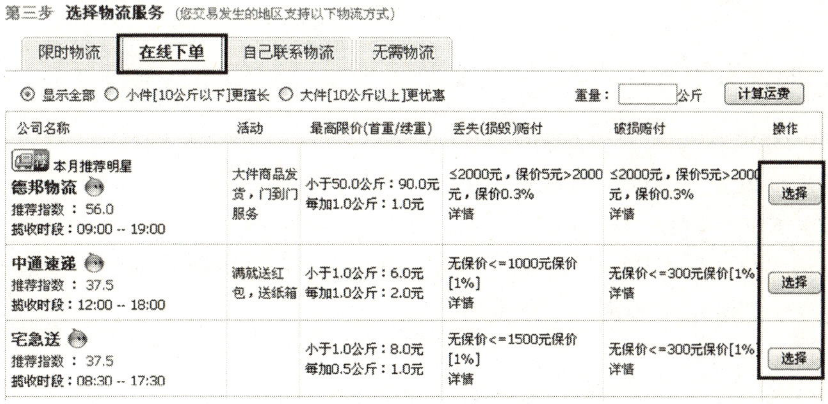

图 9－6

（6）注意事项。

如果你填写了正确的运单号后点击确认，交易状态就会变为“卖家已发货”。如果你下单时没有运单号，也可以在物流公司取件后再填写运单号。

2. 批量的发货流程

（1）如图 9－2 和图 9－3 所示，点击“我的淘宝”后，在左侧菜单“我是卖家”中，选择“已卖出的宝贝”。之后如图 9－7 所示，选择相应的商品，并在相应商品前面的方框内打“√”，然后选择“批量发货”。

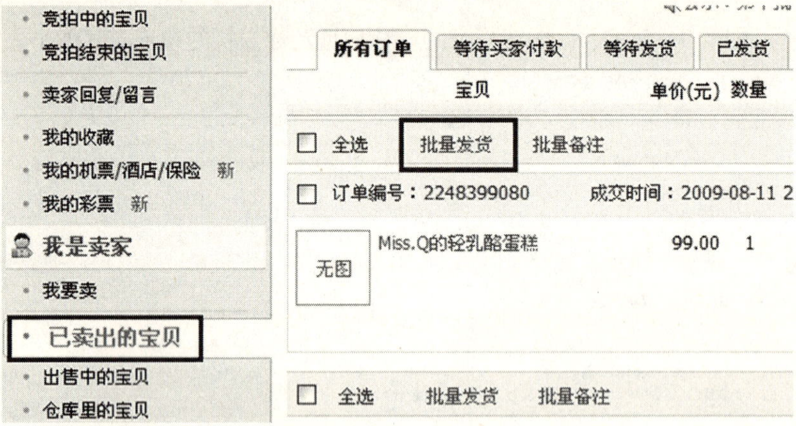

图 9－7

（2）在批量发货的订单页面上，检查发送订单的相关信息（包括：物流公司，地址信息等），选择“在线发送订单”后确认，淘宝将会通知你所选择的物流公司上门取货。

3. 如何取消物流订单

（1）物流状态。

等待物流公司受理，未取货成功时，该订单才可取消。

（2）E 邮宝状态。

取消入口在网上下单 6 小时后开放，取消订单需在物流公司上门收货前进行，无论是否有运单号都可以取消。

（3）物流公司。

在物流公司与你进行电话确认时，你也可以直接要求取消。

卖家心得

网上下快递订单，然后约好时间等待他们上门取货，并告诉你订单号码，这个时候的单子由你来填（如果以后生意做得很大，会和快递成为合作伙伴，费用会降低，并且单子是打好的），然后付邮费，将包装好的东西交给快递人员，由他们回去贴。

然而，你会发现，如果你急着寄出东西而将约定上门时间定得较早，那么可能会等不到人来，尤其在一些中小城市不管怎么约时间基本不会有人上门，这时候就需要你自行联系物流，不用网上订单，在淘宝选项上选择自行联系物流选项。当然，这样就没有了淘宝的优惠价，邮费的价格也会贵一些，但是自行联系物流，也需要在网上填写订单号，并且要在东西寄出后才能得知。

Chapter 10 发货的“抠门”省钱法

“打包”省钱法

在邮寄衣服等比较柔软的卖品时，卖家可以尝试用一种既省钱又保险的材料，这就是白布。或许有人会说：“自己做箱子就行啦，用不着这么麻烦。”其实，这么一个“不麻烦”就会白白浪费许多钱。首先，做一个箱子的成本远高于白布袋好几倍；其次，自己做出的箱子邮局会百般挑剔，不是说不合适就是说太薄；第三，箱子的重量比白布的要重好几倍，邮局或是快递可都是按重量收费的哦。

1. 批发白布

首先，到批发市场购买大批的白布，选择价格便宜的，一米布也花不了几块钱，那么它能做多少个装衣服的袋子呢？你试试看就知道了。

2. 找一台缝纫机

在业务相对少的时候，简易的电动缝纫机就够用了，但随着业务量的增加，对缝纫机的要求也会提高，但是买大的又太贵了，为了节约成本，我们可以到二手店铺淘一个，那些虽然老点，但还算耐用。如果家里有老式的缝纫机更好，这样可以连这笔费用都省了。

3. 测量尺寸

现在可以用你卖出的宝贝实验一下了。先大概量一下需要多少布，接着剪下来用缝纫机缝好，留最后一个口，把宝贝放进去，再把袋口缝上就大功告成了。一般来说，邮局对这个妙招是一点办法也没有的。只要不是怕挤压的东西，都可以使用这个招数哦。

卖家心得

要善于发现周围的包装资源，比如可以找一些废品收购站购买一些纸盒当外包装袋，价格会比邮局的盒子便宜得多。或者是跟小区里负责保洁的人员谈判，让他们把干净的盒子留下来，尤其是显卡、声卡、音箱、MP3之类的盒子，非常适合包装各种商品，一个盒子花几毛钱就能收到，不但能省自己的钱，还能帮保洁员多赚些钱，总比他们直接卖给收购站赚得多呢。

邮局省钱法

大多数开网店的卖家，在邮寄方面每个月都有一笔很大的开销，虽然说羊毛出自羊身上（一般邮费都计算在商品价格内），但假如质量相同，价格一样，相信买家会选择邮费更低的商品，低运费将使你的店铺更具竞争力。

1. 包裹单自行购买

邮局包裹单大约是0.5元/张，而网上每张的价格一般都在0.25元以下，所以各位卖主不妨买一些存在家里面。

2. 自贴邮票

以500克为计算单位，最省钱的方法是买打折邮票，这样每单可以节约2～10元不等，这通常得视情况而定。当然刚刚开始邮寄的时候邮局的工作人员脸色会很不好看，但寄多几次以后，他们也怕麻烦，于是有可能改为收邮票抵现金，交寄手续和一般收现金包裹一样。按邮政治理条理规定，邮资也可以以等额邮票贴于包裹单第三联的反面，也就是邮局存根联。这种情况下，一般邮局的工作人员会先收取邮票然后再私下里贴，当然也可以自己贴，有些地方就是直接把邮票贴于包裹箱上的，这个要求并不统一。

或许有些地方的邮局工作人员跟你说不能使用邮票邮寄，但事实可能并非如此，根据国邮406号令规定：“所有邮政支局所收寄包裹（指国内普通包裹，快递包裹和国际小包）时，遇用户以自带邮票方式纳费的，应照常收寄，不得拒收。”

3. 自己打包

某些邮局对自带包裹箱的顾客收取1～2元不等的打包费。假如想省下这笔费用时，最简单的方法是自己带着封箱胶带自己封。封箱胶带的成本很低，费用几乎是可以忽略不计的。

4. 自备包裹纸箱

尽量不要买邮局的箱子，邮局的包裹箱最低都要两块钱。有条件的卖家可以买些其他便宜的盒子，比如牛奶箱、鞋盒或电脑配件的盒子等都可以当包裹纸箱。实在买不到的话，就可以网购些邮局的专用纸箱，价格会比在邮局购买便宜很多，如图10－1所示。

图10－1

此外，如果家中有比较大的纸箱的话，可以自己动手将它切割成几个小纸箱，既有了包装盒又废物利用，真是一举两得啊！

（1）准备工作。

首先，我们要准备一些用到的工具和材料：不用的硬纸箱、壁纸刀、美工剪、较厚重的尺子。如果这些工具都准备好了，下面就可以开工啦！

（2）寻找合适的小纸箱。

选择一个尺寸大小合适的小箱子，将它小心地拆开后放在大纸箱上，用铅笔画出轮廓，如图10－2所示。

图 10－2

(3) 剪切。

按照画好的尺寸，将其剪下，用尺子压在纸盒上，对照着模板压出压痕。注意：这个步骤一定要做，为下一步的折叠打好基础。

(4) 折叠并固定。

按照压痕将纸箱折好，用胶水或订书钉固定。

(5) 修剪。

最后将纸箱的边边角角修剪干净，这样一个纸箱就做好了。

卖家心得

别老打买家邮资的主意，尤其是收了快递的费用而为了省钱改发速度慢一些的平邮的卖家。现在的买家都很精明，邮费也要感觉划算才来和卖家买东西，如果多赚了买家的邮费，遇到较真一点的买家硬要你退出多余的邮费怎么办？这样会闹得不愉快，还有的买家可能会投诉你或是给你一个差评，这就得不偿失了。这一点也不夸张，有的卖家就遇到过这种事情，买家为了多出的 1.8 元邮费争吵。所以建议卖家朋友们要节省邮费也得差不多才行，不要让买家不再买你的东西，那可就亏大了。

关于 EMS 的问题，你如果一个月要发 20 个 EMS，就可以直接和 EMS 商量打折的事情，可以直接拨打 11185 询问当地的 EMS 快件中心负责人的电话，好好谈谈。在谈妥之后，你就可以按照要求打印“EMS 可户代码申请”，发传真给负责人，应该就可以获得大客户代码了。

快递公司的配送省钱法

1. 快递的价格是谈出来的

为什么有些卖家的快递价格会这么便宜呢？那是谈出来的！快递费用便宜不便宜其实是由卖家自己决定的，如果买家反映你的快递费用高了，那就证明同类商品的卖家就比你多了一分竞争力。对此，有人会问：“快递公司也能砍价吗?”，或许还有人问：“我已经努力砍价了，可是快递员不干，怎么办呢?”其实这些问题都是要靠嘴皮子来解决的。

快递的砍价方法一般如下：

（1）充分准备。

虽说砍价是种嘴上功夫，但是在此之前要做好充分的准备工作，搜集各方面的信息。就拿最基本的运费信息为例，以上海为始发地计算，发到江浙沪一般为5元/KG。特别注意：不管是什么快递公司，运费一般都是按1KG的重量起价，没有0.5KG的；航空件通常正常的价格为10～12元，如果大客户的话可能会优惠到8元/KG。当然具体情况也要看在什么地方了，比如有些偏远的地方，一般都要15元左右。此外还可以跟其他卖家进行交流，尤其是同城卖家，看看他们都选择什么快递和相应的价格，做到“知己知彼，百战百胜”。

（2）单刀直入。

打电话到快递公司，询问专门负责你所在片区的快递员的电话号码，注意不要浪费太多时间和话务员谈价格，他们只负责插件或是客服工作，所以跟他们谈了也白谈。如果你的发货量很大，那么直接与负责片区的快递员联系就好，他会非常乐意给你个优惠价的。但如果你的发货量不多，则可以找片区负责人谈谈，毕竟对快递公司来说也是个生意呢。

（3）专业用语。

打电话给快递员或是负责人，不要一打一挂让别人打过来，这会显得你小家子气，让人一看就知道不是什么大客户了；当电话接通后，口气要“凶”一点：“长期客户怎么做啊？多少钱一票?”一票是快递的专用术语，做快递业务的人一般不会说一件的。

（4）态度诚恳。

在谈判时态度一定要诚恳，每月的大概票数要实事求是地说，不要“打肿脸充胖子”说自己是大客户，快递公司的人都不是傻瓜，一个月下来就会拆穿你的小伎俩了。最好的办法就是告诉快递员，自己是开网店的，以后会经常寄东西，只不过刚开始不会很多，以后会慢慢的好起来的，相信你的真诚会打动他的。

（5）死缠烂打。

如果谈不到合适的价格也不要气馁，可以先按照正常的费用给，每次发件的时候对快递员“软磨硬泡”、“死缠烂打”，但是注意态度一定要好，相信没过多久就会享受优惠政策了。如果这招还不行，那么你可以多换几家试试看，只要有耐心，总有一家适合你的。

2. 快递省钱法的注意事项

（1）装作“若即若离”。

如果你总是把所有的件都交给一家来发，时间久了，自然会“因熟而失礼”。导致取件不守时，发件拖延等等问题。哪怕你真的已经是这家公司的一个很稳定的客户，最好也不要表现出来过分的信任和宽容。这个其实也是做人的一个技巧，永远让别人保持对你的需求。

（2）不贪小便宜。

有些小公司在价格上有优势，明显的比一些知名的快递公司便宜，但这样的公司可能是联盟性质的小公司，互帮互助，互相传递货品的。不但快递的速度慢，转来转去都不知道把你的商品倒到哪家公司了，此外还会因为中间环节过多，经常会出现包裹丢失的情况，而且你根本查不到包裹是在哪里被弄丢了的。

（3）弄清发货时间。

一般来说，快递公司的员工流动性很大，所以你要弄清楚具体的发货时间，免得因为某个公司的快递员忙不开了，而耽误你的发货速度。他们通常会说今天下午发和明天上午发都一样，是赶明天中午的班机，实际上是他们下午没时间来，而你的货却错过了今晚的班机。所以必要的时候，应该“装作”很明白很懂的样子，告诉他们自己知道什么时候发件，请务必在某个时间段来等。

卖家心得

一定要和业务员好好地沟通，争取把价钱谈到最低，而且不能只是看价钱，还要找个在当地比较有信用的快递公司。否则，因为快递公司的信用不好从而影响到自己的信用，就真的是“哑巴吃黄连，有苦说不出了”。

如果发货量比较大，可以故意让几个快递公司的快递员来取件的时候“撞车”，这样他们就会两只眼睛充满血丝的望着对方，这样一顿疯狂的价格战和服务战自然就打起来了。这时，我们卖家就可以一边假装劝架，一边心里美滋滋地坐收渔人之利啦！

Part 5

实战案例：坚定你的信心

本篇重点

网店经营实战案例

Chapter 11 网店经营实战案例

高考落榜生的“网上餐厅”

夏天高考落榜后，自费上了一所民办大学。毕业后，由于难以找到专业对口的工作，无奈之下，她只好到广州一家专门为外国人开的酒吧做侍者，薪水加小费，每月也有近2000元的收入。

但是夏天做这份工作并不开心，像她这样的漂亮女孩在酒吧遭遇委屈的事儿是免不了的。暧昧的柔光下，缠绵的英文歌曲里，有时开放的顾客会乘着酒兴对她做出一些出格行为。开始时为了守住工作，夏天只得敷衍着，可是日子久了，生性贤淑的她越来越无法忍受了。

一天，夏天给在电脑公司就职的男友送午餐，当时饭盒一打开，色香味俱佳的菜肴和广州人爱喝的靓汤，马上引起男友同事们的纷纷夸赞。他们拍着夏天的恋人的肩膀，一副羡慕得要死要活的“酸样儿”。夏天在欣喜之余突然悟到：现代人的生活节奏快，工作压力也很大，写字楼里的白领们根本无暇准备午餐，往往只随便吃点小吃，或去麦当劳、肯德基等洋快餐店，这样既不经济也不实惠，如果将精心制作的配餐和营养丰富、热气腾腾的营养靓汤及时地送到这些工作繁忙的白领一族面前，一定会有市场。

夏天为这个想法兴奋不已，她准备利用自己出色的厨艺，在一个公司林立的商业区开家餐饮店，可是广州繁华地段的房租贵得惊人，一个不大的店铺每月都要2万元的租金，如此做起来她的小店很可能入不敷出。这时，夏天的男朋友为她出谋划策说，有一个不需要投资的经商方法，对于那些想当老板但又苦于缺少资金的年轻人很适用，那就是“零成本网上创业”。网上开店的最大好处是无需租店面和仓库，省去了实体店应缴的一切费用，只要你是一个合法网民，有需要出售的物品，都可以在互联网上过一把老板瘾！真是“一语惊醒梦中人”，对互联网并不陌生的夏天听了男友的点拨后茅塞顿开。

于是她辞去酒吧的工作，决意做个“网上老板”。在萌发了开间网上餐厅的大胆念头后，夏天查阅了大量的食谱，为顾客精心设计出20多种不同风味、搭配合理的套餐。她准备了一台二手笔记本电脑，配上调制解调器，联上了互联网。男友为她制作了一个精美的网页，经过半个多月的准备，一个“网上快餐店”终于“开张”了。那一天，夏天的心激动得“怦怦怦”地跳个不停。

夏天印了3000多张精美名片，外层有“网上餐厅”的网址和电话，展开后又有各式各样的套餐和靓汤名字映入眼帘。夏天将这些名片派发到市区内一幢幢摩天写字楼里之后，就开始坐在家里的电话机旁，盯着电脑屏幕期盼着订餐邮件或电话的到来。忐忑不安地苦苦守了一天，却没有盼来一份网上订单，她只得把当天下了很大功夫制作的套餐和靓汤全部倒掉。

漫长的三天熬过去了，心急如焚的夏天终于等来了第一笔生意。渐渐地网上订餐的人多了起来。在三个月后，一到中午，夏天房间里的电话铃声此起彼伏，应接不暇，订餐E－mail有时简直能挤满她的电子邮箱。随着时间的推移，已经有近30家公司成了她的“网上快餐”店的长期客户。后来她又雇了10多名上门送餐的员工，并请了两位厨师按她的设计做出不同档次的套餐和营养靓汤。为了保证质量，她严格控制每天只制作600盒配餐，另外，搭配着每盒快餐还赠送给顾客一款可以选择的靓汤。

每周一，夏天就把一周的配餐计划发布在网页上，每天按时上网接收订单。她每天早上五点就去菜市场精挑细选原料，回来后严格按食谱配料，烹制过程一点都不敢马虎。因为这个聪颖的女孩深知广州人“嘴刁着呢”，靓汤煲得缺一点火候，白领食客们马上就能吃出来了。在网上做生意，千万不可轻视诚信！一定要讲究信誉度，这样能够招揽稳定的客户。

有一次，一位订户接到快餐，嫌送餐员工用的时间长，饭都不太热了，于是就不满地发了一封邮件给夏天。夏天看到后，当即骑上摩托车，亲自将一份冒着热气的“精品套餐”和免费靓汤送到对方手上，并诚恳地代表手下员工向那位小姐赔礼道歉。这件事传开后，她的“网上餐厅”在白领食客中更是声名鹊起。

现在除去成本和员工开支，夏天的“网上餐厅”每月至少有2万元的毛利。如今她正全力筹备建立一个餐饮娱乐网站，决心开启一扇更为新颖的创业之窗。

大学生的兼职饰品网店

不少人选择网上开店是为了满足自己当老板的兴趣，或是作为一种业余的消遣方式，但 Cary 和女友小柔合伙开的网店为的却是怀着创一番事业的勃勃雄心。2003 年，还在读经济系三年级的 Cary 被当时刚刚兴起的网上购物潮所吸引，加上自己所学的专业知识，于是产生了开网上商店的念头。从构想出售商品、设计网站、申请网站域名到商品货源的联系、网站宣传，一切都在 Cary 和几个朋友自己动手，他们忙里忙外精心筹备了几个月，一间专门出售女性时尚饰品的网店终于顺利“开张”了。Cary 说，刚开始遇到的最大困难是怎样向别人宣传这个网站，由于产品针对的消费群主要是大学生和白领，于是，他想到了在校园和大型网站的 BBS 里面推销自己的网店，经过一轮轰炸式的宣传推广，网店终于迎来了第一张的订单。

经过一个多月坚持不懈的努力，订单数量从刚开始的屈指可数，演变成现在的俯拾皆是，使得 Cary 和小柔这对拍档初尝到了盈利的滋味。现在 Cary 已经毕业了，当同学们四处奔波找工作的时候，他并没有选择就业，而是全职当起了“老板”。

人们常常有种错觉，认为上网开店不用租铺位，不用压货，比起传统的店铺销售模式经营起来轻松多了。小柔觉得这样的想法是对网上创业的一种误解，“事实上，网上开店所耗费的精力与时间可能比传统的店铺模式还要多，自从开店以来，我们几乎每天都要花费十多个小时坐在电脑前接收客人的订单或者解答客户的问题，这种体力消耗真的不是常人能体会到的。”小柔在网店中负责“客服”工作，她说，因为所有交易都是通过网上的 QQ、MSN 或 E-MAIL 进行，买家看到的只是商品的图片而非实物，所以总有或多或少的疑问，所以，小柔每次都得耐心地回答客人们有关商品的问题或是如何购物等操作问题，“有时候同时有十多位客人在线向你询问，我们都必须一一详细解答，打字速度慢点都应付不来，碰到一些比较刁钻的客人，还得耐心地与他们周旋，尽量详细地让他们知道产品的好处与用途，同样的问题，由于询问的客人不同，我可能得回答多次。记得有一次，同一个问题我就回答了十次，所以说，经营网店真的很需要耐心。”小柔笑着说，自己已经在 QQ 上练就了一人应付十几人的“神功”，总之一切以满足顾客的需求为先。

从兼职卖家到全职钻石卖家的销售小秘诀

我是一名淘宝卖家，不知不觉地我在网上开店已经两年多了，在三个月前我还一直是兼职卖家，没有生活上的压力，本着卖一个算一个的心态，从没想过要轰轰烈烈地闯一番事业，来了买家就热情地招待，没有生意就随其自生自灭。我一直就这样“当一天和尚撞一天钟”地活着，人生没有半点波澜、平平淡淡地。但不知是在哪个瞬间，让我在淘宝中看到了自己原来可以不一样地活着，原来也可以活得有追求。于是在 2008 年的 4 月我辞掉了工作，专职做起了淘宝人，尽管这一决定遭到了全家人和同事们的极力反对，但我还是坚持下来了。

在所有人都不看好的第一个月，我仅半个月就卖了 1800 元，回想起来，网上店铺开张的第一年每个月我还卖不到 100 元，这个差距够大的。现在我一个月做的单子就等于去年下半年加起来的，而且也快升两钻了。我惊喜之余也暗暗感到欣慰，因为我选择了最适合自己的路，妈妈不再反对了，以前的同事也纷纷给我加油鼓气，现在我对自己更有信心了。

以下是我的经验之谈，希望能和各位掌柜分享。

1. 诚信（给予买家安全感）

实事求是，商品品质是怎样就说怎样，不要以次充好，宝贝描述一定要如实地反应你的商品情况。网上购物不能实实在在地看到和感觉到商品的性质，只有通过你的描述去了解商品的品质与性能，所以一定要描述与实物相符，不管你店里的东西是便宜还是贵的，最重要的第一点就是诚信，正所谓“诚招天下客，誉从信中来”，如果你的店里当时就承诺“无条件退货”，那么客户收到货物后不满意的话你就应该接受他的退货，不要一味地给自己找借口逃避这个责任。要记住买家才是最能给你推广的一个活窗口，他们用得好一定会推荐朋友来光顾，你的诚信服务感染了他们，他们就会自然而然地给你做宣传，哪怕在朋友的言谈间也会流露出对你店铺的诚信和安全感。

2. 价格（公道的价格更能吸引买家的眼球）

淘宝现在的价格战很厉害，比方说有的卖家把商品标成0.01元，而邮费却标上20~50之间的价格，这不是明摆着坑人吗？而且淘宝也绝对不会允许这种情况发生，这样会被判处“炒作信誉度并删除商品”的处罚，所以千万不要动歪脑筋，这无疑就是搬石头砸自己的脚呀，再说同样的东西你定价为0.01分钱，邮费却标得那么高，不要把买家朋友当傻瓜，这个谁都会分辨的。俗话说得好：“一分价钱一分货，一分服务一分情！”所以一定要有一个合理的价格，这样才能给自己生存的空间嘛！

3. 服务（沟通最重要）

要把每个买家当成自己的朋友进行真诚地沟通，不管客人是否购买你的商品，你都不能对人家爱理不理的，也不能让光顾的买家朋友问一百句你也不回人家一句，遭到这样漠视，相信不管是什么人都会不开心的，也不愿意相信这样的卖家。如果你要离开电脑一会儿，就要把旺旺设置成自动回复，说你去办事了一会儿回来，或者把你要说的话留下，这样就不会让买家朋友误会你了。“

4. 售后（让买家更舒心）

不要以为把东西卖出去就算完事了，这时候买家回头问你问题还是要及时回答的。如果出现质量问题你还要及时给人更换或者退货，千万不要骂人或是发脾气，这样对你没半点儿好处。

昨天就看到一个发广告给我的钻石级卖家。三个钻了，我想一定不错，就去看了，我有个习惯，去买东西先去看看这个卖家的评价，这样更容易了解商品及商家的人品。我不看不知道，一看吓一跳，这个卖家骂人真的是“出口成脏”啊，我真想告诉他，买家不是你的仇人而是你的衣食父母，这个三钻的卖家在我心目中的地位顿时降到零下，我想之所以他发广告招生意，一定是最近经营惨淡，大家一看他那脏话连篇的就知道这个卖家的人品恶劣，商品就更不可靠了，所以评价能反应一个人的人品，想把生意做下去，这是很关键的！没有一个人愿意花钱找气受，包括我们自己不是吗？经常看到一些级别很高的卖家，信誉是上去了，但看看评价，很多都反应卖出去以后就不管了，买家问问题也不回，我就遇到过这种情况，这样的卖家的售后服务实在是不敢恭维，反正要是我遇到这样的卖家，绝对不会有第二次光顾，也不会让身边的朋友去买他们家的东西。

我前段时间在网上买了茶，这个茶叶卖家就非常不错。收到快递包时，我在快递面前拆开——这个是必需的，希望每个买家朋友注意了，如果快递公司不让你在签收前拆包，那就得留住他们几分钟当面查货，发现问题及时解决沟通，这样对买家卖家都好。拆开包后，我发现卖家发错货了，我立刻打电话给卖家，他说马上帮我查，经过不到两个小时的沟通与查单，他们确认是发错了，并真心诚意地道歉，态度非常诚恳，而且还把发错的那一份货送给了我，当时我真的很感动，觉得这个卖家非常不错，勇于承担错误。不过还是得提醒各位卖家，尽量不要让这种情况发生，发货前一定要查清楚。我每个包裹都查四次的，细心最重要，尤其是包裹多的时候更加要注意了，千万不要出错，货发错了即使是补救了，有些时候还是会给买家朋友留下不大好的印象。

经营小秘诀：

（1）服务好一点儿。

热情的服务让买家更舒心，不买也可以与他们交朋友，多个朋友多条路，就是带不来物质上的财富也可以给我们带来精神上的财富。

（2）笑容多一点儿。

旺旺表情里很多，即使你在生活中不爱笑也要在旺旺中多发些表情。

（3）回答迅速点儿。

对于买家提出的问题尽量快速且详细地回答。

（4）价格便宜点儿。

价格公道质量过硬才能挽留客户。

（5）礼物多送点儿。

买家收到包裹后发现额外的礼物会感到很惊喜。

（6）再用点儿心。

诚心、热心、细心、精心，一个也不能少。

做到这几个点儿你的生意准跑不了，希望所有的买家卖家朋友，买得放心，卖得开心！

28岁商盟盟主的淘宝故事

李晟赫，今年28岁，现在的身份是淘宝某商盟的盟主。在6年前，他刚大学毕业的时候，第一份职业是网络工程师。2006年在网上开店至今，他完成了一次身份的转变，同时也创造了自己的财富人生。

1. 没想到自己成为“生意人”

“我上大学的时候学的是计算机网络专业。”一脸敦厚的李晟赫笑着说，“可怎么也没想到自己最后竟然成为一个‘生意人’，因为妈妈常说我‘从小连打酱油的钱都没算清楚过’。”

2002年，李晟赫受聘到清华同方四川分公司担任校园网的维护和开发。2006年，他偶然在淘宝网上购买了一套软件，在交易时，他留意到一位买家在网站上留言求购一个局域网管理软件，希望有货的卖家能与其联系。“我当时手上刚好就有这么一个软件。”李晟赫立即与对方进行联系，将软件邮寄过去。“过程挺简单的，只花了30分钟就挣了20块钱。”李晟赫腼腆中透露出一丝得意。

接下来的一周，李晟赫都泡在网上，先后做成了3笔生意——一个主板，两个光驱。与上一次一样，他在接单之后还是从邮局给对方发货，然后从银行卡上接收对方的付款。但晚上回家一算账，他发现亏了6元钱。“怎么会亏了呢?”李晟赫百思不得其解，最后把邮寄的单据拿出来一算才明白。“我每邮寄一件货品，就要付出13元的成本，而我一件货品只挣11元钱，每发出一件货品就亏2元。”李晟赫说，这件事情让他明白了“成本”这个词的含义。“今后无论做什么，我都先把‘成本’放在第一位。”

2. 没货卖就拿薯片开刀

有了“亏本6元”的经验，李晟赫反而对做生意产生了兴趣，于是开设了自己的网店。“卖什么好呢?”在开网店后，他却开始犯愁了。一个月很快过去了，他的网店还是只有一句“敬请期待”，这让他十分着急。“我当时就想，能卖什么就卖什么，不能老让店空着!”李晟赫一抬眼，看到书桌边堆着的薯片，当即决定“就拿这些薯片开刀”。随即，他就将薯片的图片贴到了网上，价格比进价调高了0.8元。不到20分钟，薯片居然都卖出去了，李晟赫又把目光放到了几包被他堆在抽屉里的方便面上，不一会儿，方便面也被人订走了。

“我这个人喜欢购物，而且特别喜欢批量买东西。”李晟赫像小孩一样坏笑着，“我买方便面一买就是一箱，买零食也喜欢到批发市场去买，经常是吃不完却放坏了。”在卖存货的同时，李晟赫茅塞顿开：“反正东西闲着也是闲着，要能都‘折现’那该多好啊!”他觉得自己不用找什么项目了，“卖存货”就是一条“妙方”。手电筒、电脑硬盘、浴室用品、剃须刀、牛肉干……李晟赫有什么卖什么，反正都是批发来的东西，他只需要比市场价格低一点就可以卖出。不到一个月，他靠卖存货就赚了2500多元，这让他兴奋不已，当即决定辞职，专心开店。

3. 帮人最开心

在网上，李晟赫的名字叫“李逍遥”，而他的网店和这个名字一样也很“逍遥”，开店两年，他既没有固定经营某一类型的商品，又没有将网店落地开成实体店，而是像最初经营网店一样以卖各种各样的“存货”为主，从小家电到小商品，你在常规网店上买不到的东西，在他这里总能“淘”到。在价格上，他也是按照“薄利多销”的方式，每月始终保持着几千元的收入，日子过得惬意而轻松。

2006年底，将小店生意做得红红火火的李晟赫和十几个同样开网店的朋友组成了“×××商盟”。“商盟里有做物流的，也有做包装的，还有做快递的，几乎你需要什么就有什么，大家不仅能互相照顾，而且还能互通有无，方便之余还降低了成本。”令他没想到的是，到了2008年初，商盟的人数竟达到了400多人。在第一任“盟主”因出国离开商盟之后，李晟赫被网友们推选为“盟主”。

现在，大部分在“淘宝”上开店的×××商盟网民，总会尊称李晟赫一句“逍遥盟主”。李晟赫自己也有了“盟主”的“范儿”，他现在每天最主要的工作不是经营自己的小店，而是帮助新人开店。“钱不是生活的主要目的，还是帮助别人最开心。”

李晟赫认为，诚信、控制成本、拉住回头客这三点是开店的基本要素，至于具体该怎么做，还得看个人特点。李晟赫认为开网店首先要明确自己的优势，找准盈利点，是走低价路线，还是靠新奇制胜；是标榜时尚，还是提供贴心服务。其次，一定要注意维护网站，及时与用户进行沟通，聚集人气。“我的秘诀还有：不设仓库，不搞连锁，不欺外地客。”李晟赫一脸坏笑地说，“这些秘籍，如果你都能琢磨透了，那么恭喜你，你就要赚钱了！”

大学生兼职卖家的宣传策略

慧慧是一名艺术设计专业的在读大学生，2008年的2月份通过了淘宝的实名认证。因为没有经验，一切都要靠她自己去摸索，也让她这个没有接触过社会的人感到了前所未有的困难。好不容易把店开起来之后，生意一直不怎么样，可能因为她是新卖家，又没有信用度，所以买家都不敢买她的东西吧，相信这也是所有刚开店的朋友们共同的烦恼。不过不同的是在这个最困惑的时候她没有放弃淘宝，而是认真地进行了一番换位思考，把自己放在一个买家的角度上，看自己会对什么样的店铺比较感兴趣。最后总结的经验就是：在淘宝数以万计的同类店铺中，每天在店里坐等顾客，让买家主动发现自己的店铺是不现实的。要想让自己的店铺突围而出，必须有自己的显著优势，而且最基本的就是必须先让别人知道有这个小店的存在。于是说做就做，慧慧制定了一套很适合自己小店发展的“营销策略”。

1. 先取个好店名

好名字并不是说让你把名字取得多么复杂，店名最好简单点，不要过于难记，这样才能让更多的买家记住你的小店。而且在店名里面最好包含一些与你所卖商品相关的关键词，这样才能让更多的买家更容易地搜索到你的店铺。

2. 进行店铺的设计装修

许多买家觉得自己店铺里的宝贝价格这么便宜，怎么还是没有买家上门呢？一开始在没有信用度的时候，你可以把店铺和宝贝布置得细致些，就会给人一种信赖感。如果自己不会装修可以请专门设计的卖家们简单装修一下，让自己的小店焕然一新。

3. 宝贝标题和详情介绍要吸引人

网上出售商品，绝大部分的时候买家是无法看到实物的，所以需要拍出清晰漂亮的商品照片，还要有详细的商品描述，这样才能对买家有更大的吸引力哦。

4. 多到相关论坛发帖子

在淘宝是不允许做广告的，但是我们可以利用一些潜在的资源传宣！不要放弃任何一个可以宣传自己的机会。例如在论坛发帖子的关键性就不言而喻了！每天逛论坛的人成千上万，他们中的潜在买家多如牛毛，所以在论坛发帖子就成为让别人了解你网店的重要途径了。

当然，一篇好的精华帖子最重要。慧慧曾经有过这种经验，只要有加精帖子，那小店的浏览量就会翻一番。当然了，如果帖子被推荐到首页的话，一天最少也能成交十多笔生意。慧慧就有好多次帖子被加精推荐后小店的日浏览量多至近一千的亲身经验。

5. 不要守株待兔

（1）每天至少要有 10 个小时以上保证旺旺在线。

有事没事多挂着旺旺，这样让买家搜索在线卖家的时候能够搜索到你，而且要充分利用好旺旺，在你有事情不在的时候，请设置自动回复。这是慧慧设置的回复：您好，我现在在上课，有喜欢的宝贝请拍下。我下课后马上给您回复。谢谢您对本店的支持！

（2）要利用好论坛的回帖，最重要的是一定要有属于自己的个性签名。

这样方便论坛的浏览者通过点击个性签名进入你的小店，从而增加浏览量、成交量。

（3）去求购集市主动联系买家。

正是因为端正心态，策略得当并且积极宣传，到了 2008 年 4 月正好是她开店两个月的时候，就已经有四颗心了，刚开店的淘友们不管成绩如何都不要灰心，相信自己的能力。用乐观的心态去对待。要相信，付出和回报是成正比的，只要商品好，策略得当，肯定会有越来越多的买家光顾的！

因"拍卖"成功而开网店的钻饰卖家故事

2000 年已经在易趣网上注册的小艾，当时并没有立即投入网店卖家行列。直到 2002 年，她才尝试着在易趣网上拍卖一套日语教材，没想到一个大学生竟然出高价买了，比预计的成交额高出了 20 ~ 30 元。

"开始只是玩玩，没当成职业，2003 年后就变成全职做网店了。"小艾对于辞掉一份稳定的软件公司总经理助理的决定并不感到后悔。当然，这是在她开始卖钻石饰品和银饰品以后，当时银饰品进了几百块钱的货，同时也并托做钻石生意的哥哥，试着放了些钻石的饰品在网上，也没打算非要卖出去不可，反正卖不出去还可以在网下卖。

连小艾自己也没想到，这些动辄上千的高价商品，很快便有了买主。第一笔生意的买家是某电台的主持人，一次买了 2 ~ 3 件钻饰，总值三千元，当时买家也没有当面看过现货，因为小艾本身在银饰的信用度就不错，所以双方只是通过 E – MAIL 联系了几次便成交了。买家拿到货以后，给了小艾一个好评。尽管没有赚什么钱，但这让小艾相信，不管货品价高价低，有信用就能把货卖出去。

很快，小艾就正式在易趣上注册了名为“钻石心情”的店铺，专门经营钻饰。她的经营秘诀是小件商品迅速累积信用。信用度高的卖家往往在网上被买家看中，但如何才能迅速提高信用度呢？

当然易趣这些网站也在不断改良相关制度，这些网店卖家在经营过程中发现了一些窍门。小艾介绍，其中之一就是依靠价格较低的小件商品来迅速累积信用度。例如她自己同时开的银饰买卖，人气很旺，由于高价商品相对交易次数较少，而信用体系规定，无论交易金额多少，好评一律都只给一分，所以当然做些薄利多销的商品，对于信用度提升大有裨益。而且易趣等交易平台也规定，来自同一个买家的好评，如果几次交易的商品都是同一种，其多次的评价也只能算一分，这是为了避免卖家蓄意炒高自己信用度所作出的修正。但累积信用并不意味着可以操纵信用度。之前易趣曾经对这类交易记录做过清查，小艾的信用值因此缩水了 300 多分。对于引诱对方炒作信用，无论是出售还是购买信用的，易趣都会删除帖子和警告。

利用好自己的信用度还可以帮助网店的发展，还有一点很重要，那就是尽量避免网上的恶意差评。差评的威力有时候实在是不可小觑，买家买东西的时候，总会看看过往的交易记录和好评率，如果交易记录上差评很多，或者好评率只有 70% ~80%，那一般买家都会认为卖家信用度太低，而不愿意购买了。

但差评在保护买家防范卖家不诚信的同时，也给了买家一件相当厉害的工具，甚至有买家以此为手段，威胁卖家将产品低价卖给自己或者勒索钱财；更有甚者，利用差评来攻击竞争对手，从而提升自己网店的销售量。

小艾的好评率很高，有 98%。即便是这样诚信的商家，也难免遭到恶意差评的攻击，其中一次是由于沟通问题，买家一气之下就给了差评。这些恶意的差评一般可以向易趣投诉，但是如果给出差评的当事人不愿意撤销评价，也没有办法。毕竟这些恶评是因为买家借故找茬而给的，防不胜防。

卖家唯一能够做的，就是做好自己的服务，约束好自己。同时，网上其实也有相当多的买家在交易完成后，没有留下评价的，这些几乎占了交易的一半，卖家可以与他们联系，尽量争取让他们补评。

大学毕业生的职业卖家故事

勋萌是一个刚刚迈出校门的大学毕业生，刚毕业不久，他就和两个大学同学应聘进了同一家私营企业，做起质量检验的工作。虽然工作很辛苦，但是作为社会的新成员，他清楚地认识到大学生已经不再是社会唯一的需求了，他要有着接受磨炼的充分心理准备。

在进了公司不久，由于他想拥有一个属于自己的生活空间，没事时能够和同学们一起上上网、读读书、煮煮饭，闲杂时讨论一下自己的人生，于是决定一同到公司外租房子。就这样，没过几天，他们就看中了一套110平方的3室1厅。他们的运气不错，房子很大，装修也很完善，一个月只要800块钱的房租。但是，这时他们的工资一人只有一千多一点。即使是这样，他们还是把房子租了下来，因为他们觉得一人一个月省下200多块钱，能换来一个舒适的家，还是很值得的！

幸福的时光对他们来说是很容易接受的，可困难来临的时候，他们可能就会手足无措！在2008年下半年，金融危机的影响变得越来越大，覆盖面积越来越广，很多工厂都关门大吉了。他们的公司也不例外，没几天的工夫，他们都下岗了。回到家里，看着原本温馨的安乐窝，却怎么也高兴不起来。几个人面面相觑，却不知如何是好。再找一份工作？可哪里都是金融危机，都不招工；回家“疗养”又很不甘心。难道社会真的就不给这些新一代的接班人一点机会？

在这种艰苦的时刻，他们决定与其硬着头皮给别人打工，还不如自己去闯一下世界。于是，他们考虑在网上开家店，做自己的生意，正巧勋萌有个朋友开了家实体女装店，有很多流行的日韩女装服饰，于是就联系了他，并很顺利地拿下了他店里的网上代理权。接着在一个省吃俭用的计划下，总算攒下了1000块左右的流动资金。

就这样，没过两天，他们的小店就开张了。店铺的名字很重要，它代表一个店的第一形象，同时也是他们奋斗的见证，所以一定要深刻。经过一翻激烈的讨论后，大家一同敲定了“缔造奢华”，它代表着在一个不属于他们的城市打造一片属于他们的奢华天地，就这样他们顺利地把自己的小店开了起来。经过一个多星期的轮流熬夜，他们终于把店里发来的图片及资料一一上传到网店里。可是他们感觉这还不够，一个好的店铺首先要给买家一个好的视觉效果和一个好的购物环境。在这种关头，因为手里的资金有限，只能先订购了一个月的淘宝旺铺，这样他们就开始对店铺进行个性化的设计。因为电脑技术的限制，他们决定找专业的网店装修店铺来给他们度身设计。就这样，又是128块钱出去了，原本的1000块也变成了800块。第二天，别人把制作好的模板发了过来，经过一翻团结奋战，他们终于把小店装饰得很有个性。因为勋萌是该店唯一的一个“技术员”，所以他足足花了3天时间，每天除吃饭睡觉外，就是对着自己的店铺，研究怎样才能把最好的东西以最佳的视觉效果展现给买家，有时连吃饭的时间都没有，甚直熬到流鼻血。

尘埃落定，一切都准备就绪后，他们一同点了店铺发表。一个崭新而美观的店铺呈现在他们眼里，这时真是又高兴，又期待。但他们仍然是一刻也没有闲着，平日没事的时候，他们就会去论坛里，学习别人的经验，以及学习怎样去推广自己的店铺。老天不负有心人，苦苦等了几天后，“叮咚”——终于一个让人振奋的声音响了起来，是一位上海的买家，咨询店里的一件韩国原版的饰品。即使勋萌他们用了自己最好的服务，却还是如履薄冰，生怕因为自己的一点小闪失，就把买家“吓”跑了。经过一翻细致的讲解，第一单生意终于落下弦音，买家成功地拍下了这件物品。当天他们以最快的速度联系了实体店的朋友，把货物发了出去。过了两天，一个好评消息弹了出来，这时，他们的心情有如海浪一般澎湃了许久。

就这样，一个多月过去了，他们的小店也从当时的空白变成了 5 心一排。他们非常感激淘宝带来的这一切，让几个失业的应届毕业生，不仅找到了出路，更看到了希望。现在，他们把目标定为：接下来的半个月内，让小店从心等级顺利升钻，并且开始着手筹备第 2 家分店的开张。

他们相信，在这个寒冷的冬天，面包会有的，牛奶也会有的。

年轻妈妈的网络儿童书屋

林燕妮现年 32 岁，在某公司做财务工作，2005 年“晋级”成为一名幸福的妈妈。在儿子小皓皓出生之前，爱书的她就给儿子准备了一大摞书。儿子出生不久，读书也就成了她与襁褓中儿子情感交流的一种重要方式。给什么都不懂的儿子读书，常常让她的先生感到很可笑，但她一直坚持了下来。而儿子也很快对书本、图画、文字有了反应，这让她体会到了亲子阅读的快乐。

儿子渐渐长大了，会走路了，会讲话了，图书成了他生活中不可或缺的东西。小皓皓会突然去书房里抱出一本书，嚷着：“给我讲！给我讲!”；或是听得不耐烦了，就喊道：“我不要听这个，我要你讲那本书。”；讲故事、念儿歌，成了儿子每晚入睡前的必然程序。

在童话《穿长靴的小猫》里，儿子被聪明的长靴小猫的机智所感染，一次次地被爱动脑筋的聪明小猫折服；《龟兔赛跑》的故事让儿子学会了说“骄傲是坏习惯，要改正”；听了《乌鸦反哺》，儿子知道了要孝敬爸爸妈妈。林燕妮的先生禁不住也加入了亲子阅读的行列，一家三口模仿英国童话《女巫扫帚排排坐》的故事情节，分别扮演女巫、小动物、大恶龙，并用夸张的身体语言进行对话，让儿子在兴奋中度过了许多睡前的时光。

小皓皓长到两岁以后，林燕妮发现儿子已经能背诵《儿歌三百首》里的大部分歌谣了，这让她产生了前所未有的成就感。她觉得家长“望子成龙”是可以理解的，但理智地说，造就“龙凤”需要多方面的因素，而且“龙凤”也是极少数的。对于年轻父母而言，亲子阅读是大家可以做到、应该去做的事，这将给孩子一个充满快乐与幸福的学习成长过程。

随着时间的推移，爱上亲子阅读的林燕妮不再满足于身边能买到的儿童书籍，经常上网去淘书。在网上逛久了，她萌生了自己开儿童读物网店的念头。她的想法很简单，能赚钱最好，不赚钱也无所谓。因为她自己喜欢进行亲子阅读，这是开自己喜欢的店、做自己喜欢的事。

在2008年1月，林燕妮加盟了某全国性大型母子书店联盟，在易趣网上开出了网上书店。因为儿子的小名叫皓皓，林燕妮把自己的网店起名叫“皓然书屋”。她说，那家书店联盟是全国较好的母子书店联盟之一，而她的“皓然书屋”则是该联盟在××地区的第一家、也是唯一一家加盟店。

开亲子阅读书籍的网店，可并不像亲子阅读那样亲松、快乐。面对林林总总、高手如云的网上书店，新开张的“皓然书屋”由于信誉等级低，光顾的客人也不多，在经营上异常困难，基本是为了赚取信誉积分而保本销售。但林燕妮并不气馁，一边注重对书的精挑细选、提高品位，一边加强对店铺的“装修”。

有了网上书店，就必须忙于挑书、进书、核对、谈价、拍书交易、邮书等一些琐碎的事务，需要花费许多精力在电脑上，但至今林燕妮也没赚到什么钱。不过，她说即使只是在网上卖书“赚吆喝”，她也很快乐，她爱亲子阅读，也爱这个为更多人提供亲子阅读书籍的平台。这正如她“店长心语”所说的：店小书琳琅，卷轻学无垠；求利信无价，有情皆芳邻！

内退女工的卖家故事

如今在网上名气不小的武蕙，原是内退女工，几年前连拼音都不会。下岗后，心灵手巧的她喜欢做各种各样的布艺，家里的挂袋、零钱包、手机袋都由她亲手缝制。虽然可以用制作布艺打发时间，但下岗这个遭遇始终让她高兴不起来。这时候，儿子建议妈妈把家里闲置的电脑利用起来，学习怎样上网，这样白天在家就不会觉得烦闷了。在儿子的帮助下，她慢慢地体会到了网络的乐趣，到处浏览网站、搜索网页成了她最喜欢的事。

一次偶然的机会，武蕙接触了易趣网。看着里面五花八门的店铺，她也开始心动了，总想尝试在网上开家小店，把自己亲手缝制的布艺作品放到店铺里卖。可那时候，她还不会打字，没法与顾客沟通，这可怎么办呢？她特地找来小学一年级语文课本，重新开始学习拼音，于是她每天照着课本发音，连走路的时候，嘴巴都不忘“念念有音”。

经过一番苦学，武蕙终于把拼音拿下来了，尽管打字速度很慢，但总算可以和别人在网上沟通了。在儿子的帮助下，武蕙的“娃娃店”终于在易趣落成了。然而，当时网上的浏览量很少，半年过去了，“娃娃店”只做成了两笔生意。但不管怎样，在武蕙的努力坚持下，网店还是逐渐发展起来了。

2007 年 9 月的一天，一位湖南妈妈向“娃娃店”提出要订做一套“娃娃衣”，武蕙试着做了一件后，那个妈妈特别满意，还介绍他们圈子里的其他同伴来找“娃娃店”订做。

受到“慕名订货”一事的鼓舞后，武蕙开始着手了解市场的情况，用心规划经营自己的“娃娃店”，最终使得店铺越来越红火，现在已经有三家网上分店了呢。

年轻女孩的传统火腿网店

何苑子，网名 XI※乐，一个才 22 岁的年轻女孩，将历史悠久的金华传统特色产品——火腿搬上了网络，在淘宝网上经营着自己的创业梦想。

毕业于计算机专业的何苑子在校时就对电子商务有着浓厚的兴趣，从来都不安份上课的她提前参加了实习，无论是为公司推销网络软件，还是做网站维护，都让她忙得不亦乐乎，也为她开展电子商务打下了基础。“网络世界能发挥的东西太多了，这非常符合我的个性。”XI※乐常对身边的朋友这么说。那么一个年轻人怎么会想到经营传统老字号的呢？

2008 年新年之际，温州老家的客人来金华玩，XI※乐的爸爸妈妈就为他们准备了金华牌的火腿，客人们非常喜欢。当时，本身就很爱吃火腿的 XI※乐就想，如果把金华火腿拿到网上销售，销量一定很好，而且还可以通过网络让人们了解我们金华的人文风貌，这将是一举两得的好事。想到就行动了，当时已有多年网络营销经验的XI※乐过完春节便赶到了金华公司，把自己的设想和方案告诉了对方。经过一个月左右的商谈，金华公司最终答应将网络独家总代理授权给了XI※乐。

2008年4月，淘宝商城开始招商，有了金华的网络独家代理权后，XI※乐马上与杭州淘宝网总部取得联系，希望在淘宝网商城开设一家金华火腿旗舰店。在与淘宝商城谈判签协议的时候，XI※乐得知半年的费用大约要4万元，而她全部家产也只有2万元。做还是不做，这她整整思考了3天。签下协议后，她觉得自己是在冒险，紧张而刺激。

因为金华牌火腿是中华老字号，中国名牌，金华特产，所以在XI※乐的网店开张后，销售一直很不错。近的卖到义乌，远的销往拉萨、南宁、吉林等地，就连边境也有人网购。不久前，有香港朋友想购买火腿，但是非常遗憾，这种肉类食品快递不过去。

XI※乐认为，网购的优势在于价格，不但比实体店便宜，而且方便，足不出户，点点鼠标，三五天后，心仪的火腿就来到了身边。由于XI※乐经营的这家店是金华正式授权的唯一网上独家代理，所以客户更看重这是正宗的金华火腿。

“这次创业带给我太多的惊喜，之前从来不敢想的事，现在都成现实了。”XI※乐说。最初在金华靠250元钱起家的XI※乐，经过半年多的努力，终于正式在金华市工商局申请注册了金华市××电子商务有限公司。如今，XI※乐有了更多的想法：“明年想采用一个新的合作模式，让其他生产型企业赚钱，也让我们自己的公司在企业赚钱之后再赚钱。”

打开XI※乐亲手设计的金华火腿网上旗舰店，看到的是火红喜庆的画面，琳琅满目的商品，顾客可以在古筝声中感受金华传统特色文化……

“魅力女郎”的创业故事

现在广州市区有很多爱美的女生，闲着没事就爱到淘宝网的一家叫“魅力无限化妆品专卖”的网店逛逛，因为在这家店铺内可以淘到许多知名品牌化妆品的原装产品，而且性价比很高。

这家网店的主人就是广州大学城名气不小的“魅力女郎”——苏海雯，一个从广州工业大学工商管理专业毕业的女大学生。虽然这家网店才经营了不久，但随着网店生意越来越红火，现在，“魅力无限化妆品专卖”的实体店“时尚购物中心”也在广州诞生了。

“魅力无限化妆品专卖”网店的诞生，原自一次偶然的团购事件。2008 年 9 月份，有网友在广州网的论坛上发帖说，嘴唇太干了，希望有人推荐好用的唇膏（每年九、十月份以后，因为空气比较干燥，女孩们都要开始准备唇膏。）。那时候，有人回帖说，法国某品牌的唇膏很滋润，用了效果不错。此帖一出很多跟帖的都有同感，认为这个唇膏的确不错。于是有人就建议组织团购，但谁担当组织者呢？刚好苏海雯在法国那边有货源，因此她便自告奋勇地站了出来，最后有 40 多个网友参与团购。

苏海雯以前没在网上购物的经验，总以为见面交易是对产品品质的一种承诺，所以团购的唇膏一到，她便挨家挨户送到各个网友的家里或者公司，目的是让大家买个放心。尽管这次团购基本属于义务劳动，从组织货源到送货上门累得她够呛，但却让她从中发现了商机，并积累了顾客的基础，赚取了口碑。

网上购物成功后，苏海雯觉得可以尝试在网上开店，心动不如行动，于是她就在网上开了家化妆品店。

2008 年 10 月底，她的网店在淘宝网上一亮相，就吸引了很多广州女孩的关注。“但是我发现，市区的女孩对产品品牌的要求比较高，而自己的资金不足，不能拿到足够的货源和品种，流失了不少客户，便听取朋友们的意见，重新对网店性质进行定位。”苏海雯说，她当时想，反正自己住在广州大学城区，送货很方便，而且学生都比较容易打交道，于是她就开始找性价比高的实惠产品。“回头客主要定位于广州大学城内的学生，经过 10 月份、11 月份两个月的调整，基本定位好了，前两个月积累的顾客，也开始“回头”了，所以从 11 月份开始生意就好了起来。”生意从网上做到网下，“一切低成本操作，把钱尽量用在进一些性价比高的产品上。我现在几个牌子的产品，基本都是源头产品了。自己做批发，价格也是有竞争力的。”苏海雯这样说。

点击苏海雯的网店，可以发现很多品牌化妆品的照片，照片展示的产品有 400 多个。“我从不和别人比便宜，网上比价格，永远比不过别人的。但我保证我的产品都是正品，这可能也是很多女孩选择我店铺的原因所在吧。”苏海雯说，客户通过支付宝跟她交易的不到三分之一，70% 以上都是她送货上门收款或者直接到她这里来“淘”的。

苏海雯的网店生意已渐成气候。“每天卖出去的货数量挺可观的，但是利润不高，不过薄利多销，我现在一个人每月赚的，大概相当于我们班一般同学两个人的工资。”苏海雯还透露说，目前，她已在广州大学城内招了 5 个学生代理，而且正在经营一家在大学城商场的实体店，总投资在 10 多万元“做生意诚信最重要，网络是一个无限大的空间，在网络中我们可以实现空间上的零距离。网络开店最大的优势是便利和便宜，网店一定会成为未来交易的一种趋势。现实的店再大也是针对一个小地区的，网店再小，也可以面向全国甚至全球。”对于网上开店的未来，苏海雯充满信心。

不过她认为开网店投入其实蛮大的，首先产品要足够好，其次库存要跟得上，但最重要的是对顾客要负责。“卖家要诚信，保证产品好，诚心诚意解决顾客的问题，只要本着良心做事，生意就会越来越好。”苏海雯说，现在她的客户中，70% 左右都是老客户，而且很多新客户都是老客户介绍来的。

小网店成就的富豪梦

一个华人小伙儿开设的网络鞋店在美国“家喻户晓”，2007 年的销售额超过 8 亿美元，占美国鞋类网络市场总值 30 亿美元的四分之一被称为“卖鞋的亚马逊”。

1. 小程序员缔造大公司

35 岁的阿华是这个网络营销帝国的行政总裁，他在旧金山长大，轻松考入哈佛大学主修计算机。在业余时间开了一家批萨店，尽管生意一般，却为他积累了人生中的第一本生意经。

之后他放弃了读博机会，成立了属于自己的公司，不到两年的时间，就发展成了一家拥有员工 200 人的大公司。

1999 年，一个很偶然的机会，阿华结识了比自己更年轻、眼光更独到的企业家，经过一番促膝长谈之后，他们达成了一个共识——网上卖鞋。

之后他和这位企业家联手，2000 年阿华成为这家公司的首席执行官。

2. “硬功夫”扭转乾坤

出人意料的是开店初期生意很糟糕，几乎无人问津，好不容易拿到订单时，每十份订单中几乎都有一份不能履行——要么发错了货，要么鞋子脱销。店铺一直入不敷出，时刻面临着破产的危险。不过，阿华没有让它破产，他下了“硬功夫”。

为了方便顾客挑选不同式样和颜色的鞋子，他从 8 个不同的角度为库存里的每一款鞋子都拍了照。他们在肯塔基州的仓库中，存有 5.8 万种款式的 130 万双鞋。

为了保证送货及时，他把家安在了联合包裹服务公司的机场附近，仓库 24 小时运作。他不仅要让顾客满意，还要让他们喜出望外——虽然公司承诺在 4 天内送达，但在大多数情况下，顾客第二天就可以拿到货了。

3. “软功夫”收买人心

在使出“硬功夫”之后，阿华又拿出了看家的“软功夫”——免费退换货。这听起来不算新鲜，但在上世纪 90 年代末，网络鞋店能做到这一点的并不多，因为鞋子不像亚马逊出售的书，顾客很容易买错。

这项工作确实困难重重，关键是，客户觉得买到的鞋子不合适了，怎样才能马上换成合适的呢？在这个时候，阿华一方面要缓解顾客的烦躁情绪，另一方面要控制退换货的成本。此时，阿华的电脑天赋派上了用场。通过一套软件，他为自己的公司设计了一套电子邮件系统，可以自动回复客户要求换货的电子邮件。

在运营上，阿华的公司承诺顾客，如果鞋子不合脚，送货、退货一律免运费。为此，他付出了一亿美元的运费作为代价。尽管退货率高达四分之一，但平均每份订单的金额达 90 美元，留下了足够的利润空间，扣除送货和退货费用后，毛利仍可达 35%。

顾客的满意度和忠诚度最终成就了阿华的成功之路，其销售额在过去的 7 年中突飞猛进。目前，该公司的 500 万客户中有 60% 是“回头客”，还有 25% 不断介绍新朋友来买鞋。

公司的红火吸引了一个大公司的 1500 万美元的投资，但是阿华并没有停留在此，他又为公司增加了新的产品，如墨镜、皮带等，这也为他前进注入了无穷的动力。

大脚姑娘的大码鞋店

互联网上开网店，不需要租赁经营场所，也不需要启动资金，只要一部数码相机和能上网的电脑，就可以安坐家中赚钱了。年仅 25 岁的陈盈在网上开了一家专卖大码女鞋的店铺，现在月收入约为4000元。

1. 无意之中找到“大码鞋”

2007年，24岁的陈盈随男友来到上海，因受学历等各方面限制，一直没能找到满意的工作，只学会了上网。后来自己买了电脑，还连上了宽带。

可能是遗传的因素，陈盈的脚比较大，对女孩子来说，在一般的鞋店很难买到四十一码的女鞋，就算买到也只是运动鞋。在上海的日子里，陈盈经常为买不到好看的鞋子而烦恼。

喜欢逛街购物是女生的天性，陈盈也不例外。2008年3月，在七浦路上闲逛的陈盈无意中找到一家做外贸的大码鞋店，不仅有符合她脚型的大码鞋，而且样式还挺漂亮的。惊喜之余，陈盈突然想到，在上海这样一座大城市，想买一双称心的大码鞋都这么困难，那么在全国范围内，肯定还会有很多大脚女孩也正为买鞋子犯愁，那自己是不是可以开一家大码鞋店呢？但要开店，既无场地，也没资金，谈何容易啊！经常上网的她，突然看到一则消息——网上开店，让你的创业减轻了店面和资金的困扰。

随后，陈盈找到那家大码鞋店的老板，表示愿意代理其在网上的生意，没想到老板当即同意了，并承诺将以低于市价70%左右的价格给她代理。有了较便宜的进货渠道后，陈盈当即在网上注册了自己的店铺。

2. 信誉和拍好照片最重要

“开网店，最重要的就是照片要漂亮。”陈盈说，因为网上的顾客都看不到实物，又不能试穿，他们选择商品时唯一的直观印象就是商店的照片。幸亏陈盈自学过广告设计，拍照、图片处理对她来说，这不是难事，左拍、右拍、上拍、下拍，多角度拍商品，就是为了让顾客能多角度看清楚商品。

网店开张第一天，就有顾客上门了。陈盈说，她记得对方是一个青岛女孩，看了照片后，咨询很简单。“多大码?”、“要不要等很长时间?”等一番回答后，对方当即表示，要买一双标价158元的鞋子，价都没还，就通过“支付宝”付款了。单子定下来后，陈盈赶紧去进货，然后找快递公司邮寄，几天后她收到货款，第一笔生意她赚了58元。

她的网店开张不到一个月，有些顾客竟全然不顾风险地直接把汇款单邮寄过来，点名要买她的鞋，“我到现在都还不明白，为什么有些人在完全不认识我的情况下，就敢先汇款过来。”陈盈说，不过在网上开店最重要的就是信誉，别人将钱汇过来后，她立马将货发出，这样对方也会在网上给她的网店做出信用等级评价，信用等级越高，就表明店主越讲信誉，生意也就越好做了。

3. 开网店卖品要有特色

开店到现在，从最初一个月几百元的利润到现在的月入四千，在陈盈的网店生意是越做越好的同时，她也积累了越来越丰富的开网店的经验，“我想，网店的生意多半是因为当初所卖商品有特色，因为大码女鞋的需求量大，但购买不方便。”

“除开商品要有特色外，要想让自己的网店长期生存下来，还必须付出努力。”陈盈总结说，由于顾客会不定时光顾，所以网店是二十四小时开放的。有些人是下定单，有些人则是咨询，这就要求店主必须一天有大量的时间守在网上，随时给顾客答复，“大多数买家是 18 ~ 40 岁的女性，不太喜欢等待，一旦短时间内店主没有回复，她就很可能放弃购买了。”陈盈给自己定的“营业时间”为：早上 9 点到晚上 12 点。一般来说，周五的下午和晚上则是网店最忙的时候。

陈盈除了把时间花在 QQ、电话、网店上回答顾客的咨询外，其它时间就是拿货发货，然后补充新货照片……她每天几乎都这样忙碌着。最近，陈盈又将自己的网店格局作了调整：将商品分为两个区，低档鞋集中在一个区，高档鞋在另一个区，陈盈得意地说：“在分区明确后，网店的生意又好了不少，因为顾客寻找货物的时间减少，直截了当，省事方便。”

附录：给网店安装“防火墙”

有些网店卖家可能会遇到这种情况，在打开电脑登陆店铺时却发现熟悉的网店已经被改造得面目全非，甚至连出售的商品都变了，这到底是怎么回事呢？如果你也不幸地遇到这种情况，那么就说明你的网店被盗了。

网店虽说是虚拟的店铺，但是它也有自己的平台，那就是网络。随着电子技术的发展，有些人动了网络的歪脑筋，比如通过一些手段让别人的电脑感染病毒或是中“木马”，然后通过监控这些电脑而获取信息，从而盗取网站密码。如果网店卖家没有注意到这些问题时，就有可能出现网店被盗的现象。下面将为你介绍四种让你的网店更加安全的方法，这四种方法就像是四道“防火墙”，它们可以有效地阻挡一些不安全因素的侵袭。

第一道：思想防火墙

庄子说：“谨慎能捕千秋蝉，小心驶得万年船。”意思是说做事时应该小心谨慎，这样不容易出错，可以长久平稳地发展下去。所以，当你开始经营网店时，就要加强自己的防范意识，不让那些所谓的“网络黑客”有机可乘。

（1）不随便点击别人发的网址。

在网购网站的论坛上，许多卖家纷纷发帖举报一些盗取网店账号的陷阱，如果你收到类似的信息，就要当心了。如：“掌柜，我那天把你的宝贝地址存到我的博客准备今天拍，怎么提示我此宝贝已下架呢，价格还是按上次那个给我吗？”然后他会发一个链接网址给你，然后说：“你看下这个地址吧，看看价格有没有变，要是还是那个价格我就买啦。”这时候你要先问清楚，比如衣服的名称或是价格，自己可以在店铺内查找一下，或是调查相关的聊天记录，千万别急着成交而草率点击那个网址，因为那个链接网址很可能被挂“木马”或是病毒了。

除了以购物为借口的盗号方式以外，还有一些人打着网站的旗号给你发一些站内信件，信件的内容大致为告诉你获奖的信息，并且让你登陆某网站领奖。如果你遇到这个情况，最好也不要相信，这十有八九是有病毒或是“木马的链接网址”，如下图所示。

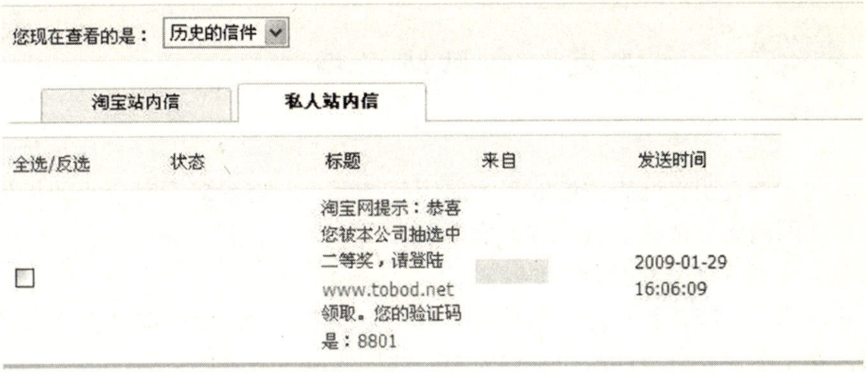

（2）不随便打不认识的客服电话。

许多购物网站都设置了相应的客服电话，无论是买家还是卖家在遇到困难时可以及时咨询客服，正因为客服起着重要的作用，所以一些不法分子就假冒客服来诱导网店卖家一步一步走进陷阱中。曾经有许多这样的报道，网店卖家在管理店铺时遇到了麻烦，于是在网上搜索客服电话。在打电话时发现是一个声讯服务台，于是便放松了警惕，根据语音提示输入银行卡的账号和密码。许多人在事后越想越不对劲，去 ATM 机上查看余额时却发现钱早已被人提走……

如果你想避免类似的事情发生，就要事先记下正确的客服电话，一般来说在网站的首页或是服务板块都有。不过，在你记录之前一定要确认网址是正确的，否则登陆了一个“李鬼”网站，又要吃亏上当了。

（3）先收钱，再发货。

在购物网站刚兴起时，无论是法律还是工具都不是很完善，没有现在类似于支付宝的第三方交易平台，那时卖家和买家的交易只能通过去银行打钱或是银行卡转账的方式来进行。虽然这种方法不安全，但是比较适合不会使用网银或是交易平台的人使用，所以直到现在它还没有被淘汰。

无论是古代还是现代，大部分的商人都遵循“一手交钱一手交货”的原则，作为网店卖家的你也应该将它牢记于心。在与买家交谈的过程中，无论对方表示地如何焦急，你也不能乱了阵脚，尤其是遇到那些需求量大而又要求货到付款的买家，最好是委婉地拒绝他，或是直截了当地告诉他必须先付款才能发货。

第二道：电脑防火墙

有些调查表明，网店被盗的最大原因就是因为电脑系统不安全，如果你想好好保护你的网店，那么也得武装你的电脑。

（1）安装正版杀毒软件。

建议你买正版杀毒软件，一是安全，二是稳定，虽然价格偏高但是能够保证质量。在购买完杀毒软件后应正确安装，这样才能充分发挥它的作用。

（2）及时更新和定期杀毒。

电脑专家说，病毒和木马的种类几乎每天都在变化和更新，如果你购买了正版软件而不及时更新的话，就等于用一把“老掉牙”的武器跟最先进的武器抗衡。此外，定期杀毒也是很重要的，对于经常浏览网站的你来说，建议每隔2～3天就进行一次全盘杀毒。杀毒的时间可以选择在临睡前进行，许多软件都带有“扫描完自动关机”的功能。

（3）最好只用自己的电脑。

一般来说，你对自己的电脑应该是比较熟悉的，知道有没有病毒，知道什么时候已经进行了病毒扫描。而别人的电脑你了解吗？如果在上面登陆你的网店，会被盗吗？如果你不能肯定的话，还是老老实实用自己的电脑吧。

第三道：银行卡防火墙

如果你成为一名网店卖家，除了电脑和货源外，最好还要准备一张银行卡。网上交易虽然在一定程度上是一种虚拟交易，但是如果看不到实实在在的收入的话，就失去了开网店的意义。

许多网店卖家都为了网店交易而单独办一张或几张银行卡，这些银行卡只用于网店交易，跟自己的工资卡或是家庭储蓄卡区分开。这样做的好处有以下两点，一是方便统计网店收入；二是防止被盗时损失过多。

第四道：交易平台防火墙

以支付宝为例，它是由阿里巴巴集团创办的第三方支付平台，也是网络买家和卖家使用较多的交易平台。下面以淘宝为例，告诉你该如何设置交易平台防火墙。

（1）认真申请。

你在使用支付宝前先得申请一个属于自己的账号，在填写时要写上正确的信息，不要因为嫌麻烦而胡乱填写，敷衍了事。如下图所示，登陆支付宝网站（www. alipay. com）后，点击“免费注册”。

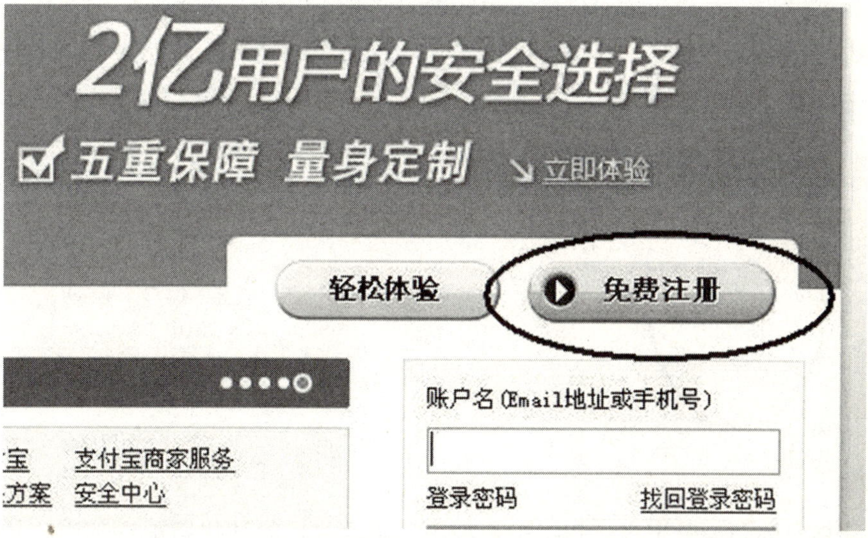

①登录密码与支付密码要分开。登录密码是登陆支付宝网站时的密码，支付密码是你在支付商品金额时的密码，如果不区分开来，则会让不法分子将你的支付宝余额挥霍一空。在设置密码时尽量避免使用手机号、电话号码、身份证号码或生日，因为获取这些信息相对来说比较容易。密码应尽量复杂一些，比如将英文字母和数字混合，这样可以适当增加密码的安全性，如下图所示。

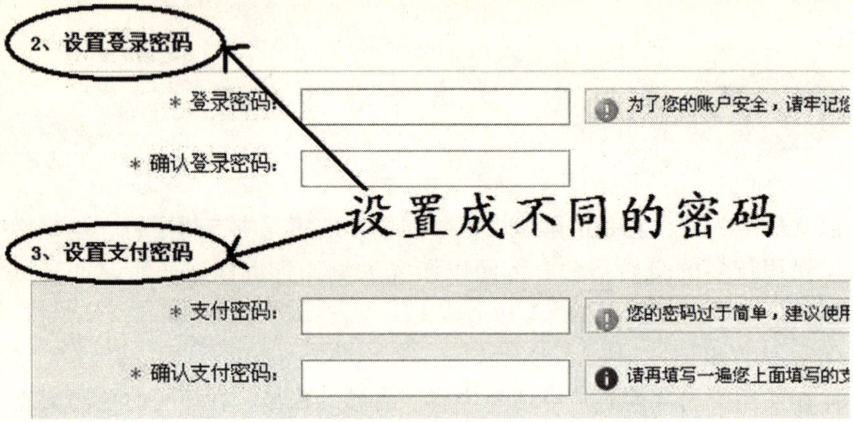

②证件号码正确填写。如下图所示，在填写申请注册支付宝时，要填写身份证号码，许多人因为害怕身份泄露而胡乱填个了事。证件号码对于你来说是一个网络身份识别标志，如果店铺被盗想找回时，你也可以有确凿的证据证明自己的身份。

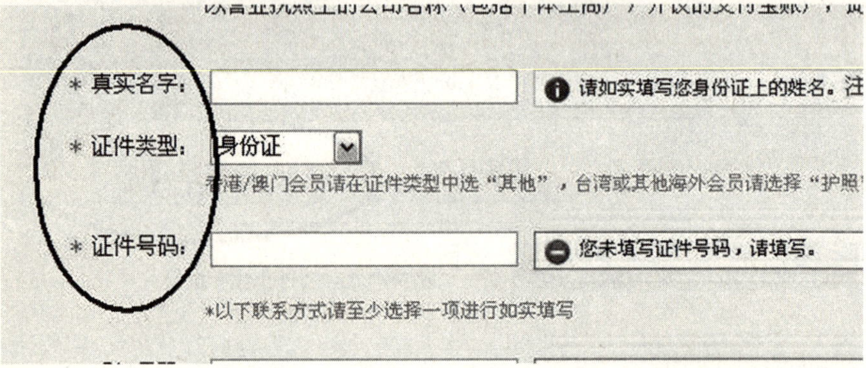

③提示问题自己记牢。在一般情况下，根据提示问题找回被盗密码比较便捷的方式，所以设置时不但要确保安全性，还要确保自己能够记得。如果你设置的答案连自己都想不起来，那就损失了一个安全工具，所设置的问题可参照下图。

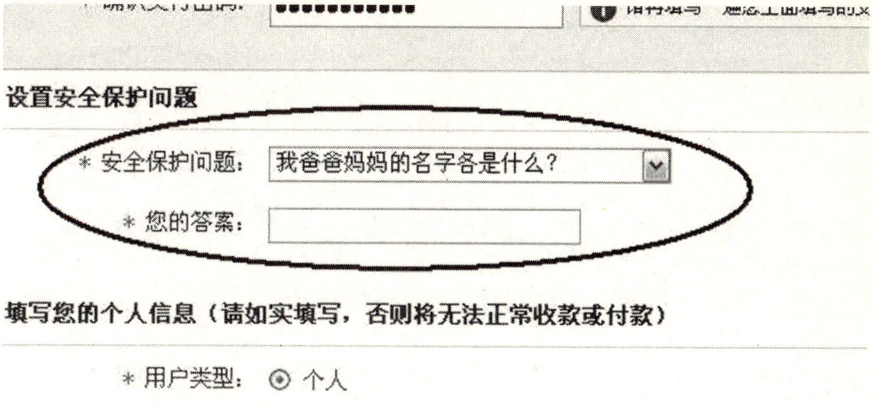

（2）进行实名认证。

实名认证对于卖家来说，不但是可以卖东西和开店的必须步骤，它还是维护卖家权益的一个工具，如果你的网店不幸被盗，那么你还可以用相关资料将店铺取回。

①登陆支付宝网站后，点击上方菜单中的“安全中心”，如下图所示。

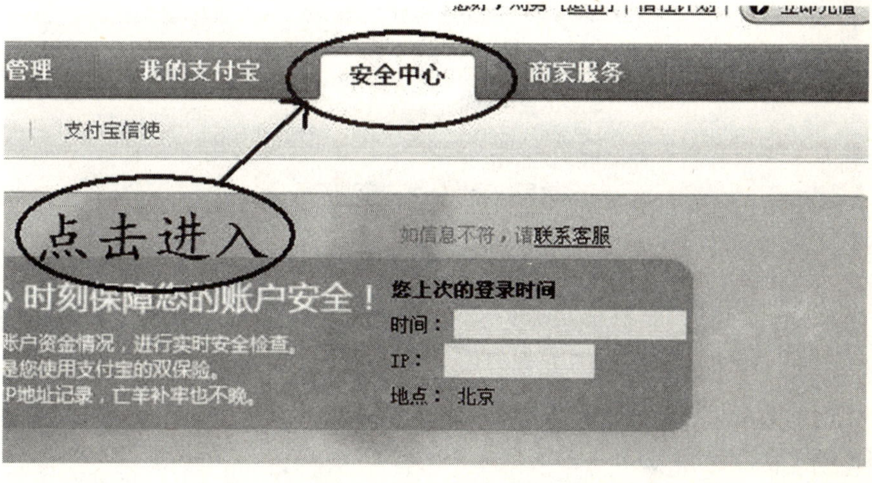

②如下图所示，在右边的菜单中找到“申请支付宝实名认证”，然后点击。

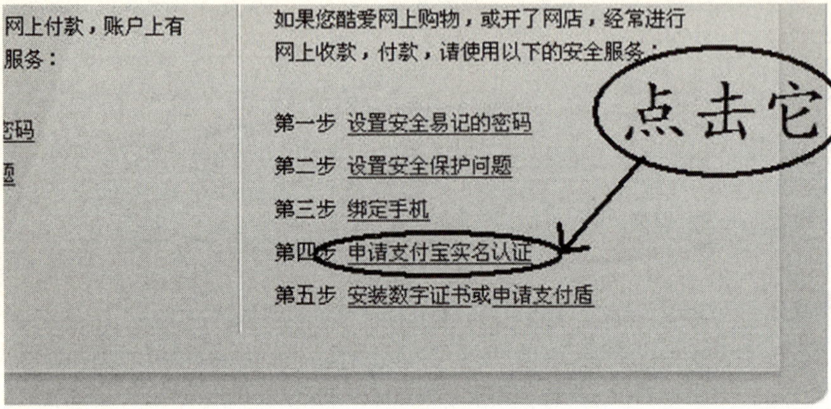

③此时进入到实名认证的页面，点击“立即申请”，如下图所示。

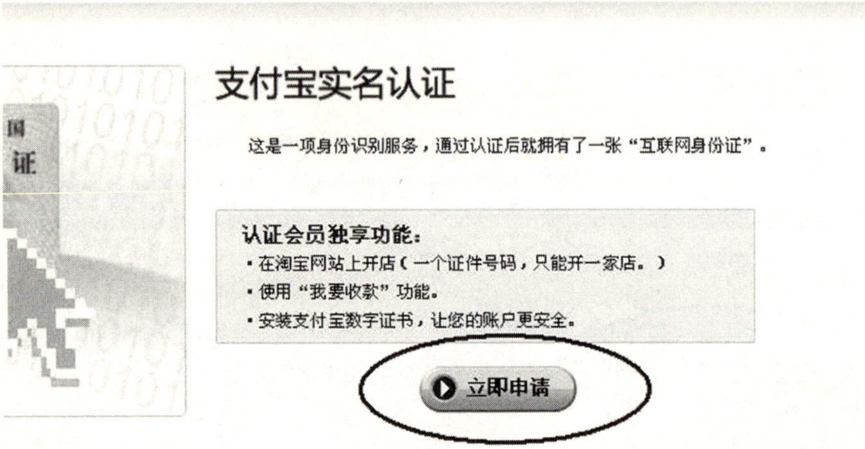

④如下图所示，现在可以选择你的银行卡种类了，按要求填写卡号和密码就大功告成了。

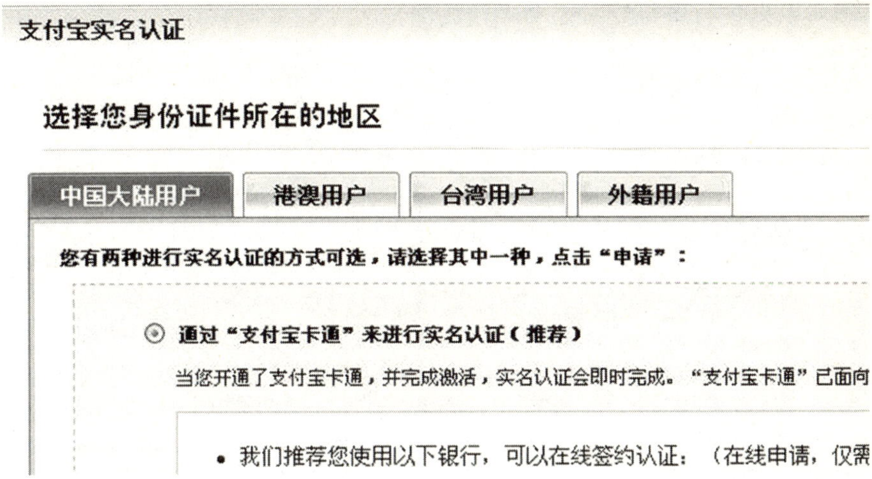

（3）安装数字证书。

如果你的电脑中没有数字证书，那就无法对支付宝或是与支付宝所绑定的银行卡进行操作，所以对于卖家来说，数字证书是一个很好的安全工具。

申请数字证书时，首先要将你的手机号与支付宝账号绑定，输入手机号后系统会给你发一条手机短信，此时再输入正确的验证码就完成了绑定工作。然后就是进行安全校验，此时要输入你的身份证号码（建议与申请网店时使用一个身份证号码）。

在申请成功后，可以在上方菜单中看到这样的图标，如下图所示。

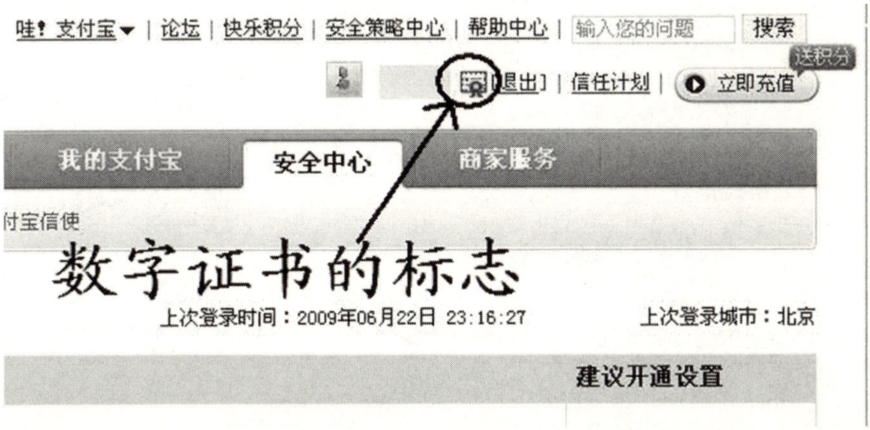

在申请成功后，可以进入到数字证书的管理界面，点击“备份证书”按钮（如下图所示）进行备份数字证书，建议你把数字证书保存在移动硬盘、U 盘或备份到电脑其他非系统盘上。

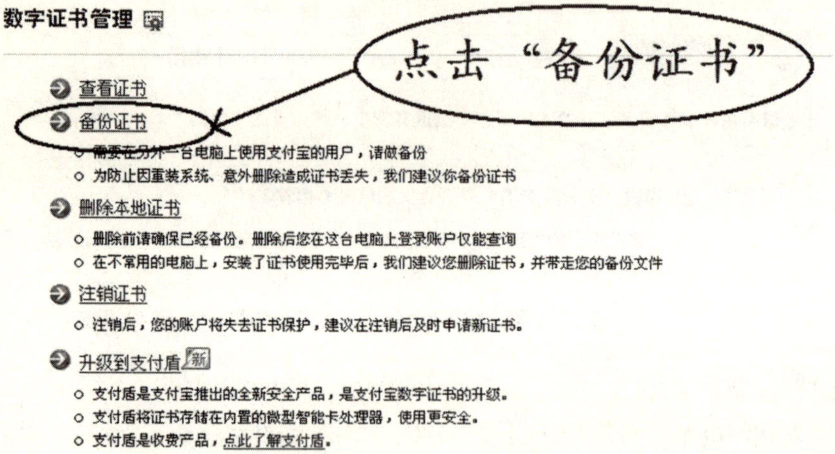

（4）安装支付盾。

如果你想在多台电脑上进行交易时，可以安装支付盾（如下图所示）来免除备份数字证书的麻烦。此外，它内置的微型智能卡处理器能阻挡一些网络风险，让你的账户处于相对安全的环境下。

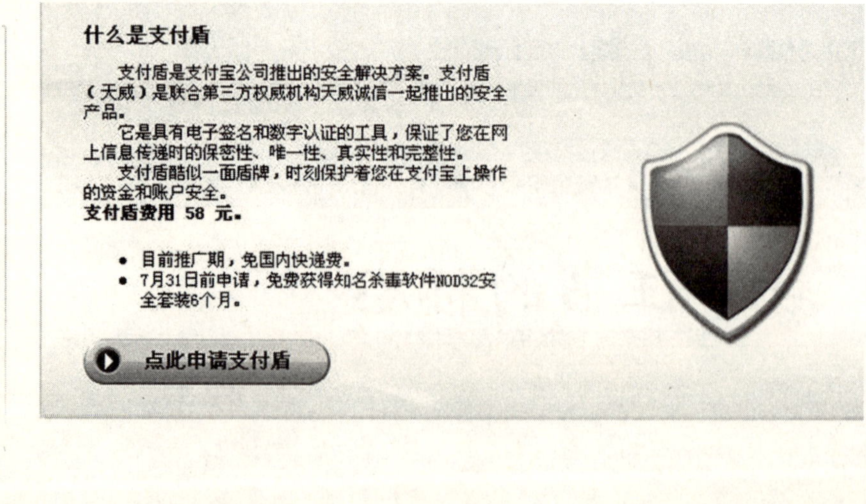

（5）及时转账。

如果买家是选择支付宝的方式购买你的商品，那么在成交之后你就可以收款了。步骤如下：登陆支付宝首页后，点击上方菜单中的“我要收款”（如下图所示），然后选择相应的收款种类就大功告成了。

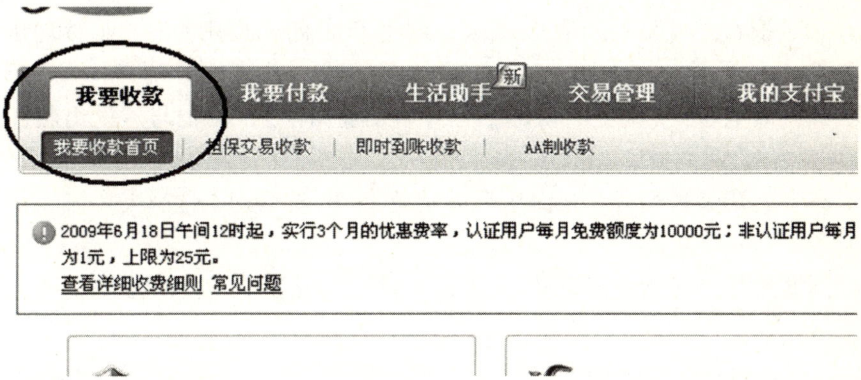

建议你给自己设置一个金额限制，比如成交到1000元就转到银行卡上。如果还是不放心，则可以将与支付宝绑定的银行卡中的钱转移到另外一张卡上，这张卡是不与网店绑定的。这样即使网店被盗，你的钱也已经转走了，不会造成太大的经济损失。

参考书目

1. 王凯编著：《网上开店做赢家：网上开店创业指南》，企业管理出版社 2009 年版。

2. 吴莹霞编著：《淘宝、易趣网上开店创业指南》，民主与建设出版社 2009 年版。

3. 车音、郑荣科编著：《淘宝网开店必备 36 锦囊妙计》，人民邮电出版社 2009 年版。

4. 周富编著：《创业开店经营诀窍：找到赚钱的门道》，机械工业出版社 2009 年版。